関ヶ原前夜

西軍大名たちの戦い

光成準治

角川文庫
20850

目次

はじめに

慶長五年（一六〇〇）九月十五日、美濃国関ヶ原において、徳川家康を中心とする東軍と、石田三成らを中心とする西軍が激突し、東軍が勝利を収めた。この関ヶ原合戦は、豊臣政権から徳川政権への移行を画する戦闘として、中学校や高等学校の歴史の教科書にも取り上げられており、日本国内において最も有名な合戦の一つと言えよう。しかしながら、戦闘に至る経緯や戦闘の経過を示す一次史料、とりわけ敗者である西軍参加大名に関する史料は少なく、未だ解明されていない謎も残されている。

慶長四年（一五九九）閏三月の七将襲撃事件（石田三成失脚事件）はどのような経過を辿ったのであろうか。家康が他の有力大名家を弱体化させるために利用したとされる宇喜多氏の家中騒動や島津氏領国における庄内の乱はなぜ勃発したのか。慶長五年七月の反徳川闘争決起を主導したのは誰なのか。また、家康は決起を予測していたのか。毛利輝元は凡庸な武将であり、安国寺恵瓊の姦計によって西軍総大将になったというのは本当なのか。上杉景勝の行動は三成と事前に示し合わせたものだったのか。島津義弘は西軍に参加しながら、合戦当日、最後まで動かなかったというのは真実か。

一方でこの合戦は、司馬遼太郎の『関ヶ原』をはじめとした時代小説の題材となっているほか、映画やテレビドラマでも頻繁に扱われている。このため、数々の名場面を思い浮かべることができる人は多いであろうが、それらの名場面が歴史的事実に基づくものばかりとは言えない。小説や映画・ドラマはそもそもフィクションであるから問題はないが、繰り返される名場面の影響から、フィクションが歴史的事実であると誤解されている点は看過できない。

例えば、前記の謎のうち七将襲撃事件について、次のような場面を思い浮かべる人は多いのではなかろうか。七将に襲撃され追いこまれた三成は伏見の家康邸に逃げ込むという奇策に出ることによって生き延びる。一方、家康はここで三成を殺せば、反徳川派を一掃する機会を失い、政権奪取が遠のくことを見通して三成を助命する。両者の知恵比べは結局家康の方が一枚上手だった……。

後述するように、近年、笠谷和比古氏によって否定された説であるが、テレビドラマにおいては今でもこの場面を見かけることがあり、通説の根強さを示すものである。

なぜ、誤った通説が根強いのか。それは関ヶ原合戦やその前夜に関する通説が現代に始まったものではなく、永年信じられてきたものだからである。そのルーツは江戸期に成立した『関ヶ原軍記大成』などの軍記類にある。

関ヶ原合戦に関する代表的な軍記である『関ヶ原軍記大成』は、小浜の出身でのちに福岡藩の儒者となった宮川尚古（忍斎）が編纂したものである。梶原正昭氏によると、若狭小浜藩の藩祖酒井忠勝の見聞の控えをもとに、明暦二年（一六五六）に林羅山・鵞峯父子が編集した『関ヶ原始末記』をもとに、忍斎が元禄三年（一六九〇）に『伊吹物語』として編纂し、『慶五戦記』、『関ヶ原軍記大全』と改めたのち、増補・加筆したものを享保十年（一七二五）に完成させたものが『関ヶ原軍記大成』であるとされる。林羅山は寛永二十年（一六四三）に完成した『寛永諸家系図伝』の編纂の主任であったが、この編纂に当たり、徳川幕府は大名などの諸家に対し、それぞれの家に伝えられる軍記や家譜などの文献を書き上げさせ、提出を命じている。これに応じるため、各藩では藩士たちに資料を差し出させ、家譜等の作成に努めており、その成果が『蘆田記』、『一柳家記』、『藤堂家覚書』などである。羅山はこれらの家譜等を参考にしながら『関ヶ原始末記』を編集したものと考えられる。例えば、『一柳家記』所収の一柳直盛の木曾川先陣の記事は『関ヶ原始末記』の記述と類似している。また、貞享元年（一六八四）に、徳川幕府は再度諸家に対し家記を徴している。この際に提出されたものとして『島津家譜』などがあげられる。

各藩においては、これらの幕命に従うため、家臣に命じて家伝の文書の整理を行わせるとともに由緒書を提出させるなどの調査を進めた。島津家ではその成果を『旧典類聚』としてまとめているが、その中には「新納旅庵覚書」、「本田助之丞覚書」、「神戸休五郎覚書」など関ヶ原合戦を直接経験した者の覚書類が含まれている。

このような家譜等の書き上げを契機として、各地域の戦乱を描く軍記類の成立が進んでいった。毛利氏関係では『吉田物語』と『陰徳太平記』、宇喜多氏関係では『備前軍記』、上杉氏関係では『北越太平記』と『会津陣物語』、島津氏関係では『庄内軍記』などをあげることができる。このうち、毛利氏関係の『吉田物語』と『陰徳太平記』はともにその成立に藩の関与が大きかったと考えられるが、関ヶ原合戦には触れていないという特徴を持っている。

以上のような軍記類の記述も一部は一次史料や直接体験した者の回想に基づいており、すべてがフィクションとは言えない。しかしながら、一次史料は別として、覚書類と雖も藩政確立期の政治情勢下の影響を受けていることは否めない。つまり、覚書類には自らの勲功を過大に記述するという問題点があるだけでなく、そもそも幕府に提出するものであるという前提条件(あるいは幕府提出時に補訂された可能性)から来る限界＝幕藩体制の中で自らの家あるいは自藩が生き延びていくための諸々の配慮が働いていたものと考えられる。『二柳家記』のほか、『黒田長政記』、『脇坂記』などの大名個人の軍功を描いた作品が幕府への忠誠心を強調しているのは、その典型である。

さらに、山本洋氏によると、萩藩の支藩である岩国藩士香川正矩の著した『陰徳記』をもとに『陰徳太平記』を完成させた正矩の子景継(宣阿)は、吉川家の意向を受け、『関ヶ原軍記大成』など他の軍記類に、吉川家の主張を盛り込む活動を隠密裏に行っていたとされる。

よって、軍記類は徳川幕府による大名統制、藩による領内支配という政治的状況によるバイアスのかかったものなのである。この点を看過して覚書類や軍記類の記述を無批判に受容した歴史的理解が通説化し、小説・映画・ドラマなどのフィクションが誤った歴史的理解を増幅しているのが現在の関ヶ原合戦像であり、これが関ヶ原合戦に関する研究の第一の問題点である。

関ヶ原合戦に関する研究の第二の問題点は二項対立論である。関ヶ原合戦は豊臣政権から徳川政権への移行における分岐点となった戦闘であるため、合戦に至るさまざまな権力闘争についても政権奪取を目指す徳川家康の視点、あるいは政権維持を目指す石田三成らいわゆる五奉行の視点から描かれることが多く、二項対立的（北政所派対淀殿派、武功派対吏僚派、反中央集権派対中央集権派、徳川派対反徳川派、徳川政権樹立派対豊臣政権支持派など）に捉えられてきた。このような二項対立的な分類については、諸大名がこれらの対立軸に沿って整然と二分割されたわけではないことを、笠谷和比古氏が指摘されているが、最終的に東軍・西軍に二分割され戦闘に突入した場面が軍記類等で強調されているため、未だ二項対立的に理解されることが多い。

しかし、諸大名はこれらの対立軸に従い結集したものなのであろうか。福田千鶴氏は関ヶ原合戦前後を通じて、北政所（寧）と淀殿（茶々）が連携していたことを指摘されており、北政所を後ろ盾とする加藤清正・福島正則らの武功派と淀殿を後ろ盾とする石田三成・増田長盛らの吏僚派という単純な対立図式は成り立たない。また、朝鮮侵略戦争において兵粮の差配に当たるなど吏僚派に分類すべき寺沢正成が東軍として参戦しているし、西軍として参戦した外様系大名（本書では、本能寺の変以後に豊臣秀吉に臣従した大名のことを指す）のすべてが中央集権を志向していたとは考え難い。実際にはこれらの対立軸は複雑に絡み合い、また、血縁・姻戚関係や地理的要因にも左右され諸大名は自らの進退を決したのであり、二項対立論では理解できない側面があろう。二項対立論はそれぞれの党派に属した大名を等閑視してしまうという弊害をもたらしている。とりわけ、西軍に参加した大名のうち毛利氏や上杉氏・宇喜多氏・島津氏など外様系大名は奉行衆の陰に隠れ、その行動や思惑が明らかにされているとは言い難い。

例えば、毛利輝元は①石田三成の策謀に乗せられ一旦は反徳川の立場に立ったものの、家中の不統一もあり積極的には戦闘に参加せず、結句、老獪な家康に翻弄され、減封処分を受けた凡庸な人物（陸軍参謀本部編『日本戦史・関原役』、徳富蘇峰『近世日本国民史・徳川時代上巻・関原役』など）、②石田三成と結託した安国寺恵瓊の姦計により大坂に呼び出され、やむを得ず西軍に参加させられた被害者（渡辺世祐監修『毛利輝元卿伝』など）という二つのパターンでのみ捉えられてきた。①は徳川家康を神格化する幕府の意向、②は藩祖輝元の責任を回避しようとする萩藩の意向の影響を受けたものである。

これらの理解は江戸期に作成された軍記類の記述に沿ったものであり、一次史料による分析ではないにもかかわらず、二項対立論的考察の中で外様系大名は主たる分析対象とはされてこなかったため、軍記類の記述を無批判に受容してしまう傾向が見受けられるのである。前述のとおり軍記類の記述がすべて誤りとは決め付けられないが、毛利氏のように関ヶ原合戦において徳川氏に敵対した大名にとって、幕藩体制下における自己の支配の正統性を主張するうえで関ヶ原合戦に関する覚書類や軍記類の記述には政治的な配慮を要したに違いない。また、幕府にとっても、幕藩体制維持のためには西軍に参加したものの支配者として継続を認めた大名の積極的な反徳川行動を露(あらわ)にすることは好ましくなかったものと考えられる。

関ヶ原合戦に関する研究の第三の問題点は、合戦前夜の状況に関する分析が進んでいないことである。

笠谷和比古氏は関ヶ原合戦前夜の政治情勢や東西両陣営の軍事展開、関ヶ原以外の全国各地の合戦についても研究を進められており、本書もその成果に負う所は大きい。しかし、笠谷氏の主たる視点は豊臣政権の構造分析研究、徳川幕藩体制の構造史的研究にあり、外様系大名に関する分析は不十分である。

笠谷氏が指摘するように、戦争は客観的な政治現象として捉えるべきものであり、軍記類のようなロマンチシズム的なドラマとは明確に区別されなければならない。従来は軍記類の影響から戦闘場面のみが注目されてきた関ヶ原合戦も、日本という国家や国内諸地域の政治構造を変革させた要因として理解すべきであろう。そうであるならば、豊臣政権末期に大老という政権意思決定機関の一角を担った毛利氏・上杉氏・宇喜多氏や戦国大名として地域権力を掌握したものの豊臣政権に敗れその支配下に入った島津氏が、豊臣秀吉という政権の支柱の消滅後、何を考え、どのように行動したのか、すなわち、関ヶ原合戦前夜における外様系大名の動向を明らかにすることも日本の国家史を理解する上で不可欠ではなかろうか。

秀吉死後の政局における外様系大名の動向について分析したものとして、毛利氏を対象とした津野倫明氏の研究をあげることができる。津野氏の見解は対毛利「取次」の交替（黒田孝高・蜂須賀家政から石田三成へ）と毛利家中の対立（黒田・蜂須賀ライン＝吉川広家、石田三成ライン＝安国寺恵瓊）を関連付け、これが関ヶ原合戦に大きな影響を与えた、というものであり、注目すべき視点である。

そこで本書では、毛利氏のほか、上杉氏・宇喜多氏・島津氏に焦点をあて、二項対立的な観念にとらわれることなく、軍記類などの二次的史料を極力排し、主として一次史料による実証的な分析によって、関ヶ原前夜の政治情勢・権力闘争の実像を明らかにする。

第一章では、慶長三年（一五九八）の豊臣秀吉の死去から慶長四年閏三月の石田三成の失脚まで、第二章では慶長五年七月の反徳川闘争の決起を取り上げる。いずれも、従来の研究では徳川家康や石田三成の視点から描かれていたものであるが、本書では毛利氏の視点から再構成する。第三章では、その毛利氏の反徳川闘争決起から関ヶ原合戦に至るまでの動向を検証し、そこから毛利輝元の領国支配面や国制面における志向及び、その志向が生み出された経緯あるいは社会的背景を解明したい。第四章では徳川家康の会津征討を惹起させることにより、関ヶ原合戦の勃発を招いた上杉氏を取り上げる。分析に当たっては当主上杉景勝に加え、上杉氏の内政・外交を主導していた直江兼続にも着目する。第五章では、毛利輝元・上杉景勝とともに西軍に参加した五大老の一人でありながら、毛利氏・上杉氏とは異なり、関ヶ原合戦後大名としての地位を失ったため関連史料が散逸しており、その動向がほとんど明らかにされていなかった宇喜多氏を取り上げる。第六章では五大老以外の外様系大名の典型として、島津氏を取り上げる。島津氏の関ヶ原前夜の動向については山本博文氏が『島津義弘の賭け』などの著作で明らかにされているが、本書では、従来の研究では脇役であった島津家家臣伊集院忠棟・忠真父子にも焦点を当ててみたい。

付論として関ヶ原合戦後の毛利氏・上杉氏・宇喜多氏・島津氏の動向を簡単にまとめた。『関ヶ原前夜』という本書のタイトルにはそぐわないが、各大名に対する関ヶ原後の処置を見ることで、関ヶ原合戦の意義をより明らかにできるという観点からまとめてみた。なお、第三・第四章においても時間的には関ヶ原における戦闘以後のものが含まれているほか、第六章においては関ヶ原における戦闘自体も取り上げている。これは各大名の思惑を明らかにするためには一連の行動を俯瞰する必要があるためである。

以上のように本書は各大名の視点から描くという構成上、第一章〜第三章はほぼ時間軸に沿っているが、第四章〜第六章は第一章〜第三章で取り上げた事件を別の視点から各章ごとに見ていくというスタイルをとっている。時間の推移が前後する点があることをご容赦いただきたい。

また、一次史料については、読みやすくするため、読み下し（原文の厳密な読み下しではなく、現在常用されている漢字・かな表記に直している部分もある）とし、意味のわかりにくい部分には現代語訳を付した（現代語訳は［　］で表記した）。なお、引用史料の出典については煩雑を避けるため、文中には文書名のみを表記し（刊本の場合も文書番号は省略）、巻末に主な引用史料の収録された文献（『大日本古文書　家分け』など刊本名と文書名の一致するものを除く）あるいは所蔵者等を掲げた。

第一章　豊臣秀吉の死と石田三成失脚

この章のテーマ

この章では、豊臣秀吉の死後、豊臣政権における最大の実力者となった徳川家康と、その他の大老・奉行（家康と親しかった浅野長政を除く）の対立抗争の経過を追っていく。

とりわけ、「はじめに」においても指摘したとおり、軍記類による歴史の改ざんが甚だしいと考えられる慶長四年閏三月の七将襲撃事件（石田三成失脚事件）の真相に迫ってみたい。この事件の当事者である石田三成は関ヶ原合戦後に処刑されたため、三成が受給した文書はほとんど残されていない。また、もう一方の当事者である七将のうち、黒田家や浅野家など幕末まで大名として存続した家においても、この事件に関する史料は少なく、このことが事件の真相解明を妨げてきた。

ところが、『山口県史』の編纂によって、毛利輝元の一族厚狭毛利家にこの事件に関する史料が残されており、その内容から輝元と三成の連携関係が疑われることとなった。

そこで、第一に、七将襲撃事件に至るまでの輝元と三成らとの関係について、この当時の毛利氏領国における懸案であった毛利秀元処遇・小早川隆景遺領問題の経過と絡めながら見ていきたい。次に、七将襲撃に至る経緯、事件の経過を明らかにする。最後に、事件の結末とそれを受けた秀元処遇・隆景遺領問題の決着について見るとともに、事件後の輝元と三成らとの関係について考察しておきたい。

いずれも、従来の研究では、家康の政権奪取への道程という視点から描かれがちであった関ヶ原合戦までの徳川派と反徳川派の抗争を、三成と親しい五大老の一人毛利輝元の視点から見直そうとするものである。

一　秀吉死す

毛利秀元の処遇と小早川隆景の死

豊臣秀吉は長らく子に恵まれなかった。天正十七年（一五八九）、ようやく淀殿との間の第一子鶴松が誕生したが、その鶴松もすぐに没した。そのため、甥の秀次を家督継承者と定め、同年末、関白職を譲り、自らは太閤として朝鮮侵略に乗り出した。ところが、文禄二年（一五九三）、淀殿との間の第二子拾（のちの秀頼）が誕生すると、秀吉と秀次との関係は徐々に悪化していき、文禄四年七月、秀次は切腹させられた。

豊臣秀吉（東京大学史料編纂所所蔵模本）

ちょうどその頃、秀吉自身も病気がちになり、幼い秀頼の行末を案じた秀吉は、「御掟」「御掟追加」といった法令を制定した。これらの法令に連署している徳川家康・前田利家・宇喜多秀家・毛

豊臣家系図

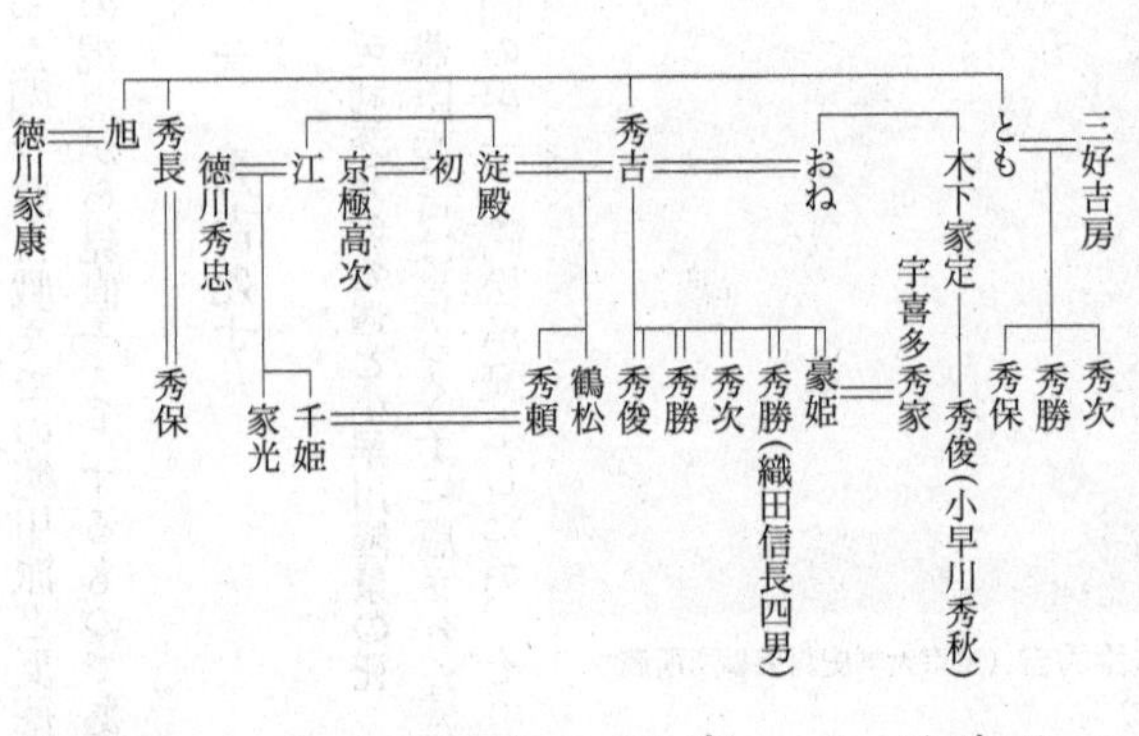

利輝元・小早川隆景・上杉景勝がのちの五大老、また、同時期に諸大名から提出された起請文の宛先となっている前田玄以・増田長盛・石田三成・長束正家がのちの五奉行の原型となり、いわゆる五大老・五奉行制という合議体制への萌芽がみられるともされている。

一方、毛利氏においても文禄四年には重要な出来事が起こっていた。父の急死を受け、永禄六年（一五六三）にわずか十一歳で家督を相続し、天正十年（一五八二）に休戦するまで信長・秀吉と対立した毛利輝元もまた、子に恵まれなかったが、十月、その輝元に嫡男松寿丸、後の秀就が誕生したのである。これにより、秀就の誕生前に輝元の養子となっていた毛利元就四男元清の子秀元をいかに処遇するかという問題が発生した。

天正二十年（一五九二）に広島を訪れた秀吉は、秀元を毛利家の後継者として認める一方で、「輝元若く候間、実子出来るべく候、その時は実子をたて、大夫（秀元）事、似合の扶持を遣わすべく候」（『毛利家文書』、以下『毛』）という条件を付していた。このため、秀就の誕生により毛利家の後継者たる地位を失った秀元に対して、輝元は「似合」の給地を分配する必要が生じた。

さらに、慶長二年（一五九七）六月十二日、輝元の叔父小早川隆景が急死した。隆景の死は毛利氏を支える柱の喪失という精神的なダメージを与えたが、より直接的な影響として、九州の小早川領国以外に、隆景が毛利氏領国内に保持していた三原などの給地、及び養子の秀秋家臣団とは別個に保持していた隆景独自の家臣団の処理方針を決定することも必要となった。

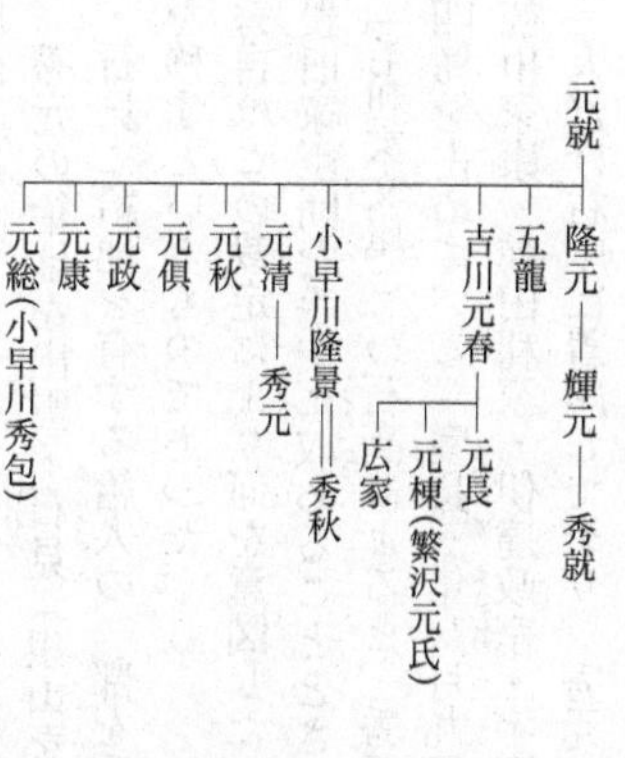

毛利家系図

これらの問題の解決に向け、輝元は天正十年代後半の惣国検地に続く再検地（兼重蔵田検地）に慶長二年末頃から着手し、秀元への給地分配や隆景家臣団の受け入れに備えた。また、秀吉の弟秀長の娘を娶った秀元と、秀吉の正室北政所の甥秀秋が当主である小早川氏の家臣団に関することであるから、豊臣政権との調整を要することでもあった。

慶長三年（一五九八）八月一日になり、ようやく秀吉の意向が伝えられた。その内容は、秀元の給地を出雲・石見（銀山を除く）とし、隆景旧家臣団及び秀元領となる出雲・石見に給地を有する給人の一部を秀元家臣団に編入する一方、隆景遺領には吉川広家を移すというものであった。

秀吉はこの裁定により何を意図したのであろうか。目につくのは秀元への厚遇である。隆景旧家臣団を手中に収めることとされたうえ、「八箇国御時代分限帳」（山口県文書館蔵「毛利家文庫」）の石高によると、秀元領とされた出雲・石見は毛利氏領国全体の約二十四％を占めている。慶長三年八月九日の秀吉と大名衆との対面の席においても、左座に徳川家康・前田利家・伊達政宗・宇喜多秀家とともに秀元が着座したのに対し、輝元は一人だけ右座に着座しており、秀元は五大老と同格に扱われている。銀山も本銀山は輝元、今銀山は秀元に分配されることとなっている。こうしたことを勘案すると、たとえ形式上は輝元から給地分配されるとしても、秀元には実質上独立大名に近い待遇が予定されていたのではなかろうか。

このような秀元への厚遇は裏返すと、輝元の力が削がれることにつながる。秀元処遇・隆景遺領問題の経過については、叔父元康（毛利元就八男）への一連の輝元書状（「厚狭毛利家文書」、以下「厚狭」。なお、一連の書状のほとんどが年月日を欠いているため、書状の順序は著者の推定である）から窺えるが、秀吉の裁定に対して、輝元は「私は成り下がってしまった。言うべき言葉もない。秀元は同意しているので、給地分配すれば私は身軽になりよいのだけれど、下々の者は何事かと言うことだろう」と不快感を滲ませている。

豊臣奉行衆と毛利輝元との同盟

しかし、この裁定は結局実行されなかった。なぜならば、八月一日の裁定後、秀吉の病状は再び悪化し、八月十八日、この世を去ったからである。

秀吉の死が目前に迫った八月十三日、吉川広家は、長門国一国に加え、毛利氏領国内の隆景遺領約五万石のうち、一万石程度を広島堪忍領・上京用として拝領し、残った隆景遺領は秀元領に予定されていた出雲・石見に当時給地を有していた輝元馬廻衆の代替地にするよう輝元に提案している。このように、一日の秀吉裁定を覆そうという動きがすでに始まっていたが、秀吉の死後、この問題は単なる毛利氏領国内を超えた国全体の政局変動の中で大きく変化していく。

秀吉の死から十日後の八月二十八日、輝元は増田長盛・石田三成・長束正家・前田玄以（以下「豊臣奉行衆」と表記）に対し起請文を提出した（『毛』）。秀吉が死去する直前から大老及び奉行衆は連名で起請文を取り交わし、秀吉死後の集団指導体制について決めていたが、秀吉が亡くなるや否や早くも多数派工作が激化したのである。

輝元の起請文の内容は、「もし今度定められた五人の奉行（いわゆる五大老）の内、秀頼様への謀叛ではなくても、増田長盛・石田三成・前田玄以・長束正家の意見に同意し

上段　石田三成、下段　毛利輝元
（ともに東京大学史料編纂所所蔵模本）

ない者があれば、私（輝元）は長盛・三成・玄以・正家に同意して、秀頼様へ奉公する」というものだったが、当初の案文では「秀頼様の取り立てられた衆と心を合わせ、表裏なく秀頼様へご奉公いたします。太閤様のご遺言もこれ以後忘れることはありません」となっていた。輝元起請文の訂正加筆された部分は三成の筆によるものであり、当初の案文に比べ、輝元の連携相手を明記するとともに、敵対する可能性のある者として、輝元以外の大老を明記した点に特徴がある。

実際に、輝元と豊臣奉行衆が想定していた敵対勢力は家康である。九月二日、毛利氏家臣内藤周竹（ないとうしゅうちく）の書状（『萩藩閥閲録』、以下『閥』）によると、「御存命中堅く仰せられ候事」（=八月五日の家康起請文〈『武家事紀』〉に「傍輩中その徒党立つべからず候」とあるなど多数派工作の禁止のこと）に家康が違背したため、「五人の奉行と家康半不和」となった際、輝元は先の起請文にあるとおり、豊臣奉行衆との連携という策略を選び、不測の事態に備えて上方方面に兵力を集結させていることがわかる。内藤周竹書状の「当家御人数二万余召し置かれ候、鉄砲七百丁、そのほか御家中相加え候わば、五千丁もこれあるべき由候」という毛利氏の兵力は誇張であると考えられるが、軍事衝突が起こりかねない状況下であったことが窺える。

この軍事的緊張状態は内藤周竹書状の発せられた直後の九月三日、五大老・五奉行が再び起請文（『毛』）を取り交わし一旦沈静化する。この起請文では「十人の衆中と諸傍輩之間において、大小名によらず、何事に付いても、一切誓紙取遣わすべからず」と定め、多数派工作を禁じた。これは徳川家康に対する牽制を意図したものであろう。

このように軍事衝突は回避されたものの、家康と豊臣奉行衆の対立は根深く、徳川氏に比べ軍事力に劣る豊臣奉行衆にとって、徳川氏に対抗するための軍事力の結集は不可欠であった。そこで、輝元を味方陣営に引き留めるため、豊臣奉行衆は秀元処遇・隆景遺領問題を輝元に有利な方向で決着すべく、秀吉裁定を見直していくのである。

毛利秀元処遇問題の展開

前記の内藤周竹書状には「已前申し下し候国分などの事、みな徒事に罷りなるべく候、先々目出たく候」とあり、秀元処遇・隆景遺領問題に関する秀吉裁定は九月初頭の時点ではすでに白紙化される方向にあった。豊臣奉行衆にとって、いま頼りとなるのは秀元ではなく、輝元である。そうであるならば、秀元を厚遇し、輝元の力を削いだ秀吉裁定が現状にそぐわないことは言うまでもない。豊臣奉行衆と輝元が連携したことによって、秀元処遇・隆景遺領問題は新たな展開を迎えた。

九月十日の毛利元康宛毛利輝元書状に「御方之儀、其元すき(透)候わば、そと(外)一夜帰(いちやがえり)に御出候べく候、別条なく候、国分の事に付いて、存じ寄る儀ども申談べく候」とあり、大坂で普請に従事していたと推測される元康は、伏見にいると推測される輝元から「国分」の事について相談したいので一泊の行程（「そと一夜帰」）で輝元の下に来るように命じられた。秀吉死去前の六月頃、元康は秀吉裁定に関して輝元と協議済であり、今回の内容が秀吉裁定を覆すものであったからこそ、普請中を呼び出してまで早急に相談する必要があったのであろう。

その後の経過は、九月十日以降の同年のものと考えられる二通の元康宛輝元書状から明らかにできる。一通目には「昨日、安国寺恵瓊の所へ福原広俊(ふくばらひろとし)を派遣し、毛利氏領国の成行きに関する不満を述べさせました。恵瓊は全く同意しません。（中略）毛利秀元も物事の是非を説いても少しも言うことを聞き入れません。これは領国を維持する方法に関する意見の相違です。（中略）小早川隆景遺領のこともあなたのお考えがもっともです。下々の者のことも忘れてはいませんが、それぞれの区分があることです」とある。

二通目には「毛利秀元への給地分配について、秀元は同意できないと威圧的な態度をもって強く反対されました。安国寺恵瓊は同意しています。私は現在の情勢に合わせて言っているのです。そうですから、私は勿論、秀元の意見には全く構わず捨て置いています。状況に合わせているのに、なぜ秀元はこのように反対するのだろうか。毛利家中のため、家族のため、さらには秀元自身のためでもあるので、このように言っているのです。恵瓊が秀元に意見している途中だそうです。さらに恵瓊に聞き合わせて、あなた（元康）にお伝えし、また、あなたの意見をお聞きします」とある。

秀吉裁定に同意していた秀元が、その見直しに強硬に反対しており、豊臣奉行衆と輝元との関係強化の一環として、秀元処遇問題を輝元に有利（秀元に不利）に変更した結果であろう。一通目においては反対していた恵瓊も二通目においては同意に転じ、秀元の説得にあたっている。

秀元処遇問題同様に、隆景遺領問題も輝元の権力強化に向けて変更される。一通目傍線部の「それぞれの区分がある」とは、隆景旧家臣団をすべて毛利家中に復帰させるのではないことを意味している。実際に、毛利家中へ復帰する者のほか、国司元信のように越前・加賀に転封された秀秋に引き続き仕える者や、筑前の代官となった石田三成が召し抱える予定の者もいた。すべての家臣を毛利家中に受け入れると、秀元への給地分配と合わせて、輝元直轄地の大幅な減少を招くという問題があったため、輝元と三成の連携により三成がその一部を召し抱えることにしたものであろう。また、彼らの存在は毛利氏と三成をつなぐ鎹ともなった。

一方、毛利家中へ復帰する隆景旧家臣団については、秀吉裁定では秀元家臣団への編入が予定されていたが、輝元は九月六日に側近木原元定を三原に派遣して三原の統治に当たらせており、隆景旧家臣団を三原に残して輝元の直臣とする方針であったことがわかる。

このような給地分配案に強く抵抗していた秀元の処遇に苦慮した輝元は、給地分配案を変更した。前記二通の書状の後のものと推測される元康宛輝元書状に「昨日、安国寺恵瓊の所で再度話し合いをしました。その内容は今、福原広俊と堅田元慶が来たので、あなた（元康）にもお伝えします。きっと同意していただけると思います。とことん話し合った結果です。性急に判断したわけでも、一部を見て判断したわけでもありません。あなたは不審に思われるでしょう。返事によっては福原などと話し合ってください」とあり、秀元処遇問題に関してこれまで元康に相談してきた内容と異なる決定を行ったことを弁解していることから、給地分配案を変更したことが窺える。

この間の具体的な経緯を明らかにする史料は見当たらないが、慶長四年（一五九九）一月二十三日の秀元に対する給地分配から推測できる。秀元の給地は出雲国一円・隠岐国一円・伯耆国三郡と安芸廿日市一万石とされたが、廿日市一万石が付加されていることに注目したい。廿日市は秀元の父元清の本領だった場所であり、元清が慶長二年七月に死去した後は秀元領になっていた。しかし、秀吉裁定が国単位での給地分配で、旧元清領は含まれていなかったように、変更前の給地分配案では、出雲・隠岐・伯耆のみであった蓋然性が高い。そうすると、秀元の給地は秀吉裁定と比較すると、「八箇国分限帳」の石高にして約三万八千石の減少（秀元領が毛利氏領国全体に占める構成比は約十九％で、秀吉裁定時の約二十四％に比べ約五ポイント減）になり、明らかに秀元に不利な変更であることから、秀元の大きな反発を招いたのであろう。そこで、最終的に本領廿日市を加えることで秀元の軟化を誘い、秀元も妥協したのである。なお、この決定にも石田・増田の両名が関与しており、輝元との連携の強さを示している。

この時点での輝元と豊臣奉行衆は、領国内における当主への権限集中を企図する輝元と豊臣政権維持（反徳川）のために多数派を形成しようとする奉行衆が連携することにより、お互いに自己の利益を担保しようとした関係にあったと言えよう。ただし、輝元の目はあくまでも領国内を向いており、中央の政局に積極的に関与しようとする姿勢は見られなかった。

二　七将襲撃事件の謎を解く

分裂する豊臣政権と前田利家の死

慶長四年一月十日、伏見城にあった豊臣秀頼は大坂城に移った（『義演准后日記』）。これは慶長三年八月五日の秀吉の遺言（「早稲田大学図書館蔵文書」）に「秀頼様、大坂御入城なされ候てより、諸侍妻子大坂へ相越すべき事」とあり、秀吉の遺令に従ったものであった。また、この遺言には「内府(徳川家康)三年御在京事」「奉行共五人の内、徳善院(前田玄以)・長束大(長束正家)両人は一番にして、残る三人の内一人宛、伏見城留守居の事、内府、惣様御留守居の事」とあり、徳川家康と五奉行の一部（前田玄以・長束正家ともう一人の奉行）の伏見在城が命じられていた。『藤堂記』などによると、徳川家康や前田利家は秀頼に供奉して大坂へと向かい、家康は片桐且元邸に宿泊したのち、十二日に伏見に帰ったとされる。家康が伏見に帰ったことは遺命に沿ったものであり、『藤堂記』などの記述は信用してよかろう。

一方の前田利家は、関白秀次失脚後の文禄四年（一五九五）七月二十日に提出した起請文（「大阪城天守閣蔵文書」）において「御ひろい(豊臣秀頼)様へ対し奉り御もりに仰せ出でられ候」とあり、秀頼の後見人とされていた。よって、伏見から大坂に来た利家はそのまま大坂城に入り、先の秀吉遺言において「大坂城右奉行共内二人宛留守居事」とある前田玄以・長束正家以外の五奉行とともに、名目上の「天下人」豊臣秀頼を補佐する任に当たった。

前田利家は「大納言殿(前田利家)は、おさなともだちより、りちぎ(律儀)を御存知なされ候故、秀頼様御もりに付けなされ候間、御取立て候て給い候えと、内府(徳川家康)・年寄(五奉行)五人居り申す所にて、たびたび御意なされ候事」（『浅野家文書』、以下『浅』）とあるように、若年の頃より秀吉と親密な関係にあったこと、律儀な性格で秀頼の後見人として最適格であったことから「もり」役とされたのである。その選任理由を五奉行はともかく、わざわざ家康の前で秀吉がしばしば語ったという事実は、自らの死後における家康の動向に不安を覚えた秀吉が、家康に対抗できる人物として利家に期待を寄せていたことを物語る。

　他の五大老のうち、文禄四年の段階で家康といずれか一方は在京するものとされていた毛利輝元や常時在京を命じられていた宇喜多秀家も、秀頼の大坂下向に同行し、慶長四年正月には大坂にいたものと推測される。少なくともこの年の秋には、「家康・輝元は大坂に御座候わでは然るべからず候、伏見には三河守殿（松平秀康）・秀元（毛利）御座候て尤も然るきの由、仰せ談ぜらるの由候」（『閥』）、「東国衆の儀は在大坂、西国衆の儀は在伏見と、太閤様御置目候の処、備前中納言殿（宇喜多秀家）在大坂の段、更に分別及ばずの由、家康堅く申上げらるの由候」（「長府毛利文書」）とあることから、輝元・秀家ともに大坂にいる。「東国衆の儀は在大坂」という原則によれば、もう一人の大老上杉景勝も大坂にいたと推測され、家康を除く大老は全員大坂に集結していた蓋然性が高い。いずれにしても豊臣政権の政務は家康を中心とする伏見と利家を中心とする大坂に分立した状態で合議するという二元的な政治体制となり、必然的に伏見と大坂の間の緊張が高まることとなったのである。

　そのような状況下、家康が伊達氏や豊臣系大名（福島氏・蜂須賀氏）と姻戚関係を結ぼうとしたことが問題となった。文禄四年八月三日の御掟（『浅』）には「諸大名縁辺の儀、御意を得、その上を以て申し定むべきの事」とある。つまり、無断での姻戚関係の締結は禁じられていた。これも有力大名による多数派工作を防止しようとしたものであったが、家康はこの掟を無視した。家康は前年九月三日に諸大名と起請文を交わさないことを誓った後も、起請文こそ交わさないものの、十一月二十五日の増田長盛、同月二十六日の長宗我部盛親、十二月三日の新庄直頼、同月六日の島津義久、同七日の細川藤孝（以上、『言経卿記』）など諸大名の伏見屋敷への訪問を繰り返し、秀吉の禁じていた多数派工作を事実上行っていたが、遂に明確な遺命違背を行ったのである。

これに対して、利家や豊臣奉行衆は慶長四年一月十九日、家康への詰問の使者を送った（「去十九日に江戸内府へ縁辺の儀について中分これあり、加賀大納言（前田利家）・備前中納言（宇喜多秀家）・毛利中納言（毛利輝元）・会津中納言（上杉景勝）・徳善院（前田玄以）・増田右衛門尉（増田長盛）・浅野弾正少弼（浅野長政）・石田治部少輔（石田三成）・長束大蔵大掾（長束正家）等にて使これあり」『言経卿記』）。軍記類によると、その使者は西笑承兌と三中老（中村一氏・生駒親正・堀尾吉晴）とされるが、一次史料では確認できない。

また、軍記類ではこの際、大坂の諸大名が軍備を整える一方、家康のもとへも加藤清正・福島正則・浅野幸長・黒田長政・蜂須賀家政・細川忠興らが集まり、家康邸を警備したとされる。しかし、言経の一月二十四日の日記には前記の記述に続いて「然れども二十日に大略相済む」とあり、翌日にはこの問題が収束したと認識されている。日付を遡った可能性もあるが、前述のとおり、毛利秀元への給地分配も二十三日に決着している。軍事的衝突の危機の最中に、毛利氏領国を揺るがす可能性のある微妙な問題を処理するとは考え難い。また、二十五日に家康・利家以下の連署による細川藤孝への知行宛行状が発給されている。これらのことから、大坂と伏見の軍事的衝突の危機が回避されるという山科言経の認識は正しかったと考えられる。

他方、同月二十九日に家康の家臣榊原康政が兵を率いて伏見に到着したという事実もあり（『義演准后日記』）、康政の上京という情報が大坂方の強硬な家康追及姿勢を鈍らせた可能性もあるのではなかろうか。また、二月十四日黒田長政宛徳川秀忠書状（『黒田家文書』、以下『黒』）には「今度おのおのより内府へ御断わり仰せ聞かさせられ候処、御異見の如く候て御入魂の由珍重に存じ候、別して貴殿御念入れられ、御肝煎の旨承り及び祝着の至候」とあり、黒田長政ら豊臣系大名の一部が家康の擁護に回ったことも、大坂方の軍事的実力行使を躊躇させたのであろう。前年九月の軍事的衝突の危機の際や後述する石田三成失脚事件の際に領国から軍隊を呼び寄せている毛利輝元についても、慶長四年一月危機時の軍事行動は全く確認できない。

以上から、慶長四年一月の軍事的衝突の危機とは、軍記類が記述するほど長期に及んだ危機ではなく、双方の手詰まり感（徳川方の遺命違背という正当性の欠如、反徳川方の軍事的劣勢）から、早期に収束したと考えられるのである。

最終的にこの問題は、二月十二日に家康と他の四大老・五奉行が起請文（『毛』）を交換することで決着した。利家以下の起請文には「今度縁辺の儀に付いて御理申し入れ候処、早速御同心畏れ入り存じ候、然る上は向後御遺恨御座なきの旨、おのおのにおいて忝く候条、前篇に相替わらず、諸事入魂仕るべく候事」とあり、家康の起請文には「今度縁辺の儀に付いて御理の通り承り届け候、然る上は向後遺恨に存ぜず候間、前篇に相替わらず、諸事入魂せしむべく候事」とある。この二通を見ると、利家などからの申し入れを家康が受諾し、家康は追及を受けたことを遺恨に思わないとしており、表面的には家康のほうが譲歩した形となっている。強硬な追及こそ断念したものの、秀吉遺命に違背した事実から大坂方に正当性があり、このような決着になったのであろう。よって、これは既に岩沢愿彦氏などにより指摘されていることであるが、二月二日に五奉行が剃髪(ていはつ)したのは、この問題の責任を負ったのではなく、秀吉の遺命によるものであったことは明らかである。

三月に入ると十一日に家康は大坂に赴き、病床の利家を見舞うなど、家康と利家の関係は改善に向かい、徳川派と反徳川派の反目も一旦(いったん)沈静化するのであるが、前田利家が閏三月三日に死去すると、事態は急展開する。

三成と輝元の策動

利家の死去直後に、朝鮮侵略戦争時の作戦及び論功行賞問題を巡って不満を募らせていた加藤清正・浅野幸長・蜂須賀家政・福島正則・藤堂高虎(たかとら)・黒田長政・細川忠興のいわゆる七将による石田三成襲撃事件が勃発(ぼっぱつ)する。この事件については長らく、七将の襲撃から逃れた三成が伏見の家康邸に逃げ込んだが、家康は三成を助けることで将来三成を挙兵させ、反徳川勢力を一掃しようとしたという見解が信じられてきた。この見解が『日本戦史・関原役』や『近世日本国民史・関原役』の記述に沿った誤った見解であり、実際には三成は伏見の自邸、おそらく伏見城内の「治部少丸(じぶしょうまる)」と呼ばれる曲輪(くるわ)に入ったのであることを、近年、笠谷和比古氏が立証された。

著者も笠谷氏の見解に同意するものであるが、七将襲撃事件には未(いま)だ多くの謎が残されている。第一に、伏見の自邸に籠(こも)った石田三成は何を考え、どのように行動しようとしたのか。第二に、他の豊臣奉行衆や反徳川派の諸大名はどのように対処したのか、第三に、そもそも七将とは誰のことなのか、また、襲撃後、彼らはどのように行動したのか。毛利元康宛毛利輝元書状（「厚狭」、以下のA～F）などを用いて考察してみよう。

まず、三成が自邸に入った後の動向について考察する。

A　誰ぞこれ進ぜ候て申たく候えとも、左様の者には用申付寸暇なく候、まず書中にて申し候

一　①治少(石田三成)より、小西(行長)・寺澤(正成)越され候わば、②ねらいたて仕り候者一向珍事なく結句手おきたる、今においては仕合わせ候条、此方より仕懸けらるべく候、左候わば、輝(毛利輝元)も天馬のごとく罷り下り、陣取あまさき(尼崎)へ持ち続け候様にと申され候事

一　面むきは左様申し候か、彼衆申し候所は、③御城は彼方衆持ち候と聞え候、此方衆一切出入とまり、立ち入らずの由候事

一　④増右(増田長盛)申さる事に、とかく治少より身を引き候わでは、済み候まじく候と申されたる由候

一⑤右分候時は、はや彼方へ皆なり候と聞え候、此時は舵の取さま肝心候間、⑥禅高（山名）・兌長老（西笑承兌）を以て内々調略申すべく候と安国（恵瓊）申され候、何も爰元へやがて越され候て相談ずべくにて候、禅高折ふし昨日越され候、種々引成したがり申され候間、此方より申し候わば成るべく候、いかが思し召され候哉、承るべく候

一⑦上様仰せ置かるの由候て、昨日、内府（徳川家康）・景勝（上杉）縁辺の使、互いに増右案内者にて調い候、内心はそれには染み候わず候、公儀は上様御意のままと景勝は申さる由候えども、これもしれぬ物にて候く、とかくはや弱めに成り行き候間、これは分別のある所候

一⑧御城つめには、こいて（小出秀政）・かたきり（片桐且元）など居り候、是は内府方にて候、かくのごとく候時は何もかも要らざる趣候

一⑨大刑少（大谷吉継）より申さる事に、下やしき罷り下るの由然るべからず候、内府向い面に成り候様に候との事候、⑩治少へも此中秀元（毛利）に人数三千副え遣したると沙汰申し候、大刑よく存じ候間、一円左様にてはなく候と申すべく候、⑪ただ引取て加担無益にて候、⑫辻合わせ計り然るべく候との内意候、（後略）

［誰かを行かせて申したいと思ったのですが、適任の者には用事を申し付けていて、ひまがありません。まず、書面で申します。一、石田三成から、（使者として）小西行長と寺沢正成が来られました。石田三成は「私の命を狙った者達は全く成果を挙げることができず、むしろ、手をこまねいている今はよい機会ですので、こちらから仕かけられるのがよいでしょう。そこで、輝元

も天馬のように都から下って、陣営を尼崎へ敷き続けるように」と申されました。一、表面上はそのように申したのでしょうが、小西・寺沢が言っているところでは、大坂城は家康方の軍勢が支配していると聞きました。こちらの兵は全く出入りが止められ、立ち入れないようです。一、増田長盛が申されたことによると、どうしても石田三成が引退しなければ、決着できないと申されたようです。一、右のような状況では、すでに全員徳川派になってしまったと聞きました。現在は（どのように対処するか）舵の取り方が肝心です。山名禅高や西笑承兌を利用して、ひそかに調略するのがよいと安国寺恵瓊は申しました。いずれにしてもこちらへ早くお越しになられて話し合いましょう。山名禅高がちょうど昨日来られました。いろいろと仲裁しようとされましたので、こちらから持ちかければ調略は成功するでしょう。どのように思われますか。お考えを承りたいのです。一、上様（＝豊臣秀吉）が言い残されていたとのことで、昨日、徳川家康と上杉景勝の縁組について双方の使者として増田長盛が仲介者となって整ったそうです。内心はそのような縁組には賛成できないのです。公儀のことは上様のお考えどおりにすると上杉景勝は申されたそうですが、これも信用できないことです。とにかく、すでにこちらは弱い状況になっているので、ここはよく考えて判断しなければならないところです。一、大坂城の番としては、小出秀政と片桐且元などが居るのですが、これらの人は徳川派です。このような時は何もかも不必要に思われます。一、大谷吉継が申したことには、下屋敷に下がるのはよろしくないとのことです。徳川家康と対峙するようにとのことです。石田三成にもこの前、秀元に軍勢を三千人添えて派遣しているとの情報を申しました。大谷吉継はよく知っているので、本当はそうではないのだと申すつもりです。（輝元が）この状況を引き取って、（石田三成に）加担するのは無益なことです。

人数合わせをするのがよいとの吉継の内意です。」

この書状は日欠であるが、『言経卿記』閏三月七日条には「石田治部少輔(石田三成)入道去四日に大坂より伏見へ行かる也、云々、今日も騒動」とあるから、閏三月四日以降のものである。

輝元の居所は下屋敷に撤退する前の段階であるから（傍線部A⑨）、伏見城内の曲輪か伏見城下の上屋敷になる。その輝元の所へ三成からの使者として小西行長(こにしゆきなが)・寺沢正成が訪れており（傍線部A①）、もし三成が家康邸に逃げ込んでいたのであれば、このような使者の往来は困難であるから、笠谷氏の主張どおり三成は伏見城内にいたことが立証される。次に、傍線部A②では、七将側の動きが止まった今、三成側から逆襲に転じる方針を伝え、輝元には尼崎方面に陣を構えるよう要請している。三成は家康に助けを求めるどころか、七将側あるいはその背後にいる家康に対して軍事行動を計画していたのである。

では、三成の軍事作戦はどのようなものだったのであろうか。この書状からは明確ではないが、傍線部A③の「御城」（傍線部A⑧の「御城」も同様）は大坂城を指しているから、増田長盛などが大坂城の豊臣秀頼を奉じ、大坂の喉元(のどもと)を押さえる交通の要衝である尼崎に陣を張った輝元とともに西日本の諸大名を結集、伏見城内の石田三成と協力して「内府かた」（以下、「徳川派」と表記）を挟撃するというものではなかったかと推測される。ところが、大坂城はすでに徳川派により占領されており、「此方衆」（以下「反徳川派」と表記）は城内に入ることができない状態になっていた（傍線部A③）。大坂城の在番を務めていた小出秀政、片桐且元らが徳川派に付いたからである（傍線部A⑧）。大坂には家康の意を受けた藤堂高虎もいたことが確認され、高虎による多数派工作があったことも推測される。

軍事的優位性を有さない豊臣奉行衆が主導する軍事行動においては、名目上の最高権力者である豊臣秀頼の命令に基づくものという公儀の根拠がなければ、諸大名を動員することは困難であったが、その秀頼を徳川派に握られ、豊臣奉行衆の命令に従う大名はほとんどいない状況であった（傍線部A⑤）。輝元と並んで三成が反徳川派の中核として期待していた上杉景勝も、家康との縁戚関係を約して家康に接近する（傍線部A⑦）など、反徳川派は圧倒的に不利な状況に追い込まれていた。そのような状況下で三成の盟友大谷吉継は輝元に対し下屋敷へ撤退せず、家康に対抗するよう依頼しており、輝元も三成に毛利秀元の援軍が到着するという偽情報を与え勇気付けている（傍線部A⑩）が、吉継も徳川派との軍事闘争はすでに断念しており、和解の条件を有利にするために兵力を補充し、徳川派との軍事的均衡を保つべきとの考えであった（傍線部A⑫）。一方で、安国寺恵瓊は家康との間を仲裁しようとする山名禅高や西笑承兌を逆用して徳川派を攪乱しようという作戦を提案している（傍線部A⑥）。

ここで注目すべきは、軍事闘争を断念した大谷吉継から徳川派の軍事的圧力を一身に引き受けて三成に加担することを諫められている（傍線部A⑪）毛利輝元の積極的な姿勢である。約一ヶ月前の三月一日には吉川広家が千五百の兵員を伏見に置いていることが確認され、後述するが、広家自身も伏見を目指し上京中であった。一方、傍線部A④の増田長盛の言葉は、長盛自身の考えではなく、ある人物の意見を伝えたとも解釈でき、その場合、ある人物とは家康と考えられる。事件初期の段階から家康は三成の引退を和解の条件と考えていたのであろう。

輝元の涙――和解交渉の推移

このような三成や輝元の策動にもかかわらず、状況はさらに反徳川派に不利になっていく。

B
面むきあつかいの事、いまだ澄まず候、①増右・治少より申さる分には、景勝・我等覚悟次第、何に分にも相定むべきとの儀候条、景勝申し談じ候て、②異見申し候、分別あるべく哉と存じ候、趣申すべく候

一　③夕部、禅高越され候て、語り申され候、内府入魂は大かたあらず候、其上においても神文等とりかわし候様にとの申され事候、いよいよ異儀なく候、御心安かるべく候

一　④下やしき罷り下り候と聞こえ候て尤も然るべくと申されたる由候間、いよいよ

相尋ぬべくと申す事候、（後略）

［表向きの処理はまだ済んでいません。増田長盛と石田三成が申されるには、上杉景勝と私（毛利輝元）の決定に従い、どのようにでもするとのことです。景勝と相談して意見を伝えました。（長盛と三成も私たちの意見に）同意するだろうと思います。その様子についてはまたお伝えします。一、昨晩、山名禅高がお越しになって話をしました。家康の懇意はいい加減ではないようです。その上、起請文も取り交わそうとのことですので、異議はありません。安心してください。一、（毛利輝元が）下屋敷に移ることを聞いて、（家康は）それがよいと申されたそうですので、さらに尋ねてみようと思います。］

三成・長盛は反徳川闘争遂行の最終判断を豊臣奉行衆と同盟関係にあった東西の有力大名毛利輝元と上杉景勝に任せる（傍線部B①）。Aの書状では去就のはっきりしなかった長盛も今回の軍事闘争計画に参画していたことが判明する。同様に、Aの書状で家康との縁戚関係を約したとされていた景勝も今回の軍事闘争計画に参画していたことが窺える。しかし、もはや輝元も山名禅高を介して家康との和解に傾き（傍線部B③）、和解の印として下屋敷への撤退を予定している（傍線部B④）。そして、軍事闘争断念の方針は長盛と三成にも伝えられた（傍線部B②）。

引き続き事態の推移を見ていこう。

C　御書中拝見候、①誠に今においては、いよいよ彼間の調入る事候、安国寺へもその申し事候、彼方ことのほか入魂とは聞こえ候、尚もって調肝心と存じ候

一　②其元普請は、とかく早々調え、罷り下たく候間、普請急ぎ申す事候、榎中(榎本元吉)仰せ談ぜられ候て給うべく候（中略）

面むきのあつかいの返事いまだなく候、返事候わば申すべく候〳〵

［御書面を拝見しました。誠に今となっては彼との調整が必要なことです。安国寺恵瓊にもそれを言いました。彼はことのほか親密だと聞いていますが、より一層の調整が肝心だと思います。

一、そちら（＝下屋敷）の普請をとにかく早く調えて、下りたいと思っていますので、普請を急ぐように言いました。榎本元吉(えのもともとよし)と相談してください。表向きの処理の返事はまだありません。返事があったらあなた（＝元康）にもお伝えします。］

傍線部C①の「彼」「彼方」は同一人物であり、この事件の処理にあたり鍵(かぎ)を握る人物である。「ことのほか入魂」という表現は、傍線部B③の「内府入魂は大かたあらず」とほぼ同義であり、「彼」とは徳川家康を指す蓋然性が高い。

D　①昨日彼方と間、かくのごとく相調い候

一　②治少身上面むきのあつかい、三人衆へ申し渡し候、これもこの中あつかいかけ、これある候由候、治少一人さほ山(佐和山)へ隠居候て天下事存知なく候様との儀候、これに

相澄むべく候、③増右をも皆々、種々申し候えども、④治少一人にて澄むべくと内意候、左候とも増右はそのままにて居られ候まじく候条、同前たるべく候、これほどに澄み候えば、然るべく候、⑤治少ことのほか折れたる申され事候、長老(安国寺恵瓊)へ文を見、涙流し候、⑥この一通事、家康よりも一段密々候えとの事候、一人にも御沙汰候まじく候、よくよくその御心得候べく候、⑦梅りん(林就長)・渡飛(渡辺長)・児若(児玉元兼)、其元へ召し寄され候て、密々にて仰せ聞かされ給うべく候、召上せ申候えば、ことことしく候、少しも口外候まじく候由、かたく仰せられるべく候く、かしく

［昨日、彼との協議が以下のように調いました。一、石田三成の表向きの処分を三人衆へ申し渡しました。これも先ごろ仲裁があったからです。三成一人が佐和山(さわやま)へ隠居し、天下のことについて関与しないようにとのことです。増田長盛についても皆がいろいろ言っていますが、三成一人（の処分）で済ますとの内意です。しかし長盛もこのままでは済まないでしょう。三成と同様（の処分）になるでしょう。この程度（の処分）で済めばよいでしょう。三成は非常に挫(くじ)けた様子です。（三成から）安国寺恵瓊への書状を見て、（輝元も）涙を流しました。この書状の内容について一層内密にしてくださいとの家康の意向です。誰にも知らせないでください。よく心得ておいてください。林就長(はやしなりなが)・渡辺長(わたなべはじめ)・児玉元兼(こだまもとかね)（＝いずれも毛利氏家臣）をそちらに呼んで内々に伝えてください。（私が）呼んだのでは大袈裟になってしまいます。決して他言しないように話してください。］

一方、書状Dは三成の処分が決定した後のものであるが、傍線部D①の「彼方」も家康のことであろうか。三成のみの処分とするという「内意」は、処分の内容を内密にするよう要請した（傍線部D⑥）家康の決定を指すものと考えられる。そうすると、「彼方」も家康を指すものとも考えられるが、傍線部D⑥において「家康」という固有名詞を用いながら、傍線部D①において「彼方」という表現を用いるのは不自然である。

D①の「彼方」が家康のことではないのであれば、誰であろうか。Cの書状の「彼」も含め、上杉景勝を指す可能性もある。長盛と三成は傍線部B①において、反徳川闘争遂行の最終判断を輝元と景勝に一任しており、その一任は闘争を断念し、処分を受け入れるという判断まで含むものだったと考えられる。よって、処分の決定にも輝元と景勝の調整が必要であったと推測される。勿論、輝元と景勝の二人で決定できる訳ではなく、家康との調整も必要であったことは言うまでもないが、長盛・三成ら豊臣奉行衆と輝元・景勝の結びつきが強固であったことを指摘しておきたい。輝元はとりわけ、傍線部D⑤にあるように、三成の失脚に涙を流すほど、三成との関係が強固であった。

さて、この事件については三成のみの失脚を狙ったものと従来考えられてきたが、傍線部D③から、直接襲撃の対象にはならなかったものの、長盛も責任を追及されていたことが判明する。軍記類では三成の専横のみが強調されるが、豊臣政権の政策や処分などは行政機構全体で決定したものであり、三成一人の責任ではない。傍線部A⑦において、長盛が家康と景勝を仲介したことが知られるが、そのような如才のなさを持たない三成の一途(いちず)な性格が彼の失脚を招いた一方で、家康とのパイプを維持したことが、長盛の保身につながったのであろう。

また、輝元の書状には登場しないが、「多聞院日記」閏三月九日条には「伏見、治部少輔(石田三成)・衛門尉(増田長盛)・徳善院(前田玄以)、一所に取り籠る由候」とあるから、三成だけでなく、長盛や前田玄以（おそらく長束正家も）も伏見城内に籠って、七将あるいは家康と対峙(たいじ)していたのであるが、結局、三成のみが処分されることとなった。

三人衆とは　傍線部D②において、輝元から石田三成の処分を聞いた「三人衆」とは誰のことであろうか。

E　両三人に仰せ聞かせ候哉、然るべく候

一　下やしきへ事、尤も候、我等もその申し事まで候、この意は一刻も急ぎたく候、只今安国へも申し候く、①へいをもまず急ぎ候えと、榎中に申し聞かす事候、御方もく仰せられ候て給うべく候

一　②蜂阿(蜂須賀家政)・如水(黒田如水)・加主(加藤清正)、支えは定まりたる事候、とかくはや中国の大事まで候、然れども、家康懇(ねんご)ろ大かたあらず事候、彼衆身にはあられぬと聞こえ候、（後略）

「三人にお伝えになりましたか。お伝えになったことと思います。一、下屋敷へ（移る）のは当然のことです。私（＝輝元）もそのことを言ったのです。このことは一刻も急ぎたいのです。安国寺恵瓊へもそう言いました。（下屋敷の）塀（の普請）を第一に急ぐように榎本元吉に命令しました。貴方様（＝元康）からも仰ってください。一、蜂須賀家政・黒田如水・加藤清正の方針は定まったようです。とにかく中国（＝毛利氏領国）の一大事です。しかし、家康の懇意はいい加減ではないとのことです。彼衆（＝三人衆）は身に覚えがないと聞いています。」

冒頭の「両三人」は「三人衆」のことではなく、傍線部D⑦の林就長・渡辺長・児玉元兼の三人の毛利氏家臣を指しており、EはDの直後の書状であると判明する。一方、傍線部D②において話題になっている「三人衆」とは傍線部E②の蜂須賀家政・黒田如水・加藤清正を指すものと推測される。蜂須賀・黒田・加藤の三名は朝鮮侵略戦争時の意見の相違や不利な報告をされたという恨みを抱いていたことから、豊臣奉行衆に対する反感が強かったが、豊臣家臣団の中では毛利氏との関係が深い豊臣系大名の代表格でもあった。蜂須賀家政・黒田如水は津野倫明氏が指摘するように、毛利氏の「取次」的な役割を果たしてきた人物であるし、加藤清正は朝鮮侵略戦争、特に蔚山籠城戦において毛利軍と苦楽を共にした間柄である。また、毛利輝元は小早川隆景とともに西国衆を統括する地位にあった。家政は阿波、如水は豊前、清正は肥後の大名であるから、輝元の統括を受ける立場にあったのである。

よって、輝元は豊臣奉行衆との連携関係を基本にしながらも、従来からの個別の人的関係に基づき、反豊臣奉行衆の一部とも友好関係を維持することで、全面的に豊臣奉行衆と一体化することを避けるとともに、徳川派の分断を図っていたと考えられるのである。逆に言えば、毛利氏が豊臣奉行衆や徳川氏とのバランス・オブ・パワーを図るために、この三人は毛利氏にとって重要な存在だったとも言えるだろう。ところが、今回の事件を通じて「三人衆」の家康への接近が明らかになり、毛利氏にとってはまさに一大事となった（傍線部E②）。

ところで、七将の構成員については、閏三月五日に家康から「仰せのごとく此方へ罷り越され候」という書状（『譜牒余録（ふちょうよろく）』）を受け取った七人、つまり、細川忠興・蜂須賀家政・福島正則・藤堂高虎・黒田長政・加藤清正・浅野幸長を指すというのが現在の通説である。「此方へ罷り越され」とは石田三成が七将の襲撃を逃れ、大坂から伏見に移ったことを指す。同日、浅野幸長は家康から「此方へ人数召し連れ罷り越され候由、仰せ越され候」という書状（『譜牒余録』）を受け取っており、七将は三成の後を追って伏見に来ていた。

ところが、「慶長年中卜斎記（ぼくさいき）」は七将について、前記の七人のうち家政と高虎を外し、脇坂安治（わきざかやすはる）と加藤嘉明（よしあき）を入れている。『舜旧記（しゅんきゅうき）』慶長四年閏三月九日条には「石田治部少輔と七人大名衆、伏見申し合いこれあり」とあるから、襲撃の首謀者が七人の大名であったことは間違いない。輝元書状の三人衆が清正・家政そして黒田長政の父如水であることから推測すれば、七将とは細川忠興・蜂須賀家政・福島正則・藤堂高虎・黒田長政・加藤清正・浅野幸長であるという通説に著者も賛同するものであるが、如水の関与が認められるから、七将の背後には如水がいたという可能性が浮上する。豊臣奉行衆の台頭によって活躍の場を失っていた稀代の軍師黒田如水にとって、豊臣奉行衆、とりわけ石田三成は相容れない仲であった。豊臣奉行衆の後ろ盾であった前田利家の死去という好機を捉えて、如水が復権に向け、息子の長政を通じて七将を唆したということも考えられよう。

三　三成引退

三成、佐和山へ

三成一人が奉行職を退き、佐和山へ隠居するという処理方針でほぼ調整が終了した後も、輝元は傍線部C②、傍線部E①に見られるように下屋敷の普請を進めていた。とりわけ、傍線部E①の塀の普請とは下屋敷の警備を固めようとするものであり、臨戦態勢を続けていたことが窺える。防御を固めるだけでなく、閏三月九日、吉川広家は吉川氏家臣祖式長好らに宛て、「只今西宮に至り上着候、其方なども早々伏見罷り上らるべく候」「くれぐれ今夜山崎まで罷り上り候間、其方事鳥羽に至り罷り越さるべく候、武具・馬具等取りつくろい申さるべく候」との書状（「祖式家旧蔵文書」）を発している。

九日に西宮に到着したということは、広家が以前から上方に駐屯していたのではなく、居城である出雲の富田（とだ）、あるいは輝元の居城広島から急遽（きゅうきょ）兵を率いて上京したことを示す。七将による三成襲撃の情報を得てすぐに輝元が救援を要請したとしても、救援要請の書状が到着するのに三日（閏三月六日頃に書状が到着）、書状を受けて即出発したとしても三日程度それぞれかかると考えられる。つまり、広家はかなりの猛スピードで上京したことになる。

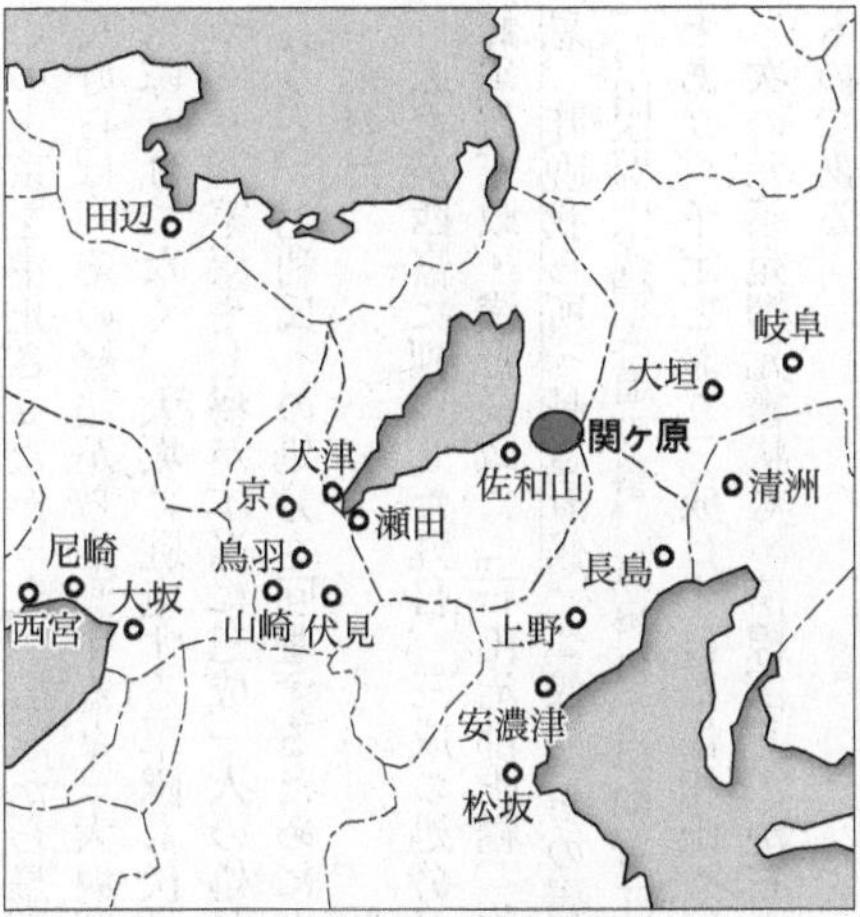

関ヶ原前夜の主要舞台地図

第二章において詳しく触れるが、慶長五年の家康の会津征討に従軍する際、広家が出雲から上坂するのに要した日数は九日である。会津征討従軍に乗り気でなかったことを考慮しても、慶長四年の際のスピードは信じ難いほどであり、前田利家の死去が近いとの情報を得た輝元が、利家死去以前に広家の上京を要請していた可能性も考えられよう。

いずれにしても、三成一人の処分という方針が決定した後も、輝元は救援軍の上京を中止させなかった。広家から鳥羽経由で伏見まで来ることを要請された祖式長好らは、その経路から推測すると、大坂留守居だったものと考えられ、輝元が国元の軍隊だけでなく、大坂に駐屯する軍隊も伏見へ集結させようとしていたことが判明する。つまり、家康や七将が本当に三成一人の処分だけで矛(ほこ)を納めるという保証はなく、逆に言うと、毛利氏への処分を回避するためにも、家康や七将に対抗し得る軍事力が必要だったのだ。

広家が西宮に到着した九日、三成の処分が正式に決まり、家康は七将方の福島正則・蜂須賀家政・浅野長政に「石田治部少輔(石田三成)、佐和山へ閉口に相定め、明日参るべく候、子息(石田三成)、昨晩我ら所へ越され候」(『浅』)との書状を発する。『言経卿記』閏三月十日条には「石田治部少輔入道の事、無事にて早朝近江国佐保山へ隠遁(いんとん)也云々、京・伏見方々悦喜」とあり、予定どおり三成は十日に佐和山へ向かった。

次の元康宛輝元書状も、傍線部F①が右の家康書状の傍線部と一致するため、九日のものである。

F　あつかい調い、治少(石田三成)は佐ほ山(佐和山)へ罷り越され、息は大坂へ罷り居られ、秀頼さまへ御奉公候えとの事候、①一礼として夕べ、内府、息罷り越され候、右の趣存ぜず候てやらん、夜前も所により大さわぎ候つる、②安国寺やがて治少へ罷り越され候、いよいよ様子これ聞くべく候、内府へも参られ候てよろず申し談ぜられ候えかしと申

し候、③気分悪く笑止千万候

［仲裁が調い、石田三成は佐和山へ向かい、三成の息子（重家）は大坂において秀頼様へご奉公せよとのことです。お礼のために昨夜、家康（の所へ）息子（石田重家）が来られました。三成隠居の情報を知らなかったのでしょうか、昨夜も所々で騒動がありました。安国寺恵瓊はすぐに三成の所へ行き、様子を聞くのがよいでしょう。家康の所へも行っていろいろ話し合ってくださいと言いました。気分が悪くてどうしようもありません。］

事件はほぼ収束したが、傍線部F③にあるように、輝元の心は沈んでいた。強固な同盟関係を結んでいた三成の失脚は、輝元にとっても大きな痛手だったのだ。

九日夜に山崎まで到着していたであろう広家は十日に伏見に入ったものと考えられるが、その時にはすでに事件は決着していた。十日の広家書状（「吉川家中并寺社文書」）にも「石治事（石田三成）、面目失われ、江州佐保山へ隠居候、子隼人は大坂下られ候、右衛門（増田長盛）は前の如くにて候、去りながら、事は知らざる様に聞こえ候、これにて静謐に相済み候」とある。この書状においても長盛の処遇が話題となっており、七将の不満は豊臣奉行衆全体に対するものであったことが窺える。しかし、三成一人の処分とする方針が決定した以上、行政機構全体の失政を追及することはできない。よって、三成が隠居する理由は「石治事（石田三成）、面目失われ」とされたのではなかろうか。つまり、七将の襲撃を受け、大坂から伏見へ逃亡した行為を武士にあるまじきこととして処分することで、他の豊臣奉行衆に累が及ぶのを避けたものと考えられる。

家康の勝利か

伏見に来た後の七将の動向について、先の傍線部A②は「ねらいたて仕り候者一向珍事なく結句手おきたる」とする。つまり、伏見まで追ってきたものの、輝元や景勝の支援を受けて伏見城に籠る三成ら豊臣奉行衆に対し、七将は打つ手を失っていた。毛利輝元も臨戦態勢を解いていなかった。にもかかわらず、結局、三成が引退に追い込まれたのはなぜであろうか。

それは偏に家康の巧妙な外交戦略によるものである。つまり、七将のうち、輝元とも親しかった蜂須賀・黒田・加藤清正を輝元から離反させ、上杉景勝に縁組を持ちかけたうえ、三成以外の豊臣奉行衆の職を保障するなどして反徳川派内部を分断した結果、反徳川派は自己保身に走り、三成一人を犠牲としたのである。

その後、閏三月二十一日、輝元と家康は起請文を交換するが、その中で家康は輝元を兄弟、輝元は家康を親と称し、表面的には家康に屈服した形となっていた。このように七将襲撃事件は家康の一方的な勝利のように見える。しかし、反徳川派にとっても全くの無意味ではなかった。前記傍線部F②にあるように、輝元と三成の関係は安国寺恵瓊を介して三成失脚後も続いている。三成失脚にあたり輝元の流した涙は、三成一人を犠牲にしたことに対する懺悔の涙だったのではなかろうか。輝元の心には、三成に対する借りをいつかは返そうという念が渦巻いていたものと思われる。また三成も、自らが一旦身を引くことで反徳川派の勢力を温存し、反撃の好機を待つという戦略に転換したものと考えられ、自分のみが犠牲になったことで他の同志を恨むということはなかったであろう。

さらに、輝元と景勝の関係も、徳川・上杉縁組問題をめぐりさざ波が立ったものの、襲撃事件の解決に向けて二人で調整を図る中で再び強く結び付いたものと考えられる。

閏三月十三日、毛利氏が篤く信仰する厳島神社の棚守に宛てた満願寺春盛書状（「厳島野坂文書」）に「①殿様と長尾殿（上杉景勝）御あつかいにて相調い候由候、御吉左右この事候、其許御神前慥に御社籠候て、御懇祈の由肝要に存じ候、爰元も温座護摩修法候、御吉左右までは幾日なりとも執行の覚悟候き、早々吉事御到来②国家安全この事候、明後日十五日吉辰候条、結願仕るべきかと存じ候」とある。

この書状の内容は、輝元と景勝が協力して事件の解決に努めた（傍線部①）のが国家の安全につながった（傍線部②）ことを喜ぶものである。前記傍線部E②における「中国の大事」＝毛利氏領国の危機から脱するために、厳島神社や満願寺は祈願を行っていたのであるから、傍線部②の「国家」とは日本国全体のことではなく、毛利氏領国のことであろう。傍線部①には、輝元と景勝の調整が成功し、彼ら自身に処分が及ばなかったという意味だけではなく、両者の信頼関係が再構築されたことこそが、「国家安全」の源泉であったとの意味が含まれているのではないか。毛利氏と上杉氏の同盟関係にひびを入れようとした家康の試みは失敗に終わったのである。

このように、いわゆる七将の石田三成襲撃事件は、徳川派が一方的に石田三成を攻撃したものではなかったと考えられる。七将の襲撃を逃れた三成は、伏見城を拠点に徳川派の打倒に向けてさまざまな権謀術数をめぐらしており、大規模な軍事衝突が起こる可能性もあったことが明らかになった。また、この闘争計画の中心的役割を果たしたのが、一年後に関ヶ原合戦を主導する石田三成、大谷吉継、安国寺恵瓊の三名であった点も注目される。結局、この闘争計画は表面的には挫折に追い込まれたのであるが、水面下で毛利・上杉・豊臣奉行衆の三者は同盟関係を維持しながら、再決起の時期を密かに探っていくのである。

家康の強制的な仲介

石田三成失脚事件を通じて、豊臣政権の実権を握った家康は、対抗勢力を弱体化させるためにさまざまな手段を講じる。毛利氏に対しては、未だ決着していない毛利秀元への給地分配問題への介入を行った。二通の元康宛輝元書状から、その経過を追ってみよう。

一通目は次のような内容である。

「秀元の事、安国寺恵瓊が言うには強く言われたとのことです。勿論、奇特なことです。三原は広島に近く、役に立つ場所ですので、長門に周防(の一部を)を加え、出雲・伯者・隠岐の石高相当を分配するとの内意です。三ヶ国の石高相当にしようとすれば、周防の良い場所はすべて分配することになるので、そのような訳を安国寺恵瓊に言って欲しいと考えています。「彼方」が言うこともやむをえないことですが、検地による打ち出し分もまだ確定していないので、どう見ても、三ヶ国の石高にはなり難いでしょう。この段階で行き詰まっています。どうしたらよいでしょうか。「彼方」も急がれています。尤もなことです。私も急いで決着させたいと思います。（中略）昨日のお返事を見ました。家康がこれほど言ってくるのも上様（秀吉）の遺命だからということなのでしょう。一向に（広島へ）下向できません。非常に難しく、今後が心配なことです。」

この書状は慶長四年四月頃のものと推測されるが、家康は秀元への給地分配は秀吉の遺命であるという大義名分を掲げ、その実行を輝元に強く迫った。この家康の介入が裏で秀元と連携したものであったことは、同年六月に秀元が家康との連携を否定する起請文（「今度家康に対し、我等使として、（今井）宗薫申す子細どもこれある由候哉、中々言語絶し候、殊にヶ條等持参の由候、兎角御理意能わず趣迄候、この段貴僧仰せ分けらるべき事肝要候、かようの儀、内々所存の外候の條、強いて申分けるに及ばず候歟、自然御不審においては是非なく候間、心底の趣かくのごとく候」、『毛』）を提出していることから窺える。

加えて、同年八月にも秀元は給地分配のことで毛利氏重臣福原広俊から諫言されており、給地分配を望む秀元が豊臣政権の最大有力者となった家康に接近する一方で、家康はそのような秀元の動きを毛利氏内部の分断に利用した状況が見えてくる。また、書状中の「彼方」は家康と考えられ、毛利氏領国の給地分配の具体案にまで家康は介入したのである。

さて、家康の強制的な仲介には抗しきれないものの、長門に加え周防の良地をすべて秀元に分配することは、自己の権力強化を目指す輝元にとって受け入れられないことであった。そこで、秀元への給地分配に関する懸案事項は①長門に付加する給地をどこにするか、②秀元家臣団にどの給人を編入するか、という二つの問題

毛利秀元（功山寺蔵）

に絞られた。

二通目の書状には「あなた（＝元康）へ（秀元重臣の）西以節が言ってきた内容について詳しく聞きました。（中略）どうしても長門と（周防の）吉敷一郡でなければ、それ以外ではどうしても成り立ちません。（中略）吉見氏を（秀元家臣団への編入から）除いた場合、この前のような騒ぎになるので、そのままにしておくのがよいと思います。どう思われますか。私（輝元）でも秀元でも（毛利氏家臣であることは）同様です。」とあり、周防の付加分は吉敷郡のみに留めるというのが輝元の譲れない一線であったことがわかる。また、吉見氏を始めとした長門・吉敷郡に給地を持つ給人はそのまま秀元家臣

団に編入することで、輝元直轄地の減少を最小限にすることも必要なことであった。

最終的に、慶長四年六月十五日、秀元の給地は長門、周防吉敷郡、安芸・周防・備後の旧元清（秀元の亡父）領に決定した。「八箇国御時代分限帳」の石高で比較すると、出雲・伯耆・隠岐の合計石高に若干及ばないが、父の遺領を引き続き安堵されたからであろうか秀元も了解し、秀元処遇問題はようやく決着を見た。

しかし、そこには家康の介入を許したという禍根が残った。自らを頂点とする一元的な支配体系の確立を目指してきた輝元にとって、家中の仕置さえも思うままにできなかったことは、屈辱だっただろう。そして、家康の権力増大化を何とかして食い止めなければならないと心中密かに期したのではなかろうか。家康の介入は一方で翌年の反徳川闘争決起へとつながる芽を成長させる結果ともなったのである。

第一章追記

石畑匡基氏・堀越祐一氏・跡部信氏・水野伍貴氏によって、石田三成失脚事件の実像がさらに解明された。

石畑氏は、本書三六ページの史料A（毛利元康宛毛利輝元書状）の傍線部⑨について「大谷吉継が申したことには、下屋敷に下がるのはよろしくないとのことです。徳川家康と対峙するようにとのことです。」と解釈した私見に対して、下屋敷に輝元が移動することによって家康と対立することを危惧した大谷吉継が、家康と対立しないように輝元に忠告したものと解釈した。この指摘は首肯できるものであり、石畑氏の解釈に従いたい。なお、石畑氏によって政権復帰を果たしたとされた大谷吉継について、外岡慎一郎氏は、三成復権の機会を探るためにも、家康から遠くない位置に身を置く選択をしたとしている。

四〇ページの史料Bについても石畑氏は検討を行い、七将襲撃事件において、増田長盛が家康に協調的な態度をとっていたことを明らかにした。本書においては「長盛も今回の軍事闘争計画に参画していた」としたが、著者の意図は、三成・輝元らが長盛を与党と認識していたことを強調しようとしたものであり、長盛が直接的な軍事行動に参加することを計画していたとは考えていない。

堀越氏は、本書三八ページにおいて輝元の居所を「伏見城内の曲輪か伏見城下の上屋敷」としたことに対して、國學院大学図書館所蔵文書を用いて、上屋敷の可能性が高いとした。同館所蔵文書には、当該期の毛利氏関係文書が含まれており、参照いただきたい。なお堀越氏は、本書二三ページの輝元起請文の作成過程についても検討を加えている。

跡部氏は事件解決の真相について、三大老（家康・輝元・景勝）はそれぞれ融和の契約をむすびあうことで第三者的立場を獲得し、家康は七将に三成討伐を断念させ、輝元らは三成に佐和山隠退を納得させたとした。

水野氏は、前田利家の死と事件との関わりにも着目して、この事件の歴史的意義を論じている。とりわけ、三成を襲撃した七将について詳しく考察し、事件の裁定に不満を示した加藤清正らの求心力が、一時的に前田利長へ向いた結果、家康による前田氏の排斥、加藤氏・長岡（細川）氏・浅野氏への圧力につながったとした点は非常に興味深い。

また石畑・堀越・跡部・水野氏は、秀吉死去後の政局における五大老・五奉行制度の動向についても考察しており、この面についても、研究は大きく深化している。右記の各氏のほか、二大老（毛利輝元、宇喜多秀家）・四奉行（前田玄以、増田長盛、石田三成、長束正家）の動向に着目した布谷陽子氏の研究、八月五日付け秀吉遺言覚書案（早稲田大学図書館所蔵）を用いて、五大老・五奉行のあり方について考察した清水亮氏の研究、秀吉死後の政権運営の在り方を復元した谷徹也氏の研究が注目される。

なお、第二章以降にも関係するが、関ヶ原における戦闘前後を含めた関ヶ原合戦の全体像を明らかにした、本多隆成氏・矢部健太郎氏・笠谷和比古氏・中野等氏の著書、斎藤慎一氏・堀本一繁氏らの論稿を収載した図録『大関ヶ原展』をここであげておきたい。

第二章　関ヶ原への道

この章のテーマ

この章では、反徳川闘争決起に至る経過と決起後の西軍の動向について、西軍の総大将格とされる毛利輝元を中心に見直していく。

「はじめに」でも触れたように、反徳川闘争決起にあたり、石田三成と謀議した安国寺恵瓊に騙(だま)されて上坂した輝元は、西軍の総大将格に祭り上げられたが、積極的に戦闘に参加しなかったとされてきた。しかしながら、第一章において明らかになった輝元と豊臣奉行衆との連携関係を勘案すると、そのような消極的な輝元像には疑問が生じる。

そこで、まず、後世の軍記類や覚書類による理解が通説となっている輝元が上坂するまでの経緯について、一次史料のみから再現したい。次に、従来ほとんど注目されていなかった決起後の毛利軍の畿内周辺における軍事行動から輝元の真意を探ってみる。最後に、決起当初から家康との対決に否定的で、毛利家を守るために一貫して家康との講和に尽力したとされる吉川広家に着目したい。広家の行動については関ヶ原合戦後の彼自身の覚書に基づく理解が通説となってきたが、この点についても一次史料によって再検討する。

あわせて、いわゆる小山(おやま)評定前後の東軍大名の動向や家康の書状などを詳細に分析することによって、徳川家康が、三成らの挙兵を誘発し、反徳川派の一掃を狙うために、会津征討に向かったという通説についても再検討したい。

一　反徳川闘争の決起

なぜ輝元は帰国したのか

石田三成の引退後、徳川家康による実権の掌握が進行していく。

慶長四年（一五九九）九月には前田利家の跡を継ぎ大老職にあった前田利長が家康の暗殺を企んだとの嫌疑を受け、その後、母芳春院を江戸へ人質として送り家康に屈服する。さらに五奉行の中では最も親徳川であったはずの浅野長政までもが引退に追い込まれた。秀吉の死後二年も経たないうちに、五大老五奉行による十人の集団指導体制は四大老三奉行の七人に減ってしまったのである。残った大老のうち、上杉景勝は移封されたばかりの領国支配に力を注ぐべく慶長四年八月には帰国し、中央政権の政務から手を引いていたし、宇喜多秀家は慶長五年初頭に勃発した家中騒動の処理に苦慮していた。上杉氏と宇喜多氏の動向についてはそれぞれ第四章、第五章において取り上げるため、本章では慶長五年初頭の段階で唯一家康と対等に渡り合える余力があった毛利輝元の動向を追ってみよう。

第一章で触れた家康との起請文に表れているように、輝元も表面的には家康の風下に立つことを甘受していた。利長や長政の失脚事件、宇喜多家の家中騒動に対しても輝元は積極的な関与をしておらず、集団指導体制は骨抜きにされ、実際には家康主導で決定された事項を追認するに過ぎないような状況となっていた。この間に家康は三成引退後の慶長四年四月に伏見城に入城、さらに秀頼の後見人としての地位を引き継いでいた前田利長帰国後の同年十月に大坂城西の丸に入城している。このことは、豊臣政権の政務の場である伏見城や大坂城を事実上掌握することにより、豊臣政権が実質的には集団指導体制ではなく、家康を頂点とする指導体制に転換したことを天下に示すものであり、さらには秀頼の後見人たる地位も手中にしたことを意味する。

続いて慶長五年五月、家康は会津に帰国していた大老上杉景勝の上洛拒否を秀頼に対する謀叛とみなし、会津征討を決定する。詳細は第四章に譲るが、家康主導による景勝討伐の決定に対し、大老の一人でありながら輝元は消極的賛同の姿勢を示す。つまり反対もしないが積極的に自らが出陣する方針も示さなかった。

家康が六月十六日に大坂を発ったのに対し、輝元は家康の出立直前に帰国している。『お湯殿の上の日記』によると六月八日には輝元帰国の挨拶として毛利氏家臣林志摩守(元善)が進物を持参する一方、家康の会津出立の見舞いを大坂に送っており、輝元の帰国と家康の会津出立がほぼ同時に進んでいたことが判明する。輝元が実際に大坂から帰国の途に就いたのは、『義演准后日記』六月八日条に義演から輝元への進物を輝元の帰国によって「遣わさず」となっていること、同日記の六月十一日条に「毛利在国」となっていることから、八~十日頃と思われる。船による帰途であり、厳島神社経由で広島に到着したのは十七日の夜であった。輝元は到着を大坂で留守居を務める毛利氏家臣益田元祥に対して報告するとともに、「内府十六日罷り下られ候哉」と尋ねており（「譜録」、元祥宛輝元書状は特記しない限り同史料）、家康の出立日は輝元の帰国前から決定していたことが窺える。

ところが、文禄四年（一五九五）七月に家康・輝元と小早川隆景が提出した起請文（『毛』）には「不断、在京致し御ひろい様（豊臣秀頼）へ御奉公申すべく候、自然用所候て下国の時は家康・輝元かわりがわりに御暇申し上げ、罷り下るべき事」とあり、家康と輝元の両者が帰国することは禁じられていた。つまり、家康の会津征討時に輝元が帰国することは起請文に反するのである。家康の会津出立は私用の帰国ではなく、公儀の征討であるから起請文には違背しないとのことかもしれないが、文禄四年の起請文をはじめ、秀吉生前の起請文や秀吉の遺命は家康を頂点とする指導体制に転換したことにより、ほとんど意味を持たなくなっていたのであろう。

とりわけ、家康は前年正月の縁組騒動に見られるように、秀吉の遺命を意図的に無視する傾向があった。よって、輝元の帰国は不在時の政権運営を差配されないよう家康から帰国を勧められた可能性もあるが、この後の輝元の行動を見ていくと、家康を油断させるための策略とも考えられる。いずれにせよ、会津征討は豊臣政権が機関決定した公儀の征討であるから、輝元も大老として家康とともに派兵する義務があり、安国寺恵瓊と吉川広家を指揮官とする軍を編成するなど、表面的には家康に協力する姿勢を示していたのである。

安国寺恵瓊の策謀だったのか

広島への帰路中途であったと考えられる六月十四日、輝元は安国寺恵瓊へ、「今度、関東御下り事、御大儀御辛労なかなか言語に及ばず候、併せて家のためかくのごとく思し召され候段感じ入り候」との書状（『閥』遺漏）を送った。これに対して恵瓊は人夫の派遣を要請するなど出陣の準備を進めていたが、自領の出雲富田に帰っていたもう一方の指揮官吉川広家は不仲だった恵瓊との同陣を嫌ったため、その出陣は遅延し、七月四日にようやく出雲を発して十三日に大坂に到着した。

ところが、次の七月十四日付け徳川氏家臣榊原康政宛吉川広家書状（『吉川家文書』、以下『吉』）の傍線部①のとおり、広家到着の直前に恵瓊は密かに佐和山に赴き、三成・大谷吉継と会談し、反徳川闘争の決起を決定していた。

> 去五日、雲州罷り立ち、播州明石に至り罷り着き候ところ、①安国寺江州において石治少（石田三成）・大刑少（大谷吉継）、手前見及ぶ子細候哉、大坂罷り帰り候て、我等事も相控えるべき由申し候条、昨日罷り着き候、然れば右御両所御企承り、驚き入り存じ候、殊更②安国寺、輝元より呼び帰され候様申し廻り候段、是非なき次第に候、③輝元においては、前後存じまじくと不審に存ずばかり候、④爰許の様子、留守居の者共、広島に至り申し遣わし候、頓に到来あるべく候間、追々申し上ぐべく候

［七月五日に出雲を出立し、播磨の明石に到着したところ、恵瓊が近江で石田三成・大谷吉継とこちらの状況について（協議し）判断した事情があったのだろうか、大坂へ帰ってきて、私（吉川広家）にも（大坂に）来るように言ってきたので、昨日、大坂に到着しました。そこで、石田三成と大谷吉継の企てを聞いて驚いています。とりわけ、恵瓊が輝元から呼び帰されたと言い回っていることはけしからんことです。輝元は前後の様子を知らないはずだと不審に思っています。こちらの状況は留守居の者達が広島へ報告するので、すぐに（輝元から）返答があるはずです。（その返答は）段々申し上げます。］

この決定は輝元の承認を得ないで恵瓊が独断で行ったとするのが従来の理解であるが、真実だろうか。引き続き七月十四日付け広家書状を見てみよう。

恵瓊が輝元の命を受けた行動であることを主張した（傍線部②）のに対し、広家は輝元が事情を理解していないはずであると考え（傍線部③）、事情説明のため、また、輝元の指示を仰ぐため広島に使者を派遣している（傍線部④）とある。後年の吉川広家の覚書によると、この使者と輝元は行き違いになり、結局、輝元は上坂してしまったとされる。これが、毛利氏の西軍への参加は恵瓊の独断であり、輝元は恵瓊の策謀に巻き込まれた被害者であるとの説の根拠となってきたものである。しかし、この書状が恵瓊と反目していた広家のものであることを考慮する必要があろう。

また、この書状の前日の日付で毛利氏大坂留守居の益田元祥・熊谷元直（くまがいもとなお）・宍戸元次（ししどもとつぐ）も広家書状とほぼ同内容の書状（榊原康政・本多正信・永井直勝宛）を作成し（『益田家文書』、以下『益』）、十五日には広家・元祥・元直・元次の四名が徳川氏へ情報を知らせることに関して起請文を作成している（『閥』）。ところが、広家覚書は送る前に輝元が大坂に到着してしまったので、輝元は前後の様子を知らないとの文言が偽りになるからとする。

しかし、後述するように、輝元が大坂に向けて広島を出発するのが十五日であるから、輝元上坂の情報を広家らが得るのはいくら早くても十七日頃と思われる。つまり、十三日・十四日に作成された書状を送る時間的余裕は十分にあったのである。これらの書状が徳川方には残っておらず、吉川家や益田家に残されていることから、発送されなかったというのは事実であろう。とすれば、実際にはこれらの書状は当時作成されておらず、関ヶ原合戦後に広家らが自己の立場を有利にするため偽造したか、作成されたが、その直後に恵瓊から輝元も了解している証拠を提示されたため発送されなかった、という二つの可能性が考えられる。

一方で、輝元は恵瓊からの要望に基づき、七月上旬頃、留守中の輝元の書状を大坂において作成するための右筆を派遣している（「判形右筆の儀について、長老申され候通り聞き届け候」「彼人に此方の書状調えられ候事にこれ申し調えらるべく候」、「譜録」）。この措置は輝元留守中に恵瓊の指示に従わない者があった場合を想定して、右筆を大坂に置き、輝元名義の書状を作成できるようにしたものと考えられる。右筆の派遣が完全に恵瓊へ白紙委任したとまでは言えないため、この右筆を使って恵瓊が輝元の書状を偽造し、広家らの徳川氏への通報を止めたのではないかという可能性も指摘されようが、そのような重大な越権行為があった場合、輝元の上坂後に恵瓊は処分されるであろう。実際には、恵瓊は処分されていないのであるから、偽造の可能性は考え難い。

仮に、広家書状などが実際に作成されたとすると、大坂留守居のうち、徳川氏への通報に加わったのは益田・熊谷・宍戸といった国人に出自を持つ者のみであり、当時の毛利氏行政機構において中心的な役割を果たしていた福原広俊や堅田元慶が加わっていないことが注目される。つまり、福原や堅田は輝元から決起計画について事前に知らされており、恵瓊の行動も織り込み済みだったのではないだろうか。

安国寺恵瓊坐像（不動院蔵）

第一章で見たように、慶長四年閏三月には反徳川闘争を前提とした豊臣奉行衆と景勝・輝元の三者の強固な結び付きが存在し、石田三成失脚後もその連携は途絶していなかった。そのなかで、輝元の三成との交渉窓口が恵瓊であったことを考えれば、この決起に輝元が直接関与していた蓋然性は高いのではなかろうか。確かに輝元が謀議当初からこの決起に直接関与したことを立証する史料は見当たらない。しかし、江戸期に行われた編纂事業において採用された文書は、「はじめに」で述べたように、あくまでも幕藩体制下における藩主の支配の正統化を妨げないという条件に合致したものである。藩祖輝元の反幕府的行動をあからさまに証明する史料が隠滅された蓋然性は高かろう。

輝元は決起に関与していたのか

家康が決起の第一報を受け、最上義光に知らせた七月二十三日付け書状（『譜牒余録』）には「治部少輔・刑部少輔才覚を以て、方々触状を廻すに付いて、雑説申し候条、御働きの儀先途御無用せしめ候、此方より重ねて様子申し入るべく候、大坂の儀は仕置等手堅く申し付け、此方は一所に付き、三奉行の書状披見のため、これを進ぜ候」とある。「三奉行の書状」とは、七月二十七日付け秋田実季宛榊原康政書状（『譜牒余録』）に「上方において石治少・大刑少別心仕るに付いて、大坂より御袋様并に三人の奉行衆・北国羽肥州など、早々内府上洛致され尤もの由、申し来り候間、右の別心仕る両人成敗のため、今度此方へ御下り候上方衆同道致し、上洛申され候」とあることから、三成・吉継の謀議を家康に知らせる増田長盛・長束正家・前田玄以書状のことを指す。三奉行の書状がいつ発せられたのかは確定できないが、三成・吉継・恵瓊の謀議に当初、三奉行は関与していなかったものと考えられる。

ところが、七月十二日になると、三奉行は輝元に対して、「大坂御仕置の儀に付いて、御意を得べき儀候間、早々御上りなさるべく候、様子においては、安国寺より申し入らるべく候、長老（安国寺恵瓊）御迎として罷り下らるべきの由候えども、その間も此地の儀申し談じ候に付いて、其儀なく御座候、猶、早々待ち存じ奉り候」との書状（「松井文書」、以下「松」）を発しており、三成・吉継・恵瓊の決起計画に賛同している。この間に何があったのか。軍記類では恵瓊が輝元も決起に同意しているとの虚報を与えたため、三奉行も賛同したとされている。

そこで、この上坂要請に輝元がどのように対処したのかを分析することによって、輝元の決起への関与を探ってみよう。

七月十五日に輝元は加藤清正へ「急度申し候、両三人よりかくのごとくの書状到来候条、是非に及ばず、今日十五日出舟候、とかく秀頼様へ忠節遂ぐべきの由言上候、各御指図次第候、早々御上洛待ち存じ候」との書状（「松」）を発している。七月十二日の書状において、三奉行は上坂要請の理由を大坂の仕置について輝元の許可を得たいとするのみであり、反徳川闘争への参画が明記されているわけではないが、傍線部から恵瓊より詳しい説明がなされたことが判明する。ただし、恵瓊の説明が輝元を欺くものだったという従来の理解を、この史料のみで否定することはできない。

次に、七月十五日付け書状の「両三人」からの「書状」とは十二日の書状を指し、輝元はこの書状が大老の留守中公儀を差配する三奉行からの公儀の命令であるとして、自らは同日（七月十五日）広島を発つことを知らせるとともに、清正にも同心を要求している。

さて、輝元の上坂決断はどのような経緯で下されたのであろうか。明暦元年（一六五五）、毛利氏家臣佐々部一斎が記した「一斎留書」によると、林就長・渡辺長ら老臣は上坂に反対、佐世元嘉・二宮就辰ら側近は賛成し議論が伯仲したが、恵瓊の書状に上坂しなければ秀頼への反逆とみなされるとあったため、輝元はやむをえず上坂を決断したことになっている（佐世元嘉自身は慶長十四年に記した「宗孚書案」において、すべて恵瓊の策動によるものであり、自分は反対であったとしている。このことからも、後年の覚書類が、記された時点の著者を取り巻く環境に大きく影響されるものであることがわかる）。

しかし、書状が大坂から広島に到着するまで通常三日を要する（例えば、この年の六月二十四日付けの大坂留守居から輝元への書状は二十七日の夜に広島へ届いている）ことから、十二日に発せられた三奉行の上坂要請の書状は十五日に到着した蓋然性が高い。つまり、輝元は上坂を即断しているのである。さらに、上坂を即断した輝元はその日のうちに広島を舟で出発している（十五日書状の傍線部）。仮に恵瓊の偽情報により輝元が騙されて上坂を決意したとしても、その日のうちに上坂に用いる舟や供奉する家臣及びそれに付随する武具・兵粮の手配などの準備を整えることは不可能であろう。よって、決起に備えてあらかじめ準備していた蓋然性が高いのである。

輝元はいつ到着したのか

十五日に広島を出発した輝元はいつ大坂に到着したのであろうか。慶長五年八月一日の吉川氏家臣・下備後守（しもびんごのかみ）らに宛てた下二介（しもにすけ）書状（「下家文書」）に「七月十九日に毛利殿様、大坂の城御入城なされ候、天下の儀ことごとく御裁判なされ候」とある。これは『義演准后日記』七月十九日条の「毛利中納言（輝元）六万にて大坂城へ籠（こ）もる」という記事と一致するが、一方で『義演准后日記』の十八日条には「昨夕大坂西丸へ毛利宰相（秀元）御守護として入る」とあり、大坂に留守居していた秀元が家康の居住していた大坂城西の丸を十七日に占領していることが判明する。家康の留守居を追い出して西の丸を占領することにより、大坂城の親徳川派の動きを封じ、豊臣秀頼を掌中に収めるという行為は反徳川闘争計画における最重要行動の一つである。そのような行動を当主である輝元の承認なしに秀元が行うことは考え難いため、輝元は十七日には在坂していないが、事前に秀元に対して指示が出ていたというケースと、輝元は十七日には大坂に到着しており（「一斎留書」においては「御一族家中残りなく御出船候て、夜昼御急にて広島より二日に木津〈大坂の毛利氏屋敷があった場所〉御着き候」とあり、広島から大坂まで二日間で到着したとしている）、直接秀元に指示を出したというケースの二つが想定される。

前者の場合、書状の届く日数を考慮すると十五日の上坂要請以前に輝元が秀元に指示を出していたことになり、輝元と豊臣奉行衆との間に反徳川闘争決起の事前協議があったことが立証される。一方、後者の場合、そのような高速航行が可能なのかどうかを、検討する必要があるだろう。

天正十六年（一五八八）七月に輝元が初めて上洛した際に供奉した家臣平佐就言が記した「天正記」には広島から大坂までの行程が詳しく記載されている（表参照）。これを見ると、この時は特に急いでいるわけではないので、寄港地の領主と歓談したり名所見物したりしたため十一日を要しているが、最も順調に航行した日は潮待ち時間を入れても六時間で約七十五キロ進んでおり、平均時速十二〜十三キロとなる。広島大坂間約三百五十キロを夜間も航行し続ければ約三十時間で到着するが、船員の休憩時間は必要であろう。

次に、航海技術の発達した江戸期の事例を見てみよう。萩藩は参勤交代時に享保十年（一七二五）まで瀬戸内海を航行しているが、広島近海から大坂まではおおよそ六〜八日を要している。

以上の事例から、二日間の航行というスピードは驚異的であることが判明する。輝元が上坂に応じなければ反逆になるとの恵瓊の言を信じてやむを得ず上坂したのであれば、このようなハイスピードで進む必要はなく、むしろ、情勢を見極めるためにゆっくりと進むのではないか。また、忠海沖で御供船が遭難し死者を出した事件をきっかけに、萩藩の参勤交代が享保十年以降は陸路利用に変更されたように、瀬戸内海の航海は危険を伴うものであり、夜間航行はもちろん、日中のみの航行でもハイスピードで航行するためには、潮流や風向、周囲の地形などをあらかじめシミュレーションし、航海計画を立てておく必要があろう。つまり、輝元はあらかじめ奉行衆や恵瓊と決起のタイミングについて打ち合わせ、諸準備を整えたうえで、上坂要請という大義名分を受け、迅速に行動したものと推測されるのである。

先に示した二つのケースのいずれであったか確定はできないが、いずれのケースにおいても、輝元が十五日の上坂要請以前から反徳川闘争計画に直接関与していたことが立証されよう。慶長五年七月の反徳川闘争の決起は、少なくとも三成・吉継・輝元（恵

表　天正16年輝元上洛時の行程

日	時	経由地	距離	備考
7/9	6:00	似島	15	広島沖10km
	10:00	音戸瀬戸		休憩
	12:00	音戸瀬戸	50	
	22:00	忠海		
7/10	8:00	忠海	15	
	12:00	糸崎		休憩
	16:00	糸崎	10	
	22:00	尾道		波浪
7/11	10:00	尾道		
	14:00	阿伏兎	15	潮懸り
	16:00	鞆		
7/12	10:00	鞆	40	
	14:00	塩飽		
7/13		塩飽		東風のため停泊
7/14	10:00	塩飽		
		日比	40	潮懸り
	16:00	牛窓		
7/15	10:00	牛窓		
		片上	50	潮懸り
	14:00	室津		
7/16	10:00	室津		
		絵島	75	潮懸り
	16:00	兵庫		波浪
7/17～18まで兵庫に滞在				
7/19	2:00	兵庫	30	
	10:00	大坂		

瓊）という、慶長四年閏三月の三成失脚事件の際に結束していた者による計画的な行動であったと結論づけることができよう。

二　毛利軍の動向

輝元の好戦的な姿勢

慶長五年七月、輝元は大坂城に入城し、前記の下二介書状に見られるように「天下」を「裁判」する地位を得る。八月一日の吉川広家宛黒田如水書状（『吉』）にも「天下の儀てるもと様御異見成され候様にと奉行衆申され、大坂城御うつりなされ候」とあり、如水のような徳川派の人物からも事実上の最高指導者とみなされていた。大坂入城後の輝元は、もう一人の大老宇喜多秀家とともに、諸大名に対する西軍への参加勧誘や論功恩賞などを行っているが、前線での軍事行動に直接参加している秀家とは異なり、大坂城から動いていない。史料上明記されてはいないが、西軍の総大将格として大坂城にあり、指揮・命令にあたるものとされていたのであろう。

一方で、毛利秀元や吉川広家・安国寺恵瓊らを指揮官とする毛利軍は各地の軍事行動に参加していく。軍記類においては、秀元や広家も当初は伏見城攻撃に加わっていたが、伏見城落城前に瀬田（せた）の普請（ふしん）に転じたとされている。広家の兄繁沢元氏（はんざわもとうじ）の名代である繁沢氏種（うじたね）が伏見城攻撃に参加したことを示す一次史料が確認できるほか、『萩藩閥閲録』にも、当時秀元付きの家老であった相杜元縁（すぎのもりもとより）が伏見城攻撃時に負傷したなど、伏見城攻撃に参加したとする家臣の記録が散見される。しかし、毛利軍の主力が伏見城攻撃に参加したことを示す一次史料は残されていない。

そこで、瀬田の普請に関する史料を見ることによって、毛利軍の主力が伏見城攻撃に参加したとする説について検証してみよう。

七月二十一日の益田元祥宛輝元書状に「今朝、罷り立たるの由然るべく候、人数等馳走候て罷り出らるの由祝着候、いよいよこの節の肝煎頼み入り候、相下（相杜元縁）相談せられ、その表の様子承るべきため、この者指上せ候」とある。七月十九日に輝元は大坂城に入城しているから、益田元祥は大坂から京方面に向かったことになる。また、伏見城攻撃において負傷したとされる相杜元縁も元祥と同様の任にあったことが窺える。翌二十二日の輝元書状には「其元罷り着かれ肝要の通り尤も候、当手人数の儀、勢多普請一篇候の間、その心得らるべく候、秀元事明日罷り立たれ候、安国寺罷り出られ候間、万事相談せらるべく候」とあり、元祥が当初の目的地に翌日には到着したこと、毛利軍が瀬田の普請を任されたこと、毛利秀元はまだ大坂におり、二十三日に出発の予定であること、安国寺恵瓊も合流する予定であることが判明する。さらに二十三日の輝元書状（『益』）には「今朝も申し遣わし候ごとく、おのおの指し上せ候の条、同前に勢多罷り越さるべく候、趣においては安国寺申さるべく候」とあり、元祥にも瀬田への転進が命じられている。また、安国寺恵瓊も予定どおり合流している。元祥が実際に瀬田に陣替えしたのは二十五日のことである。

これらの書状から益田元祥のほか、毛利秀元・安国寺恵瓊らが伏見城攻撃に参加した蓋然性は低い。他方、当初元祥が向かった場所は大坂と瀬田を結ぶライン上にあると考えられるから、伏見だったのではなかろうか。しかし、二十二日の時点で予定を変更し、毛利軍は瀬田の普請に従事することになったのであろう。八月一日の吉川氏家臣下二介書状（「下家文書」）には「この頃、瀬田の橋詰めに御普請仰せ付けられ候、これは東国衆切上り候わば、彼所にて一戦仰せ付けらるべきの由候ての御事と聞こえ申し候」とあり、瀬田の普請に吉川広家も加わっていること、東軍が西上した際には瀬田が伏見や大坂を防衛するための最終ラインと認識されていたことがわかる。

ところで、毛利軍の主力が瀬田の普請に転じた背景にはどのような事情があったのだろうか。七月晦日（みそか）の細川氏家臣松井康之（まついやすゆき）らの書状（「松」）には次のようにある。

①伏見いよいよ堅固に候、然れば、手当てに島津殿へ御鉄砲衆・御馬廻衆置き候て、惣人数勢田へ罷り通る旨候事（中略）②大津宰相殿（京極高次）、内府様（徳川家康）御味方一通に付き、これもおさえ置き候て、勢田へ罷り通る旨候事、（中略）丹後へ指し向かい候人数も、小出和州（秀政）など勢田へ出られ候えと申し越さる旨候、③内府様（徳川家康）御上り火急に付き、かくのごとくと存じ候

傍線部②は後述する七月二十六日の京極高次宛家康書状のことと考えられ、高次は家康に同心しようとしたものの、その動きが西軍の察知するところとなり、高次の離反を抑えるため、瀬田に防衛拠点を作ることとなったのである。一方、伏見城攻撃は長引いており（傍線部①）、さらに家康の西上行動は迅速であるとの情報（実際には家康自身は未だ西上していない）も上方には伝わっていた（傍線部③）。家康を東国に封じ込め、その間に関東より西を制圧するという西軍の作戦は破綻を来たしつつあったが、東軍の攻勢を食い止めるためにも瀬田の防備を固めることが最重要策だったのだ（四九ページの地図を参照）。

そのような作戦を主導していることは、この段階における輝元の好戦的な姿勢を示している。他方、自身は大坂を動かず、吉川広家、安国寺恵瓊らのみを派遣している点からは、自らは死地に飛び込まないという戦国大名の三代目としてのひ弱さも窺える。これが後に命取りとなるのである。

秀元、広家らの安濃津城攻撃

瀬田の普請は八月五日以前に完了したが、引き続き、瀬田普請軍は伊勢方面への転戦を命じられる。八月八日付け益田元祥宛毛利輝元書状に「①秀元陣易の儀について人数の事申され候、余儀なく候、爰元にもやがて出張の儀候、②多分先様遣わし、元康ばかりの儀候条、人数其元相加え候事成り難く候、③九州衆などきっと上着の由候間、着き次第追々差し上すべく候、この段秀元へ申さるべく候、なかんずく東国の到来昨日以後これなく候、内府罷り上らる儀もとりどりに申し候」とある。

伊勢方面への転戦命令に対し、毛利秀元は援軍を要請するが（傍線部①）、輝元は諸方面に軍を派遣し、大坂には毛利元康軍が残っている程度なので、当面、援軍は送ることができないと要請を拒絶している（傍線部②）。後述するように、輝元は西国各地への侵略を企図しており、その侵略に兵力のかなりの部分を割く予定だったため、援軍を送る余力に乏しかったものと考えられる。

傍線部③の「九州衆」とは筑後久留米の小早川秀包（毛利元就九男）や筑後柳川の立花宗茂を指すものと考えられる。肥前佐賀の鍋島直茂や豊前小倉の毛利吉政が伏見城攻撃に参加しているほか、八月十三日付け秀包書状（「譜録」）には「人数をも呼び上せ申し候、とかく内府上りに候えば一戦に極まり申し候」とあり、秀包自身は上京していたが、さらに追加の軍を九州から呼び寄せている。この書状の続きには「立左などははや悪し様にて笑止に存じ候」とある。「立左」とは立花宗茂のことである。宗茂は八月二十日島津義弘書状（「旧記雑録」後編）に「近日、爰許へ上着候」とあり、義弘の在陣していた美濃口に八月下旬、ようやく到着しており、「悪し様にて笑止」とは参陣の遅れを指摘したものであろう。宗茂が伊勢方面ではなく美濃方面に向かった代わりであろうか、同じ頃、土佐の長宗我部盛親が伊勢に着陣している。

さて、輝元の転戦命令にもかかわらず、秀元らの伊勢進撃は遅延する。八月十日付け益田元祥宛輝元書状には「①秀元事、勢州面陣替あるべきの由、長大（長束正家）・安国寺（恵瓊）より申し越され候条、早々陣替候て然るべきの由申し候間、その心得らるべく候、②先様の儀はや諸城相下らるの由候条、然るべく候、③一両城今に相澄まずの由候えども、④これも渡口を取り切り候えば、珍しき儀これあるべからず候、定めて人質出すべきと存じ候、⑤とかく無人の由候条、人数に相究まり候、追々爰元の衆も出られ候、此方の衆、中途罷り居られ候わば、急がれ候て、其元よりも追い立てらるべく候」とある。

傍線部①から、秀元らより一足早く長束正家や安国寺恵瓊が伊勢方面に向かっていたことがわかる。『義演准后日記』によると、八月五日に正家や恵瓊は出陣している。その際、恵瓊の兵力は「千人ばかり」とされており、当初、伊勢方面の諸大名の抵抗はほとんどないものと予測されていたのであろう。

実際には、伊勢の諸大名の大部分は西軍に属したものの（傍線部②）、安濃津城の富田知信ら（他に、上野城の分部光嘉、松坂城の古田重勝）は会津征討軍から長駆帰国して、西軍に抗した（傍線部③）。そこで、分部や古田の軍も入城したとされる安濃津城が攻防の場となった。安濃津城は伊勢湾に面する海城であることから、攻撃軍は城への出入り口を封鎖するという戦略を採ることにより城を孤立させ、知信を降伏させようとしたが（傍線部④）、封鎖には多くの兵力を必要とし、正家や恵瓊の軍だけでは不足していることから、秀元らの援兵が不可欠であった（傍線部⑤）。

八月十二日頃、ようやく秀元は伊勢方面へ出発し、十五日には近江の土山まで到着した。その際、「先手様子により一両日中、勢州陣替たるべく候」（『閥』）と言っており、この段階ではまだ安濃津城に対して降伏を勧告していたものと考えられるが、富田氏らが徹底抗戦したことから、秀元らはさらに進軍した。そのような中、二十日には伊勢の関の地蔵において秀元家臣と益田元祥家臣の喧嘩が起こった。輝元は秀元らとともに伊勢進軍中の吉川広家へ「敵は第二、第三に罷り成り候て、はや内輪の取り合いこれをこそ、内々の一大事には心がけ申し候」との書状（『益』）を送り、敵を目前にしながら内輪もめをしている場合ではないと訓戒している。

輝元がその書状を認めた同日（八月二十四日）、毛利軍などによる安濃津城攻撃が始まった。『毛利家文書』に残る首注文から、参加したのは毛利秀元と秀元家臣団に編入された内藤・繁沢・吉見・牧野（湯）・多賀・多賀山ら長門・周防吉敷郡の給人（このうち、吉見と繁沢は秀元領以外にも給地を持ったため輝元と秀元に両属している）、毛利元政（元就七男）とその組衆（山内・阿曾沼ら）、宍戸元次とその組衆（和智・冷泉・杉原・石蟹・赤木ら）、福原広俊とその組衆（口羽・祖式ら）、安国寺恵瓊とその組衆（益田・杉岡〈周布〉・平賀・神村・成羽ら）及び譜代の渡辺長に加え、吉川広家である。八月八日の輝元書状のとおり、毛利元康を除く大身の給人の多くが含まれているが、譜代家臣は少なく、伏見・瀬田・伊勢を転戦した毛利軍の主力は一門と国人であったことが窺える。

攻撃を受けた安濃津城は高野山の木食上人の仲裁により二十七日に開城、富田は剃髪して高野山に入ったとされる。この戦闘に関して、輝元の二十七日付け書状（『閥』）には「津の城二十四日則乗り崩し候、悉く討ち果たし、おのおの手柄見事さ、大かたあらずの由候、本望この事候、心安かるべく候、よって①其元の儀、二の丸へは立ち入らず候哉、趣よろず申し越すべく候、油断あるべからず候」「②二の丸へ入れ置き候わでは役に立たず事候、右衛門尉（増田長盛）使、いかが申し候哉」とある。

傍線部①にあるように、輝元の関心は二の丸を毛利軍で占領することにあった。また傍線部②は、伊勢における占領地の処置を豊臣政権の奉行として増田長盛が執り行っていたことを窺わせるが、輝元はその処置に異議を唱え、毛利氏の勢力拡大を企図している。これは、反徳川闘争決起という点では一致していた三成・長盛ら豊臣奉行衆と輝元の間に、目指す方向のずれが生じてきたことを示しているのではなかろうか。

京極高次の大津城籠城

近江大津城主の京極高次は西軍に属していたが、家康の会津征討に従っていた弟の高知（信濃飯田城主）を通じて、早くから家康に誼を通じていた。七月二十六日の家康書状（『譜牒余録』）においても「我ら事もきっと上洛せしめ候間、御手前の儀、いよいよ堅固仰せ付けらるべき事肝要候、則修理（京極高知）殿先手相加わり候、早速御参会たるべく候」とあり、家康の西上時には同心することを要請されている。八月には大谷吉継の指揮の下、北国口にあったものと考えられるが、二十三日の岐阜城落城やそれを受けた家康西上の動きに対応するため美濃口に引き返した吉継とは離れ、九月三日、大津に突如帰城した。

七日の高次宛家康書状（『譜牒余録』）に「去三日大津へ打ち返られ手切れの行あるべきの由、修理殿（京極高知）・井伊兵部（直政）方より申し越し候間、一刻も出馬急ぎ申し候」「委細、修理殿（京極高知）仰せらるべく候」とあり、高次は東軍への参加を明確にしたのである。

一方、高次が帰城しようとした頃、西軍も東軍の西上に対する防衛拠点としての大津城に着目し、すでに毛利軍の在番を置こうとしていた。三日に毛利氏家臣九名に宛てた増田長盛の書状（『閥』）には「おのおの儀、①当城（大津城）加勢として御在番の事候、②本丸・二の丸の儀は、御女房衆これある由、御理（断り）について、加勢入れられ候事延引に候、③三の丸相渡さるべき旨候間、御請取候て両方門口の御番肝要候、④自然本城へ人数入られ候わば、押し留めらるべく候、無理に入られ候わば、成るべき儀においては討ち果たさるべく候、然らずんば見合され候て、注進あるべく候、⑤舟をも相渡し候間、海の方も人数入らぬ様に御番尤も候」とある。

傍線部①において「加勢」とされており、長盛は高次の裏切りをまだ認識していないが、おそらく不穏な動きを感じていたのであろう。そこで、「加勢」という名の下、実質的に大津城を占領しようとした。これに対し、京極氏の留守居は東軍への同心を決意していた高次の意を受け、本丸・二の丸に「女房衆」が居ることを理由に毛利軍の在番を拒否したため、毛利軍は入城できなかった（傍線部②）。「女房衆」とは浅井長政の娘で淀殿の妹（徳川秀忠室の姉）である高次の室や高次の妹で豊臣秀吉の室であった松の丸のことを指しているものと思われる。高貴な「女房衆」への遠慮から毛利軍は対応を迷い、長盛の指示を仰いだ。長盛も「女房衆」に配慮し、本丸・二の丸の占領を断念し、三の丸のみを占領するよう指示している（傍線部③）。傍線部④、⑤の本城（本丸・二の丸）及び海（琵琶湖）への進入を許さないものとされた「人数」とは、毛利軍の暴発を想定するとともに、高次の帰城を妨げるものでもあったと考えられる。

『言経卿記』によると三日に「大津城へ京極宰相参る」「則合戦毎日これあり」とある。実際に、高次が帰国し、強引に入城したため、城外に待機していた毛利軍と戦闘になったのであろう。毛利軍の構成員は、国人天野元信や毛利氏に降伏した尼子倫久のほか、粟屋景雄など隆景旧家臣団が中心であった。

六日に隆景旧家臣の井上春忠から清水景治（清水宗治の子）に宛てられた書状（「譜録」）には「四郎兵（粟屋景雄）大津御番のため御指し出しなされ候、①無人にて町むき罷り居らるの由候、（中略）、②大津不思議の覚悟相易（変）わられ、是非無き儀に候、③元（毛利）康大勢にて御懸け付けなされ候間、一姿仰せ付けらるべきと存じ候」とある。高次の東軍への同心（傍線部②）に対し、毛利軍は兵力不足から当面大津の町に待機し（傍線部①）、輝元とともに大坂にあった毛利元康の援軍を待って攻撃を仕かけることとしている（傍線部③）。

『時慶記』によると、六日には毛利軍が大津に向かい、城を請け取ることとなった（「大津城へ輝元卿人数を遣わし、城請け取るべき由候」）とされているが、この情報は元康の派兵のことを指している。しかし、高次は開城に応じず、八日になっても大砲による攻撃が行われるなど、戦闘は続いた（「大津城責め、鉄放（砲）響き、地を動す」、『義演准后日記』)。高次の抵抗は激しく、十三日の毛利氏家臣堅田元慶書状(『譜録』)には「其元の儀、いかにもはかどらず候て、爰元の御取沙汰是非に及ばず候、何とぞ貴所御肝煎候て、①大構の内はむやすく成り申すべきの由候条、御肝煎この時候」「②右衛門殿(増田長盛)よりは高田小左衛門に人数相副えられ、③其元の外構破り候とて昨日差し出され候、一切御油断あるべからず候、元康様仰せ談ぜられ乗り崩さる御用意肝要候」とあり、十三日になっても外構さえ崩せず(傍線部①、③)、三の丸も占領できない状態であった。

その後、増田長盛からの援軍もあり(傍線部②)、二の丸まで占領された高次は九月十五日に降伏し、剃髪、高野山に入ったことが、十五日の輝元書状(『閥』)に「大津宰相事、案内あたわず帰城せしめ、逆意を構え候の条、即時押し詰め、二の丸まで乗り崩し、数百人討取り候ところ、宰相事、種々詫び言申し、頭を剃り罷り出で候条、一命を助け、今朝高野へ遣わし候、則、城請け取り、番勢差し籠め候条、心安かるべく候」とあることからわかる。開城後の大津城には毛利軍が入ったが(傍線部)、その時すでに関ヶ原では戦闘が始まっていたのである。

京極高次の大津城籠城(ろうじょう)は毛利元康ら毛利軍の一部や小早川秀包・立花宗茂らを大津城に釘付け(くぎづ)にし、結果として大津城攻撃軍が関ヶ原合戦に参加することができなかったため、西軍敗戦の一要因とされてきた。しかし、前述のように、輝元は安濃津城を攻撃に向かった毛利秀元らの援軍要請を拒絶しており、少なくとも毛利元康については輝元とともに大坂に居ることが予定されていた。天野元信は朝鮮侵略戦争以降慶長三年まで一貫して元康を組頭とする軍事組織に属しており、この当時も元康と行動をともにしていた蓋然性が高い。また、元康とともに大津城攻撃に加わった隆景旧家臣団は安国寺恵瓊の指揮下にあったものと考えられるから、大津攻撃前には瀬田の警備に就いていたものと推測される。つまり、秀包や宗茂はさておき、毛利軍については高次の大津城籠城がなかったとしても、関ヶ原合戦に参加しなかったのではなかろうか。最前線に兵力を投入することには消極的だが、それ以外の東軍参加大名の所領を侵蝕(しんしょく)することには積極的な輝元の姿勢が、ここにも看(み)て取れる。

三　小山評定と迷う吉川広家

問題児広家

吉川広家は、毛利元就の次男で安芸国大朝(おおあさ)を本拠とする国人吉川家を相続した元春の三男として、永禄四年（一五六一）に生まれた。天文二十二年（一五五三）生まれの毛利輝元とは八歳年下の従兄弟(いとこ)である。長兄に元長、次兄に元氏(もとうじ)（元棟(もとむね)）がいる。元長は元春の後継者として育てられ、元春生前の天正十一～十二年（一五八三～八四）頃には家督を相続している。元氏は周防の国人仁保(にほ)家を相続し、のちに繁沢氏を名乗った。これに対して広家（天正十五年までは経言(つねのぶ)を名乗っている）は天正七年（一五七九）頃には吉川氏の親類衆宮庄(みやのしょう)家を相続しており、総領の兄元長を支える庶家としての働きを期待されていたに過ぎない。

　そんな広家のもとに天正八年（一五八〇）頃、石見の国人小笠原（おがさわら）家の養子となる話が舞い込んだ。広家はこの話に乗り気だったが、輝元に反対され、結局実現しなかった。その折、小笠原家の養子となることを断念するよう説得する父元春に対し、広家はどうしても小笠原家の養子になりたいと主張して、元春を困らせている。その後も元春が「又二郎（広家）事、近年異見とも仕り候えども、承引仕らず候条、あぶなきは必定候」（『吉』）と嘆くほどの問題児であり、しばしば元春から訓戒を与えられている。

　一方で、末子（弟は早世）であり、両親の手元で育てられたため、元春や元春夫人にとっては「杖（つえ）にも柱にも力にも」と頼む可愛い息子であった。天正十一年の毛利氏と羽柴秀吉の講和に伴う毛利氏からの人質の提出に際し、元総（もとふさ）（元就九男、のちの小早川秀包）とともに広家が選ばれた折にも元春が手元から離すのを逡巡（しゅんじゅん）したほどである。秀吉もそのような元春を気遣ったのか、元総が大坂に留め置かれたのに対し、広家はすぐに帰国している。

　そんな広家の境遇を一変させる出来事が天正十五年（一五八七）に起こった。豊臣軍とともに九州征討中の兄元長が前年の父元春に続いて急逝したのである。元長に男子はなく、次兄元氏は他家を相続しているうえに病弱であったため、吉川家の家督は広家が相続することとなった。

　しかし、朝鮮侵略戦争以降に輝元権力が絶対主義的になっていくにつれ、広家は毛利氏の中枢部から遠ざけられていく。同じ一門でも元就八男である元康に比べ、輝元の広家に対する態度はどこかよそよそしい。元康と広家は不和であり、前述したように、広家は安国寺恵瓊とも不和であった。毛利氏家中にとどまらず、豊臣政権の五奉行の一人浅野長政とも慶長四年七月、伏見において喧嘩沙汰を起こしている。慶長四年七月と言えば、石田三成失脚直後の政局の不透明な時期である。そのような重要な時節に豊臣政権の有力者と喧嘩沙汰を起こしてしまうという事態に輝元は、「家中の者にはかねてから行動を慎むように申し渡していたのに、広家は下々の者のような分別しかなく、けしからんことだ」と嘆いている。

吉川広家（東京大学史料編纂所所蔵模本）

このように広家は若年の時だけでなく、関ヶ原合戦前夜には四十歳近い家中の重鎮たる年齢になっていたが、なお血気に走る性向が直らず、毛利氏家中における時限爆弾的な存在であった。小早川隆景亡き後の毛利氏を支えるべき柱の一人がこのような性格で、当主輝元との折り合いもあまりよくなかったことも、関ヶ原という大舞台を迎える毛利氏に深い翳を落としていたのである。

前述したように、安国寺恵瓊と石田三成・大谷吉継の謀議を、徳川氏家臣榊原康政へ通報し、輝元は関与していない旨弁明しようとしたが、輝元の上坂により発信しなかったとする広家自身の回顧は、必ずしも信用できない。一方、八月一日の吉川氏家臣・下二介書状（『下家文書』）には「作三事、東国へ御使と候て御下しなされ候、皆々気遣仕り候ところに、駿河の府中と申す所まで罷り下り候て、即爰元罷り帰り候、（中略）然る間、右の辛労と候て、御帷子・銀子など遣わされ候、外聞実忝くと申す事に候、その上、御懇ろの御意ども御座候間、御心安かるべく候」とある。

すなわち、下作三は広家の密命を帯び東国への使者として下向し、駿河の府中で目的の人物と出会い、八月一日以前に広家の下まで戻り、褒美を授かったというのである。

作三が会った人物とは誰か。

八月八日の黒田長政宛家康書状（『吉』）に「吉川殿よりの書状具に披見候、御断りの段、一々其意を得せしめ候、輝元兄弟の如く申し合わせ候間、不審に存じ候ところ、御存知なき儀どもの由承り、満足いたし候」とあり、作三が持参したのは家康宛の書状（あるいは家康に伝えてもらう内容を記した長政宛の書状）であったことがわかる。書状の趣旨は反徳川闘争の決起に輝元は関与していないこと（傍線部）を家康に弁明するものである。また、長政宛家康書状の副状である同日付けの長政宛本多正純（徳川氏家臣）書状（『黒』）にも「吉川殿より御口上の段、一々披露せしめ候、様子の儀は御使者へ申し渡し候事」とある。

これらの書状から、下作三が駿河の府中において長政と会い、そこで広家の書状（家康宛、あるいは家康に伝えてもらう内容を記した長政宛）を長政に託し、自らはすぐに引き返した一方、長政は広家の書状を使者に持たせて家康の下に送ったという経緯が判明する。

広家の真意は後ほど触れるとして、ここでは長政や家康の動向を分析してみよう。下作三は八月一日以前に広家のいる瀬田に戻っている。府中・瀬田間は大坂・広島間とほぼ同距離であり、三日程度の日数を要する。よって、作三が長政に会ったのは七月二十八日前後のことと推測される。つまり、二十八日前後に長政は駿河の府中まで到達していたことになる。一方、七月二十九日の長政宛家康書状（『黒』）には「①先度、御上り以後、②大坂奉行衆別心の由申し来たり候間、③重ねて相談せしむべくと存じ候ところ、御上り故、その儀なく候、委細の様子羽三左（池田輝政）へ申し渡し候の間、よき様相談せらるべく候」とある。

通説では、三成らの挙兵の報に接した家康は七月二十五日、下野（しもつけ）の小山（おやま）において豊臣系大名らと軍議、いわゆる小山評定を開き、福島正則や長政らの三成への憎悪心を利用して、三成らの征討を決定したとされる。そして、『徳川実紀』によると二十六日（『黒田家譜』によると二十七日）に、長政は一旦（いったん）西上した後（傍線部①）、増田長盛ら三奉行の決起への参画を知った家康（傍線部②）から呼び返されたとされる。ところが実際には傍線部③にあるとおり、「三奉行の参画への対応について再度長政と協議したいのだが、すでに長政は西上しており、協議できないので、池田輝政（いけだてるまさ）に詳細を伝えたから、輝政と協議して欲しい」としており、長政は呼び返されていない。

さらに重大なのは、二十六日あるいは二十七日に小山を出発した長政が、二十八日頃に駿河の府中に到着することは不可能だという点である。使者のような身軽な者とは異なり、長政は軍を率いており、かつ、陸路であるから、七日程度を要するものと考えられる。逆算すれば、長政が小山辺りまで到着していたと仮定すると、反転出発するのは二十一日前後でなければならない。よって、長政は三奉行の反徳川闘争決起の情報が伝わる以前に西上の途に就いており、二十八日前後に駿河の府中に到達した後、二十九日に発せられた家康からの書状を八月初頭に受け取り、その後、池田輝政ら後続の豊臣系大名を待って、八月十日前後に尾張に到着したものと考えられる。長政が尾張に到着した期日は不明だが、藤堂高虎は十日に熱田に到着している。

八月十二日の伊達政宗宛家康書状（『伊達家文書』、以下『伊』）には「先度申し入れ候ごとく、上方打ち捨て、会津表申し付くべき覚悟候と雖も、羽柴左衛門大夫（福島正則）・田中兵部（田中吉政）・羽柴三左衛門尉（池田輝政）・羽柴越中守（細川忠興）、おのおの先々上方仕置申し付け候わで叶わざる由、再三申さるにより、まず江戸まで帰陣仕り候」とあり、西上を主導した豊臣系大名として、福島正則・田中吉政（よしまさ）・池田輝政・細川忠興が挙げられる。このうち、池田輝政は七月二十九日の家康書状において、家康の意見を長政に伝えることとされているか

小山から東海道経由で大垣へ

ら、かなり遅い段階まで家康の近くにあったものと考えられる。田中吉政は二十九日の長政宛家康書状と同内容の書状を受け取っており、長政同様に一足早く西上の途に就いていた。細川忠興については、七月二十一日の書状（「松」）に「内府は江戸を今日二十一日御立ち候由候、我等は昨日宇都宮まで越しこれあるのこと候」とあり、二十日には宇都宮まで到達している。その後の動向は『綿考輯録（めんこうしゅうろく）』によると、二十四日に反転し、二十八日に岩槻、八月二日には小田原に達したとあるが、定かではない。

最後に、福島正則宛の家康書状について検討する。

早々其元まで御出陣の由御苦労とも

に候、上方雑説申し候間、人数の儀は止められ、御自身はこれまで御越しあるべく候、委細黒田甲斐（黒田長政）・徳法印（徳永寿昌）申さるべく候間、詳（つまび）らかあたわず候

［早々にそちらまで出陣されたとのことご苦労様です。上方で変事が出来（しゅったい）したとのことですので、進軍を止められ、あなた自身はこちらまでお越し下さい。詳しくは黒田長政と徳永寿昌（とくながながまさ）からお伝えしますので詳しくは申しません。」

原文書は残っておらず、写しが①「京都大学所蔵福島文書」、②「福島家系譜所収文書」、③「武徳編年集成」の三種類あり、日付は①が七月九日、②が七月十九日、③が七月二十四日と区々（まちまち）である。通説では③が正しいものとされ、これが小山評定の根拠となってきた。つまり、反徳川闘争決起の情報を得た家康が、先行していた福島正則を小山まで呼び返し、軍議を持ったとするのである。

この書状の日付を二十四日とする通説は正しいのであろうか。

傍線部に注目したい。黒田長政は会津方面へ先行している福島正則へ「上方雑説」の情報を伝達する役割を果たしている。ところが、前述のように長政は二十一日前後に西上を開始しており、二十四日に小山・会津間にいたとされる正則へ情報を伝達することはできない。よって、二十四日という日付は誤りであると考えられる。一方、九日にはまだ決起は表面化していないから①も誤りである。

②の十九日は徳川秀忠が江戸を出発し、会津へ向かった日であり、正則を呼び返す一

方、秀忠が出陣することはありえないと考えられてきた。

ここで仮説を立てよう。

十九日に家康・秀忠・長政は江戸にあり、正則は江戸を出発したばかりである。そこに、三成らの決起情報が入る。家康は長政を使者として派遣して正則を呼び返す。その日のうちに江戸に帰った正則と家康らは協議を行う。その結果、長政や田中吉政らが三成討伐に向かうこととし、秀忠は予定どおり会津へ向かう。決起が限られた勢力によるものという認識であれば、十分あり得る対応ではなかろうか。正則がどちらに向かったのかは確定できない。また、細川忠興は二十日には宇都宮に到着しており、離れた場所にいるため、家康も呼び返さなかったのであろう。

一方、二十一日に江戸を出発した家康は、反徳川闘争に三奉行も参画したという情報を得る以前の二十六日（三奉行参画の情報を得たのは二十九日）、小出吉政へ「今日二十六日、先手の衆上り申し候、爰元の様子申し付け、近日上洛せしめ候」との書状（「脇坂文書」）を発しており、二十二日から二十五日の間に何らかの情報を得たため、会津征討を中止し、西上することにしたことがわかる。

それは何か。七月二十一日の細川忠興書状の冒頭には「石治部（石田三成）・輝元（毛利）申し談じ色立ち候由、上方より内府へ追々御注進候」とある。よって、二十一日の江戸出発後まもなく、三成らの決起に輝元が加わったという情報が伝わり、家康は行軍を中止し、二十六日に豊臣系大名の一部を先行させる一方、自らは小山に待機し、二十九日の三奉行参画の情報を得て江戸に帰陣したのではないか。

なお、二十六日に先行した豊臣系大名として、息子の忠隆が二十五日に「明日は大略陣かえ候わん由」(「松」)としている細川忠興のほか、二十九日の家康書状から長政とは別行動であることが窺える池田輝政、七月晦日に家康から「一昨日具に玄蕃(有馬豊氏)に申し渡し候き、道作り以下万事羽左太(福島正則)・羽三左(池田輝政)・田中兵部、何れも談合あり尤も候」という書状(『高山公実録』)を受け取った藤堂高虎(有馬豊氏に家康が伝達した二十八日より前に出発している)らが想定される。

西軍挙兵の報を受けて会津征討に参加していた諸将が、二十五日に小山において評定を開き、まず豊臣系大名が、続いて徳川軍が西上することを決定したというのが従来の説であったが、東軍の西上は主に①三成らの決起に対応する長政らの第一弾、②輝元決起に対応する忠興らの第二弾、③三奉行参画に対応する家康らの第三弾の三段階に分かれていたのだ。笠谷和比古氏は、小山評定を三成・吉継ら限られた勢力による決起への対応を協議したものとされたが、小山評定の行われた二十五日は②の直前であるから、小山評定は三成らの決起に輝元も加わったという情報を受けて開かれたものと考えられるのである。

迷う広家

吉川広家に話を戻そう。

七月二十八日前後に広家の書状が駿河の府中に到達しているから、逆算すると、広家が書状を発したのは七月二十五日前後であると考えられる。その頃、広家は瀬田の普請に取り掛かろうとしていた。七月十四日の広家書状が本当に作成されたものであるとして、なぜ、十日ほど経過した後、広家は再度書状を認めたのであろうか。広家は後に「輝元が上坂してしまったので十四日の書状は発しなかったが、広家と黒田家は父如水以来、息子の長政とも長年親しい間柄なので知らせないのは水臭いと思い、輝元は決起に関与しておらず、安国寺恵瓊の独断であった旨知らせた」と回顧している。しかし、そのような理由であれば、十日ほど経過した後に知らせるのは不可解である。

黒田長政（福岡市博物館所蔵、画像提供：福岡市博物館／DNPartcom）

この十日ほどの間に何があったのか。西軍は十九日に伏見城攻撃を開始したが、鳥居元忠ら徳川氏留守居の頑強な抵抗にあっていた。このような西軍の苦戦を見て、広家は不安に駆られたのではなかろうか。輝元の上坂、三奉行の参画、大坂城の占領、諸大名の参加などの有利な材料から家康への連絡を中止していた広家の翻意は、先行きの不安感からだったと考えられる。長政宛だけでなく、如水に対しても広家は二十三日に書状を発している。

八月八日に発せられた家康書状を受けて長政は十七日、広家への返答を認める。なお、この時、長政はすでに尾張に到着しており、広家も伊勢へ転戦している。その書状（『吉』）には「御内意の通り内府公（徳川家康）へ申し上げ候えば、拙者所へ御書なされ候、則御使にお目に懸け候」とあり、下作三以外にも広家の使者がおり、作三は長政に書状を渡したことを報告するためすぐに引き返したが、他の使者は返答を持って帰るため、長政の下に留（とど）まっていたことがわかる。

また、「①今度の一義、輝元義は御存知なられまじく候、安国寺一人の才覚と内府公（徳川家康）も御思し召され候、然る上は、②輝元へ御内儀よくよく仰せ入られ、内府公（徳川家康）御入魂に成り候様に御才覚専用に存じ候、貴様次第此方の儀は拙者相調い申すべく候、③御弓矢此方勝手に罷り成り候ては、左様の儀も調いかね申すべく候条、前廉御油断無く御分別尤もに存じ候」とあり、輝元は決起に関与しておらず、恵瓊の独断であるとする広家の弁明を家康が了解したので（傍線部①）、家康の真意を輝元に伝え、毛利氏と徳川氏の講和を図るよう広家に要請している（傍線部②）。また、戦闘に突入し、東軍の勝利に終われば、講和どころではなくなる（傍線部③）として、広家の迅速なる対応を要求している。

ところが、長政の書状に対する広家の返答はなかなか届かなかった（次の書状の傍線部①）。痺（しび）れを切らした長政は、返答を催促する（次の書状の傍線部②）書状を二十五日に送る（『吉』）。

①先書に申し入れ候、相届き候哉、とかく輝元御家相続き申し候様に御分別尤もに候、②御返事に委しく仰せ越さるべく候、（中略）猶もって③内府（徳川家康）もはや駿河府中まで出馬の由、夜前申し来たり候

傍線部③では家康が駿河まで西上したという虚報（実際には九月一日に江戸を出発する）を与え、返答を遅延すれば、先の書状にあったように戦闘に突入してしまい、もはや講和は不可能になると脅しをかけている。先に述べたように、長政と広家は尾張と伊勢という近接した場所に居り、書状が届かなかったとは考えられない。二十五日には広家は安濃津城攻撃の最中であるが、それ以前に返答を出す時間的余裕は十分にあったであろう。にもかかわらず、なぜ広家は返答を遅らせたのか。

広家が先に懸念していた伏見城の抵抗は八月一日に落城し、終結していた。その八月一日の益田元祥への輝元書状には「其面普請緩みの様相聞き候条、追々申し候、この節の儀候条、何かと延引の段、外見是非に及ばず候、きっと相調い候ように相談せらるべく候、仍内府（徳川家康）よりの書状案文、秀元・広家へ遣わし候条、披見あるべく候、打ち続き又、宇都宮・真田・日光山一揆、蜂起の由注進候、新しき事候わば、追々申すべく候」とある。

傍線部に注目して欲しい。徳川家康から毛利輝元に対して書状が送られてきている。

家康は七月二十三日頃に石田三成・大谷吉継謀議の情報を得ている。二十一日の時点ですでに細川忠興は輝元も決起の主要人物であることを認識しており、その情報は家康にも伝わったものと考えられ、家康の書状はこの情報に対する反応である蓋然性が高い。その内容は推測するしかないが、講和の道を探るものだったのではなかろうか。反徳川闘争の決起は家康には全くの想定外であり、前方に上杉景勝、後方に上方の決起軍、周囲には動向不明の豊臣系大名が存在するという危機的な状況から、家康は弱気になり、講和の道を探っていたとも考えられる。

他方、そのような対立状況下にあっても、輝元との交渉ルートがあったことは、家康と輝元の微妙な関係を示しているが、弱気な家康書状案文を見せられた広家の心中は揺れたであろう。その後の伊勢の抵抗も広家らの派遣により終結することが予想される一方、家康西上の報はいまだ来たらず、広家は東軍有利の確信を持てなくなっていたのではないだろうか。このまま行けば、家康は江戸にとどまったままで、長政らのみとの戦闘になれば、西軍が勝利する蓋然性が高いと広家は考え、長政との交渉を中断していたものと考えられる。広家は一貫して家康との講和を志向していたわけではなく、迷っていたのである。

飛び交う離反の噂

安濃津城の落城後、八月二十九日頃まで毛利秀元・吉川広家・安国寺恵瓊らの毛利軍は伊勢にとどまっていたようである。その後、九月十日頃に毛利軍のほか、長束正家・長宗我部盛親ら伊勢に展開していた西軍諸大名は南宮山(なんぐうさん)に着陣したとされるが、明確な日時は定かではない。九月十二日の益田元祥書状(『閥』遺漏)には「①この地雑説の様子は先刻重々安国寺より仰せ上げられ候、②今朝内府(徳川家康)御人数着くまでは③何たる沙汰も此方には御座なく候つる故、注進遂げず候、私ことも今日参上の覚悟の処、爰元右の仕合わせ候条、承り届け候てと存じ、罷り上らず候」とあり、九月初旬には南宮山に着陣した状況が窺える。

また、傍線部②は南宮山への着陣が家康西上に対応したものだったことを示す。家康は八月二十三日の岐阜城攻略の報を受け、九月一日にようやく江戸を出発し、十二日に岐阜に到着した。家康の西上に合わせ、前述のとおり大津において京極高次が西軍から離反したほか、西軍の諸大名には離反の噂が飛び交っており、その噂は恵瓊から大坂の輝元へ報告されている(傍線部①)。「この地雑説」とあるから、離反の噂のあったのは美濃方面に展開していた大名を指しており、具体的には小早川秀秋のことであろう。しかし、益田元祥は明確な離反情報をまだ得ていなかったことが傍線部③からわかる。

以上のように、輝元は家康西上を食い止めるために軍を南宮山に着陣させる一方、離反の情報を懸命に収集している。同じ十二日の元祥ほか宛輝元書状にも「①追々様子申し越され、肝煎祝着候、先(ま)ず以て異儀無きの由然るべく候、自然、替わる事ども候わば、即刻これ申し越さるべく候、②安国寺・福式(福原広俊)その面の事候条、申し談ぜらるべく候」とあり、十二日以前から情報を収集していることが判明する。また、傍線部②から、恵瓊と並ぶ南宮山の毛利軍指揮官として、福原広俊を輝元が信用していた様子が窺える。

一方、去就に迷っていた吉川広家の下には黒田長政に加え、その父如水からも九月三日付けで家康との講和を勧める書状（『吉』）が送られてくる。

内府御上りの由取沙汰申し候、必定に候哉、其口に貴殿御座候間、一入気遣いに存じ候、御手前御越度これなきように、兼日御分別肝要に候、上方人数の儀は、悉く内府へ内儀これあるように申し候間、御手前の儀専一に候、（後略）
［家康が西上しているとの噂です。間違いないでしょう。家康が来る方面にあなた（＝広家）が居られるので、大変心配しています。失敗しないように判断することが大事です。上方の軍勢はすべて家康に同心するようですので、あなたの（判断が）大事です。］

岐阜城の落城、安濃津城攻撃時の味方側の多くの被害に加え、家康西上の情報は広家に迷いを振り切らせた。

九月十四日、徳川氏家臣本多忠勝・井伊直政は吉川広家・福原広俊に対し、家康が輝元を疎かに扱わないこと、領国はすべて安堵することなどを約束した起請文を提出する。

同時に、黒田長政と福島正則もその起請文の内容を保証する起請文を提出する（『毛』）。

これらは徳川派から一方的に提示されたものではなく、両者の協議の結果、起請文という形態になったものと考えられる。その宛所に福原広俊が入っていることが協議の経過を物語る。九月十二日の輝元書状にあったように、広俊は恵瓊とともに、美濃口における情勢判断の責任者とされており、輝元と常に連絡を取っていたはずである。とすると、広家・広俊が輝元に無断で戦闘への不参加を約束したとする通説は誤りであり、徳川派との協議も広俊の独断で行われたとは考え難い。

一方広家については、九月十六日の黒田如水宛加藤清正書状（『黒』）に「吉川・筑中殿（小早川秀秋）雑説の由、この時分は定めて本説に罷りなるべく候事」とあり、西軍からの離反の噂は遠く九州にまで伝わっていた。当然、輝元にもその情報は入っていたものと考えられる。輝元と広家の疎遠な関係を考えると、輝元の指示に基づき、広家が徳川派と協議した蓋然性は低い。広家と長政との交渉を見抜いていた輝元が福原広俊に命じて広家ルートを使って、徳川派との協議を行わせたのではなかろうか。

その真意が家康との講和にあったと単純に決め付けることはできない。輝元も岐阜城落城や伊勢や大津における苦戦、家康の西上に不安を感じていたであろうが、他方、石田三成らとの絆（きずな）も完全に崩壊はしていない。また、西軍の総大将格としての矜持（きょうじ）も失っていない。そこで、広家ルートによって、万一、西軍が敗戦した場合の自己保身を図る一方、南宮山の布陣は解かず、西軍有利と見れば下山して東軍を叩（たた）き潰（つぶ）す。弱気と強気の交錯した感情の中で、輝元はどちらにも対応できる策を採ったものと考えたい。

広俊とともに南宮山の責任者であった恵瓊にもこの策が諮られていたのか、三成らへの肩入れが過ぎる恵瓊を除外して事を運んだのかは明確ではない。けれども、徳川氏の主力である秀忠軍の到着前に東軍と一戦交えるほうが有利であることを考えると、もしかすると、広家・広俊による徳川派との協議すらも家康を戦闘に引きずり込むために恵瓊も交えて練り上げた謀略だった可能性もあろう。

このようなさまざまな思惑と謀略の渦巻く中、起請文提出の翌日、関ヶ原は戦場と化していくのである。

第二章追記

本書が一つの契機となって、小山評定に関する論争が盛んに展開されている。

小山評定に関する従来の通説に否定的な立場をとる代表的な論者として白峰旬氏があげられる。白峰氏は、日付の虚偽（七月二十五日に行われたのではない）、内容の虚偽（福島正則、山内一豊などの有名なエピソードはなかった）を指摘し、七月二十五日の小山評定を機軸として、関ヶ原合戦への経過をとらえてきた考え方には、大幅な修正が必要であるとした。

これに対して本多隆成氏は、七月二十九日付け浅野幸長書状（「大関家文書」）を根拠に、七月二十五日に小山評定が行われたとする通説を支持した。白峰氏と本多氏の論争はその後も展開されているが、詳細については追記参考文献を参照いただきたい（白峰氏の論稿は代表的なものを掲げている）。

両者のほか、高橋明氏は、七月二十五日の小山評定によって上洛（西上）が決定したとする通説を否定する論を発表されたが、その後、「評定」を「談合」と読み替えるなど一部修正を加えたうえで、本多説に従うとされた。渡邊大門氏も本多説を支持して、家康が諸大名に十分に説明を施し、納得を得たうえで西上したと考えている。笠谷和比古氏は浅野幸長書状を根拠としたほか、東海道筋の豊臣武将の居城がすべて明け渡されて、徳川の譜代武将たちが代わりに配置されたこと、合戦後に山内一豊が土佐一国の大封を授与されたことをあげて、小山評定フィクション説を否定した。

小山評定の全体像を明らかにするためには、七月二十五日前後の東軍諸将の動向を一次史料にもとづいて解明していく必要があり、著者も最終的な結論に達していない。ここでは、九〇ページの下二介書状を根拠とした黒田長政の行動日程に関する私見について否定的な立場をとった本多氏の見解に対する著者の意見を記しておきたい。

九〇ページの八月八日付け家康書状に「この御内書、使者関所を通り候について、帯の内へ縫い込み、取り帰り候につき、にじみこれあり候故、後年に至り洗い候て損じ申し候、使者服部治兵衛」という押紙がある。よって、広家からの書状を伝達した使者は服部治兵衛であり、下作三ではない。また、「藤岡市蔵覚書」によると、長政への使者となったのは、服部治兵衛と藤岡市蔵であり、両名は家康の下へも赴き、書状を受け取って、再び、すでに清須へと向かっていた長政に渡したとされる。

しかし、家康書状の押紙は、後年に作成されたものであり、信憑性（しんぴょうせい）には疑問も残る。また、「藤岡市蔵覚書」は本人の記憶に基づくものであり、自己の武功を宣伝するために作成されたものであるから、事実とは言えない可能性もある。仮に、押紙や「藤岡市蔵覚書」の内容が正しいとしても、次のようなケースが想定されるため、拙説とは矛盾しないと考える。

長政への使者を務めた下作三は、広家の書状を長政に渡したことをすぐに広家へ報告する必要があるため、直ちに引き返した。これに対して、家康への使者を務めた服部や藤岡は、府中で作三と別れて、家康の下へ赴いた。

広家の家康に対する弁明が伝達できたか否かは、広家にとって自らのその後の行動を判断する基準となるものである。そうすると、長政に出会ったことによって伝達の成功が確実になったことは、急いで広家に報告する必要があり、家康の返事を待っていたのでは遅いのではなかろうか。

右の検討から、現時点では長政の行動については見直す必要はないと考えている。

長政の反転出発が七月二十一日前後だとすると、東軍西上三段階説についても致命的な破綻はないことになる。

水野伍貴氏は、七月二十日付け加藤貞泰宛家康書状写（『北藤録』）を引用して、家康が三成決起に関する風聞に接したのは二十日以前であったが、輝元の関与については確定情報ではなかったことを示唆した。

水野氏の研究を参考にすると、次のような推論が成り立つ。

長政が反転出発した二十一日前後には、輝元の関与が確かでなかったため、長政ら限られた大名が対応したが、その後、輝元の関与が確かになったため、新たな対応が必要となった。輝元の大坂到着と豊臣三奉行による家康弾劾も同時期であるが、輝元関与の風聞が先行して東国に伝わっていたため、輝元の関与について家康をはじめとする東軍諸将は確信を抱いた。一方で、三奉行の参画は風聞に過ぎず、確信を抱くことはできなかった。そこで、家康は豊臣系大名の一部を先行させる一方、自らは待機し、三奉行参画が確定情報となった段階で、江戸へ帰陣した。

次に、福島正則宛家康書状を根拠とした正則の行動日程については再検討が必要と考える。単行本においては、家康書状の日付について七月十九日が正しいとしたが、日付の異なる三点の史料はいずれも写しであり、すべてが偽文書である可能性も捨てきれない。正則の動向を示す正文に依らなければ確定は困難であり、今後の課題としたい。

いずれにせよ、小山評定前後の東軍諸将の動向については、下村信博氏・山本浩樹氏・水野伍貴氏らによって明らかにされつつあり、長政の行動や東軍西上三段階説についても今後のさらなる研究の進展を期待したい。

反徳川闘争決起の首謀者をめぐる考察も深化している。

布谷陽子氏は、輝元・宇喜多秀家の二大老、三成に加えて前田玄以・増田長盛・長束正家の四奉行が中心となって連合関係が早くから形成・進行していたとした。水野伍貴氏は、佐和山引退後の三成の動向について考察し、家康に協力的な立場をとった時期もあったこと、三成が反徳川闘争へ参画した背景には、輝元・秀家ら大老衆が反徳川闘争に積極的であり、かつ、彼らとの連携が可能であったことが大きいとしている。

また、首謀者の一人とされる安国寺恵瓊について、津野倫明氏は関ヶ原合戦時においても恵瓊が毛利権力内部の人物と認識されていたとした。なお、単行本「はじめに」において、津野氏の見解を「二項対立的な観念から脱しえていない。」と評価したのは、著者の誤読に基づく表現であった。このため、本書においては関連する箇所も含め削除・訂正した。

吉川広家の動向については、関ヶ原合戦後に広家が記したと考えられる書状・覚書案など（『吉川家文書』）を検討して、広家が親家康の立場で終始行動したとされる点を虚偽とした白峰旬氏の研究や、白峰氏の見解のうち九月十七日付け広家書状案の解釈に疑義を呈した高橋陽介氏の見解が注目される。西尾和美氏は、毛利元就継室の関ヶ原合戦当時の動向について考察し、東（中の丸）が毛利秀元の人質として在坂していたこと、実祖母である乃美大方は関ヶ原合戦の戦火に巻き込まれることを避けるため、長門国豊田郡の山間の地へ移り住んだと推測した。

さらに近年、研究が深化している分野として、江戸期に成立した軍記類から関ヶ原合戦にアプローチしようとする研究があげられる。中心的な役割を果たしている井上泰至氏のほか、本書に密接に関係する直近の研究として、山本洋・長谷川泰志・菊池庸介・松浦由起各氏の論稿を追記参考文献に掲げた。参照いただきたい。

第三章　「西国の統括者」毛利輝元

この章のテーマ

第二章では、決起後の毛利軍の畿内周辺における軍事行動を分析し、家康との直接対決には消極的だが、それ以外の東軍参加大名の所領を侵蝕することには積極的な輝元の姿勢を明らかにした。

他方、大坂城以西においても、東軍への参加を明らかにした大名が存在した。阿波の蜂須賀氏、讃岐の生駒氏、伊予の加藤（嘉明）氏及び藤堂氏、豊前の黒田氏、豊後の細川氏（留守居の松井康之）、肥後の加藤（清正）氏である。これらの大名領に対して輝元はどのような行動を採ったのであろうか。結論から言うと、阿波と伊予には直接毛利軍を派遣し、豊後においては旧領主大友氏の再興運動を支援している。また、味方である西軍大名領においても、豊前の毛利吉成領への派兵が確認される。

これらの軍事行動のうち、伊予における三津浜の戦い、豊後における石垣原の戦いなど、激戦が展開された戦闘の経過については従来から注目されてきたが、軍記類や家譜などの記述に従った理解にとどまっている。また、戦闘の背景に言及したものはほとんどない。

そこで、この章では、四国・九州の他大名領に対する輝元の行動を一次史料から追っていくとともに、その背景や狙いを明らかにすることによって、関ヶ原前夜の輝元の思惑に迫ってみたい。

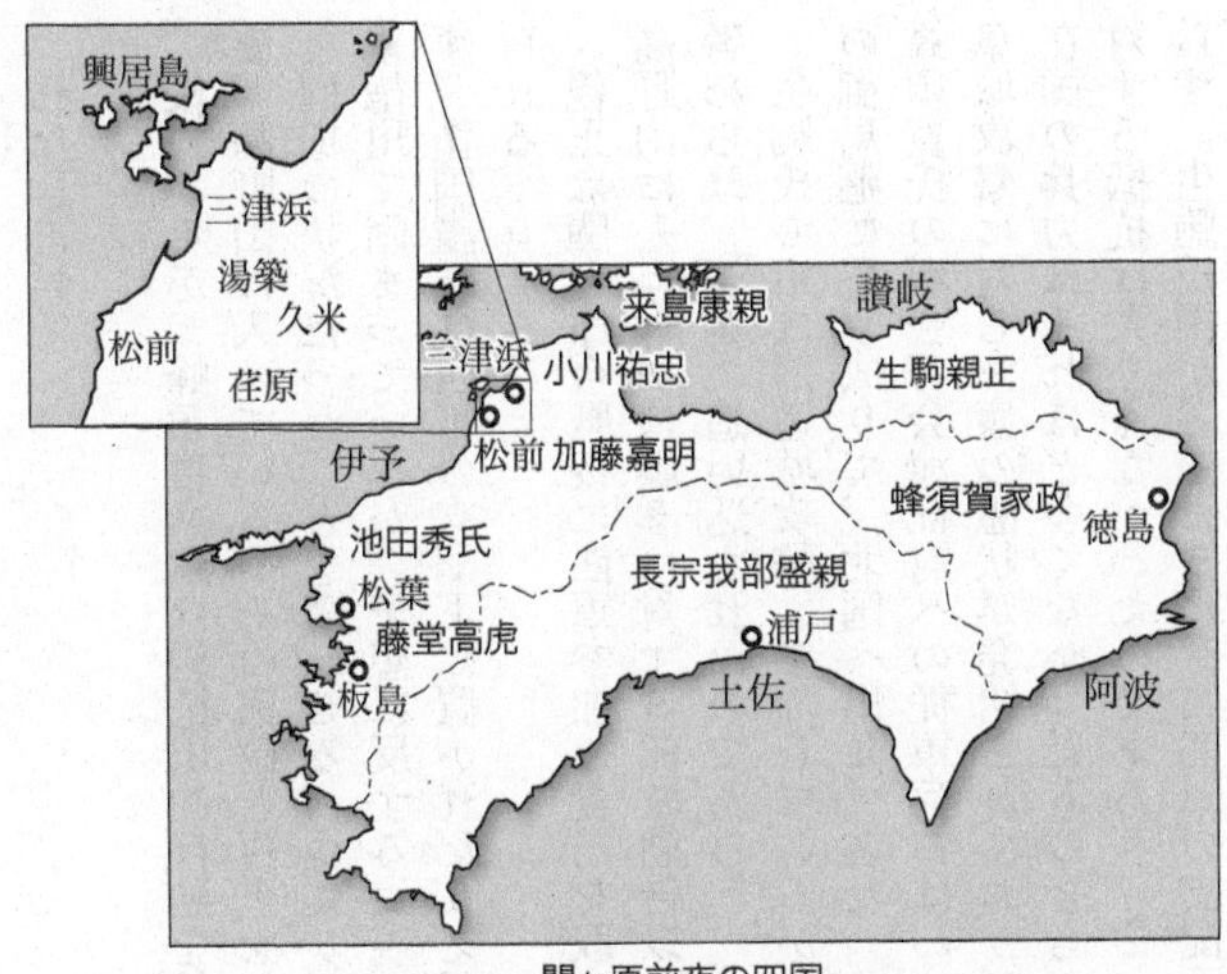

関ヶ原前夜の四国

ここで、讃岐の生駒氏の動向について若干触れておく。

生駒家では、家康の会津征討に子の一正が従軍していた。一方、親の親正の関ヶ原前夜の動向については、反徳川闘争決起当時大坂にいたことから、やむをえず西軍に参加したとする説や、親子で東西両軍に分かれて家の存続を図ったという説が軍記類などの記述から提起されてきた。

ところが、徳川派に属して丹後田辺城に籠城した細川幽斎は、西軍の開城勧告に対して次のように答えている(『中川家文書』、以下『中』)。

御奉行衆才覚にて禁中へ申し、勅使にて雅楽殿(生駒親正)・阿波殿(蜂須賀家政)並に仕られ候ようにと申され候えども、一切取相こ

れなき旨候

後述するが、蜂須賀家政は親徳川的行動を咎められ、領国阿波を占領され、自らは剃髪、高野山に入っている。その家政と親正を並列的に表現していることは、親正も家政と同様の状況だったことを窺わせる。つまり、一正を従軍させた時点で生駒氏の方針は親徳川で固まっていたが、予想に反する大規模な反徳川派の決起の前に親正は抗し切れず、領国讃岐は西軍の支配下に置かれたうえ、自らは剃髪、高野山に入ったものと考えられる。

親正は関ヶ原合戦後に西軍参加の責任を取って剃髪、高野山に入ったとされてきたが、高野山に入ったのは藤孝に対する開城勧告以前であるから、家政同様、親徳川的行動を咎められ、剃髪に追い込まれたのであろう。

生駒氏の軍は田辺城攻撃に参加しているが、これも蜂須賀氏が「内衆長ども、秀頼様の御馬廻に罷り成りて、北国へ出陣」となったのと同様の状況だと考えられる。なお、蜂須賀氏の場合、会津征討への従軍兵力はわずかであったが、生駒氏の場合、一正の岐阜城攻撃に対し家康の感状が発給されており、相当の兵力を従軍させていた。よって、在国の兵力はそれほど多くなかったものと考えられ、讃岐を西軍の支配下に置くことに対する抵抗は大きくなかったのであろう。それ故か讃岐占領に関する史料は残されておらず、生駒氏領がどのようにして西軍の支配下に置かれたのかを解明することはできなかった。このため、以下では讃岐を除く四国や、九州における毛利軍の行動や輝元の策謀を見ていくこととする。

一　阿波占領

毛利氏と蜂須賀氏

天正十三年（一五八五）の四国平定後、阿波一国を拝領した蜂須賀家政は、若き頃の豊臣秀吉（日吉丸）が三河国矢矧橋（やはぎばし）で出会ったとされる蜂須賀小六正勝（ころくまさかつ）の子である。正勝は秀吉の中国攻めにあたり、黒田如水とともに軍事活動だけでなく調略・外交活動も担った。

天正十年（一五八二）の高松城水攻め後の毛利氏と秀吉との間の講和交渉においても、如水と正勝が羽柴氏側の窓口となり、家政もこの交渉に参画している。一方、毛利氏側の担当者は安国寺恵瓊のほか林就長であった。関ヶ原合戦直後に如水が吉川広家に与えた書状（『吉』）には「先年より隆景（小早川）・元春（吉川）申し談じ、彦右衛門（蜂須賀家政）・拙者（黒田如水）中国の儀御馳走申し、その続き貴殿（吉川広家）・隆景御忘却無く候、残る衆は備前中納言（宇喜多秀家）同前の御覚悟候き、少身候と雖も林肥前（林就長）は先年の筋目忘却なき通り、去年、京都において拙者に理（ことわり）申され候」とある。傍線部から津野倫明氏は、蜂須賀家政・黒田如水を毛利氏や宇喜多氏など中国地方の大名の「取次」だったものとされている。

天正十二年に毛利氏と秀吉の講和が調った後も、天正十三年の紀伊雑賀一揆への攻撃援助依頼や四国平定後の国分協議においても、正勝・家政と如水が毛利氏との交渉窓口となっているが、天正十九年（一五九一）に毛利氏領国知行割に関して広家の要望を秀吉に披露したのは如水一人のようである。この点について津野氏は、阿波入封に伴い家政は「四国取次」となったため、「中国取次」は如水一人となったとしている。第一章で述べたように、毛利輝元は「坂西の儀は、輝元幷に隆景申し付つべく候事」という西国衆を統括する地位にあるから、家政や如水も輝元の統括を受ける立場にあり、少なくとも毛利氏については、秀吉との関係をつなぐ唯一のルートとしての「取次」の存在を再検討する余地があるが、このような豊臣政権との交渉窓口を務めることによって、蜂須賀家・黒田家と毛利家が極めて親密な関係にあったことは間違いない。七将襲撃の際の史料D（四二ページ参照）において輝元が、事件の処理に関して家政や如水と連絡を取った背景には、この親密な関係があったものと考えられる。

ところが、関ヶ原合戦直後の広家宛如水書状において如水は、関ヶ原前夜には「中国取次」として毛利氏のために働いた家政や如水の苦労を多くの者が忘却しているとして暗に輝元を批判している。この点、津野氏は朝鮮侵略時に如水が失脚し、「中国取次」は石田三成に変更されたとし、三成―恵瓊ラインと如水―広家ラインの対立が関ヶ原合戦における広家の動向を左右したとされる。

確かに、如水が豊臣政権の中枢部から遠ざけられた一方、三成らの豊臣奉行衆が政権内で台頭したのは事実であり、そのことから如水や家政は三成らに敵対感情を抱いていたであろう。それが関ヶ原合戦における如水・家政らの行動を規定したとは言えようが、七将襲撃の際の連絡でもわかるように、輝元と家政らのルートが全く途絶えたわけではなく、また、広家も三成に贈答を行うなど三成への接近も図っていたから、毛利氏家中において豊臣政権における交渉窓口を誰にするかという点で対立があったとは考えられない。むしろ、毛利家と蜂須賀家は関ヶ原前夜においても比較的親密な関係にあったと見るべきであり、そのような関係にあった蜂須賀氏に対して、反徳川闘争決起後の毛利氏がどのような行動を取ったのか。関ヶ原前夜の輝元の思惑を考えるうえでも詳しく見ていきたい。

家政の追放

家康主導による会津征討にあたり、蜂須賀氏では家政ではなく、嫡子至鎮（よししげ）が従軍した。その経緯については、家政が病気であったため、あるいは家康との協議に基づき三成らの動向を監視するため家政が大坂に残ったなどの説があるが、定かではない。一方、至鎮はわずか十八騎のみを引き連れて従軍したとされる。その後、家康が反転し、関ヶ原合戦に至るまでの間、家康とともに会津征討に赴いた豊臣系大名達には家康から多くの書状が発せられているが、至鎮宛のものは確認されない。これは至鎮が常に家康の傍にあったことを窺わせる。

関ヶ原における戦闘時には南宮山に備えていたとされるが、戦功を示す史料は残されていない。これらのことから、至鎮は十分な軍事力を持たない状態だったものと考えられ、家康への従軍は事実上の人質だったのではなかろうか。至鎮は慶長四年（一五九九）、家康の養女（家康の外曾孫、小笠原秀政娘）との縁組が調っており、家康の娘婿とされていた。七将襲撃事件の際の動向から見ても、蜂須賀氏の親家康という立場は明確であったから、家政の大坂残留は反徳川の動きを牽制するという狙いがあったのかもしれない。

実際に、石田三成・大谷吉継・安国寺恵瓊の謀議に三奉行の参画が明確になった直後の七月十六日、家政は輝元側近で大坂留守居を務める堅田元慶に次のような書状を送り、反徳川闘争決起に加担した輝元を誡めている（『毛』）。

①今度、石治（石田三成）・大刑（大谷吉継）逆意是非無く存じ候、それにつき、輝元様も御同意のように爰元申し成し候、御心元なく存じ奉り候、もし事実においては、さりとては、世間の批判御勿体無く存じ候、勿論、②近年内府（徳川家康）御届け無き儀ども御座あるべく候、然ると雖も秀頼公に対し奉られ、余りに相違の題目、拙者式承らず候、然るにおいては、③御覚悟をもって天下の乱れ出来あるべき儀、歎かわしき御事、御分別過ぐべからず候、かようの儀、推参、その恐れ如何御座候えども、年来別して御懇ろに付いて申し上げ候、この旨御披露仰ぐところ候、（中略）猶々、両人御同意の儀、初めは雑説と存じ、不

実候ところ、安国寺より承り候旨は、今度東国への御人数指し留めらるの由仰せ蒙るに付いて、驚き入り候

「この度の石田三成と大谷吉継の謀叛はけしからんことです。その企みに輝元様も同意しているとこちらでは言われていて、不安に思っています。もし事実であるなら世間の批判を浴びるでしょう。近年家康が届けをせずに縁組したということがありました。しかし、そのことが秀頼公に対する謀叛であるとは私は聞いたこともありません。ですから、（輝元が三成らの企みに同意するという）覚悟は天下に乱れをもたらすものです。歎かわしい事であり、よくお考えになってください。このようなことをこちらから言うのは失礼なことですが、長年非常に親密にしてきましたので申し上げます。この旨を（輝元に）伝えてください。（中略）猶、三成と吉継に同意したとのこと、初めは噂に過ぎないと信じていませんでしたが、安国寺恵瓊から聞いたことには、この度東国への派兵を差し止めるよう仰ったとのことで驚いています。」

蜂須賀家政（如意輪寺蔵）

傍線部①から、輝元上坂前にすでに大坂においては輝元が反徳川闘争決起に参画していると認識されていたことがわかる。傍線部②は反徳川闘争決起の大義名分として、

秀吉遺命に背き届け出なく縁組を行ったことがあげられていたことを示す。その縁組の相手だった蜂須賀家が家康を擁護し、輝元の行動を誡めたのは当然であったが、反徳川闘争決起への輝元の参画が徳川派にとって脅威であるという家政の危機感をも表わしていると考えられよう（傍線部③）。

しかし、家政が誡めの書状を発した時には、すでに輝元は広島を出立していた。大坂到着後、輝元は徳川氏留守居を追い出して大坂城に入城するなど、大坂の親徳川派を一掃する。そのような中、大坂にいたものと考えられる家政は親徳川的行動を咎められ、『義演准后日記』（八月十一日条）に「阿波守（蜂須賀家政）子息、先度内府共に出陣奉り、親は大坂にこれ在り、今度の一乱に迷惑及ぶ、これによりまず逼塞の分云々、よって内衆長ども、秀頼様の御馬廻に罷り成りて、北国へ出陣、今日当郷陣取」とあるように、自身は逼塞（ひっそく）処分を受け、家臣団は豊臣家の馬廻衆（うままわりしゅう）に編入された。家政の役割は反徳川勢力の動向を監視することにあったが、輝元や三奉行まで参画した事態にはどうすることもできず、剃髪のうえ高野山に追放されたのである。

毛利軍による阿波占領

反徳川闘争決起時に蜂須賀氏の兵力がどこに配置されていたか定かではない。先述のように、至鎮とともに会津征討軍に従った兵力はわずかであると考えられ、また、家政は大坂屋敷にいたようであるから、大坂に大半の兵力を駐屯させていたとも考えられない。よって、かなりの兵力が阿波に残っていたものと推測され、大坂において当主家政が逼塞に追い込まれた後の阿波を西軍の支配下に置くことが急がれた。阿波に残っている蜂須賀氏家臣団が西軍に敵対行動を採る可能性があったからである。

阿波占領の役割を果たしたのは毛利軍であった。伏見城攻撃の最中の七月二十九日、毛利氏家臣佐波広忠へ長束正家・増田長盛・前田玄以の三奉行と輝元は「阿波国猪山城山上山下の外、陣取りこれ有るべからず候、もし、乱妨狼藉の族これ有るにおいては、速やかに御成敗加えらるべき者也、仍下知件の如し」との判物（『閥』、以下、この項の史料は同じ）を下している。これにより、蜂須賀氏の居城徳島城は毛利軍によって占領されていたことがわかる。この判物は大老輝元と三奉行の連署という形態であり、阿波の占領が公儀の命令に基づくことを示している。一方、同日、輝元から佐波広忠及び能島村上水軍の村上元吉・景親兄弟に対し、「①先様において諸事両三人談合候て、外聞然るべきよう調、肝要候、自然そもそもに候ては曲あるべからざる事」「付、②地下人と中分においては、彼家中衆これ申し談じ、有躰にあるべき事」などの規定を含む阿波の管理に関する定めが発せられている。

傍線部①は、阿波の管理が「両三人」＝佐波広忠・村上元吉・村上景親の協議によって決められたことを示しており、毛利氏以外の関与は全く認められない。従って、事実上毛利氏による占領とみなしてもよかろう。また、「地下人」＝阿波の郷村指導者や百姓層と占領軍との紛争解決にあたっては、「彼家中衆」、つまり、蜂須賀氏の家臣と協議することとされており（傍線部②）、蜂須賀氏家臣が阿波に残っていること、阿波の占領が蜂須賀氏家臣の協力なしでは困難であることを示している。輝元と三奉行の判物において、徳島城内と城下町以外における布陣を禁じているのは、毛利軍による占領に反発する阿波の郷村指導者・百姓層を刺激しないための配慮なのであろう。このような配慮の故であろうか、阿波の占領は特段のトラブルもなく平穏に行われたようである。

八月に入ると、村上元吉・村上景親に替わって、椋梨景良（むくなしかげよし）・仁保民部少輔（にほみんぶしょうゆう）・三輪元徳（みわもとのり）が新たに派遣されているが、これにも奉行衆の関与は認められない。村上元吉は後述する伊予への出兵、村上景親は伊勢湾の制海権確保のために配置替えされたものであるが、佐波広忠は引き続き占領軍の中心的な役割を果たしている。

毛利氏による阿波の占領は結局関ヶ原合戦の後まで続いた。関ヶ原合戦から三日経過した九月十九日、輝元は阿波占領軍へ「①先手の儀和平に相調い、当手の人数悉く無事に中途まで打ち入り候、然る時は②其元の儀入らざる事候間、早々この面罷り上るべく候、③その段阿州（蜂須賀家政）へも申し入れ候」との書状を送り、家康との講和が調ったことに伴い（傍線部①）、阿波の占領は不要となったため、占領軍は大坂へ引き上げるよう命じた（傍線部②）。また、阿波の返還について家政へ申し入れており（傍線部③）、関ヶ原における東軍の勝利を受け、家政が早くも表舞台に復活したこと、状況の悪化に伴い輝元が再び家政ルートの活用を考えている様子が窺える。輝元の命令を受けた占領軍は九月二十五日、蜂須賀氏家臣益田彦四郎（ますだひこしろう）に徳島城の城内・城下町をともに引き渡し、ここに毛利軍による阿波占領は終結したのである。

二　伊予征服

毛利氏と伊予

西尾和美氏によると、毛利氏と伊予との密接な関係の端緒は毛利元就が陶隆房（晴賢）を破る厳島合戦以前に遡り、元就の三男隆景の沼田小早川家相続から間もない天文二十三年（一五五四）だったとされる。具体的には、小早川氏関係者の女性と来島村上氏との婚姻が結ばれたとされ、それが翌二十四年の厳島合戦における来島村上氏の来援につながり、毛利氏を勝利に導いた。その後、永禄年間の宍戸隆家娘（元就外孫）と河野通宣の婚姻により毛利氏と伊予の関係はさらに深まる。なお、西尾氏は宍戸隆家娘が当初、来島通康と婚姻し、通康死後、通宣に再嫁したとされるが、確定できない。通宣が永禄十一年（一五六八）頃に引退すると、宍戸隆家娘の子牛福（河野通直）が河野氏の当主となった。通直は元就の曾孫に当たる。その通直は天正九年（一五八一）に吉見広頼娘（毛利輝元妹の子）と婚姻し、毛利氏と河野氏は幾重もの婚姻関係で深く結ばれることとなる。

ところが、織田信長の中国進攻を受け、天正十年、来島村上氏が毛利氏・河野氏連合から離脱、織田氏に服属するという事件が勃発し、伊予は混乱状態に陥る。結局、直後

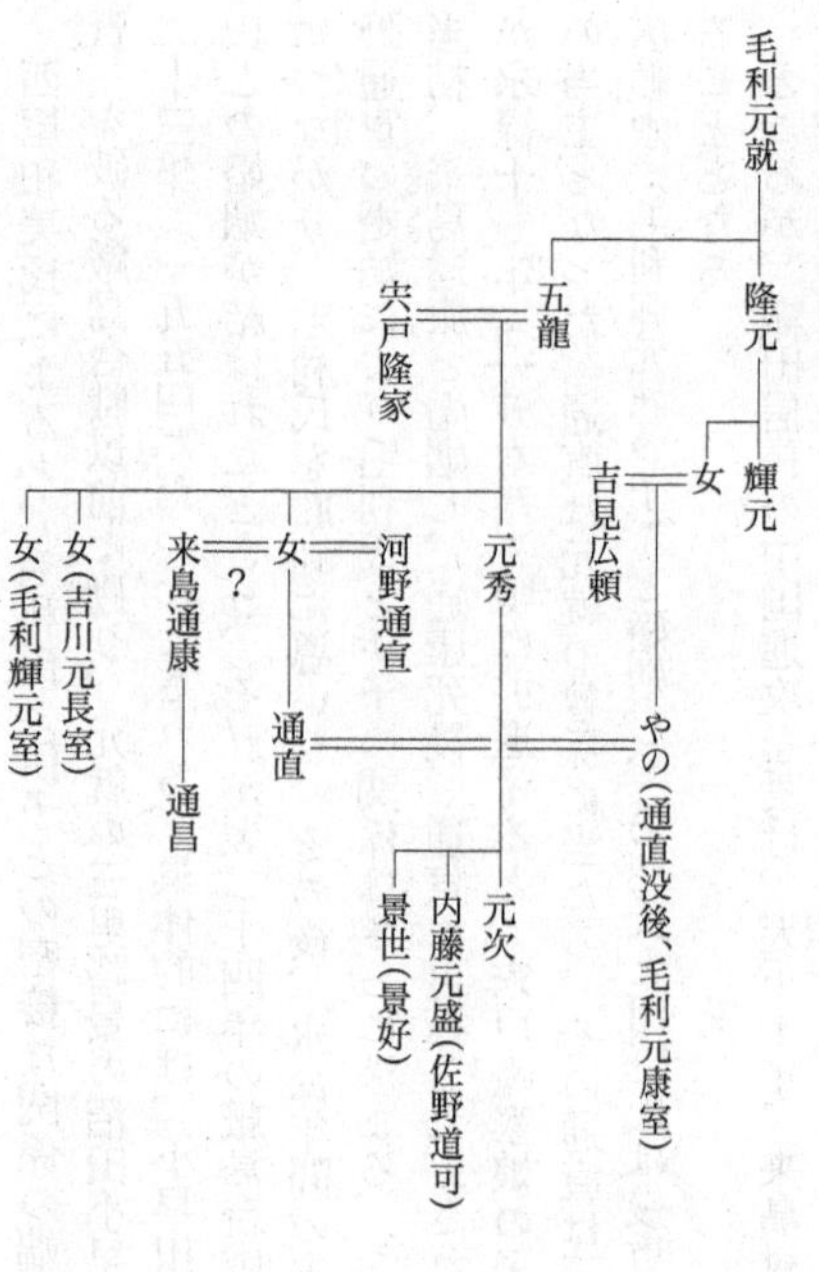

の本能寺の変によって、羽柴秀吉の軍が撤兵したため、離反した来島通昌は孤立し、一旦伊予を追われるが、毛利氏と羽柴氏の講和が最終的に調った後帰国し、秀吉から所領を安堵された。他方、毛利氏と羽柴氏の講和は織田信雄・徳川家康と結ぶ長宗我部氏と毛利氏の断交につながった。

天正十三年一月十七日、秀吉は「四国の儀、来夏御行及ばるべきの条、伊与・土佐両国進ぜ置かるべき由仰せ出され候、それにつき、長曾我部種々懇望いたし候と雖も、御許容無く候」（蜂須賀正勝・黒田如水書状『小早川家文書』）と、長宗我部攻めの方針を毛利氏に伝え、長宗我部氏を滅ぼした後、伊予と土佐は毛利氏に与えると約束した。毛利氏と羽柴氏の講和に伴い、毛利氏に従った美作や備中東部の領主は所領を失っており、彼らの給地が必要であった毛利氏にとって、新たな所領の獲得は不可欠であり、秀吉の長宗我部攻めは毛利氏にとっても好都合だった。

この四国国分プランは、その後変転する。六月十八日付け隆景宛秀吉書状（『小早川家文書』）には、「①今度、長曾我（長宗我部元親）、阿波・讃岐返上致し、実子これを出し、子ども在大坂させ、奉公致すべくと申し候間、既に人質請け取り候と雖も、②伊与儀、其方御望みの事候間、是非に及ばず、長曾我部人質相返し候上、伊予国一職に其方これを進ぜ候、③自然、長曾我部有免せしめ候わば、土佐一国宛行うべく候也」とある。阿波・讃岐を返上、さらに人質を提出して降伏を申し出た長宗我部元親に対し、秀吉は土佐と伊予を安堵しようとした（傍線部①）が、隆景が強く伊予の領有を要求したため、一旦受け取った人質を返して長宗我部氏との戦闘を決意している（傍線部②）。つまり、長宗我部氏攻めは伊予の獲得を狙う毛利氏の強い意思により決せられたのである。

長宗我部氏領国への進攻は六月末から開始され、八月初頭、元親は降伏した。その結果、傍線部③の予定どおり、長宗我部氏は土佐一国のみを安堵され、伊予は隆景に与えられることとなった。

この長宗我部攻めにあたり、河野氏はどのように対応したのであろうか。従来の説では、天正十三年以前に長宗我部氏の支配下に入っていた河野氏は、毛利軍らの進攻に対して戦闘に及んだが敗れ去り、湯築城(ゆづきじよう)を開城し降伏したとされていた。近年、西尾氏のほか、川岡勉氏・藤田達生氏などの研究により、長宗我部氏の支配下にあったのは伊予の東部と南部のみであり、中部は河野氏の支配下にあったことが明らかにされている。

秀吉の当初の国分プランにおいても「長曾(ママ)我部事最前申し遣わし候つるは、土佐一国・伊与国只今長曾(ママ)我部かたへ進退候分候て」とある(「平岡氏所蔵文書」)。つまりこれは、伊予のうち長宗我部氏が支配下に置いている地域を安堵するという内容であるから(傍線部)、長宗我部氏の支配下にない地域については当初から長宗我部氏以外の領有が予定されていたものと考えられよう。それが河野氏なのか毛利氏(小早川氏)なのかは不明である。いずれにせよ、河野氏は婚姻を通じた毛利氏との密接な関係を一貫して維持しているから、毛利軍の進攻に敵対するどころか協力したものと考えられる。

ところが、河野氏は所領安堵されず、伊予一国はすべて隆景の領有するところとなった。この原因について、近年、桑名洋一氏が河野氏家臣団の一部による敵対行為があったため河野氏の断絶を招いたとする説を提起された。しかし、軍記類などに基づく指摘であり、また、長宗我部攻め以前に隆景による伊予の領有が決定していること(六月十八日付け隆景宛秀吉書状傍線部②)から推測すると、桑名氏の説は成り立たない。

では、真の原因は何か。

フロイスの『日本史』において、河野通直は病人であるとされている。つまり、病気がちの通直では伊予の支配が不可能であると判断した河野氏家臣団が、通直母の叔父に当たる隆景に伊予の支配を託したと見るべきではなかろうか。もちろん、その背景には伊予の領有を狙う毛利氏の意思が働いているが、毛利氏の意思と領国及び家臣団を維持したいという河野氏家中の利害関係が一致したからこそ、毛利氏・河野氏間の戦闘行為なしに領主の交替が実現したものと考えられる。西尾氏の言うように天正十年前後から毛利氏と河野氏の一体化が進んでおり、通直の引退、隆景の伊予領有は家督相続に類似した形態だったと言えよう。

伊予、加藤嘉明領への調略

念願の伊予を獲得した隆景による伊予の領有は、たった二年弱で終了した。秀吉による九州征討を経て九州国分が行われ、朝鮮侵略を見据えた九州の侵略基地化計画の中で、天正十五年、隆景が九州に国替えになったためである。隆景の後には福島正則（東予と中予の一部）、粟野秀用（中予の一部）、戸田勝隆（南予）などの豊臣系大名が入封する。その後の領主の変遷により、関ヶ原合戦時には、東予に小川祐忠、中予に加藤嘉明、南予に藤堂高虎（喜多郡の一部は池田秀氏）という豊臣系大名が配置されていた。なお、野間・風早二郡は来島一族に与えられ、関ヶ原合戦当時の当主は来島康親であった。

このうち、小川祐忠・池田秀氏・来島康親は西軍に与したが、松前城主加藤嘉明と板島城主藤堂高虎は家康の会津征討に従っており、反徳川闘争決起後も反転・西上し、関ヶ原合戦に東軍として臨んでいる。高虎は秀吉死後いち早く家康に接近していたし、嘉明は福島正則・加藤清正らと親しかった関係上徳川派であった。嘉明・高虎ともに会津へは相当の兵力を連れて向かったものと考えられるが、国元にもある程度の兵力を残していた。輝元はその嘉明・高虎領に調略の手を伸ばす。

その調略の対象となったのは伊予に残っていたかつての国人領主らである。長宗我部攻めの際に毛利軍に敵対行動を示した金子氏など東予領主の一部などは断絶したが、嘉明・高虎領の南予の領主の多くは隆景入封時、その家臣団に編入されていたものと考えられる。また、河野氏奉行人であった出淵氏や垣生氏も隆景家臣団に編入されており、隆景による支配が河野氏支配体制を引き継いだものであったことを窺わせる。その後、隆景の九州への国替え時には能島村上氏や村上吉継、村上吉郷といった水軍の給人が隆景（能島村上氏は輝元）に従い伊予を離れたのに対し、平岡氏など中予の領主や喜多郡の国人領主曾根氏などは伊予に残留し、そのうち曾根景房は戸田勝隆に召し抱えられている。なお、河野通直は隆景九州国替え後、毛利氏領国の安芸竹原へ退去するがその直後に死去し、河野家は断絶した。

さて、戸田勝隆に召し抱えられた曾根景房は、その後、戸田氏断絶時に伊予を離れて小早川氏に仕官したものと考えられるが、隆景死去後の家臣団再編時には毛利氏家臣団へ編入されていた。輝元は嘉明・高虎領の調略に際し、この曾根景房を起用する。曾根景房はその経歴から喜多郡・宇和郡の国人領主層に広範な人脈を持っており、調略を行うに最適の人物であった。

輝元とともに大坂にいたと考えられる毛利元康・堅田元慶から高虎領内の国人領主久枝又左衛門に宛てられた八月十八日付け書状（『閥』）に「未だ申し通ぜず候と雖も、啓せしめ候、その表の様子承り合うべきため、曾根孫左衛門尉(景房)差し渡され候、先年公広(西園寺)・中国御入魂の好、旁もってこの時候条、万事御馳走干要候、委細孫左(曾根景房)口上申さるべく候」とあり、曾根景房を通じて、高虎領への侵略を前提に村落に基盤を持つかつての国人領主層に対して、毛利氏への協力、具体的には武装蜂起を要請したことがわかる。

この久枝氏は南伊予の領主西園寺氏の家臣であったが、天正十三年の隆景伊予領有時には隆景家臣団に編入され、天正十五年の隆景九州国替え後は戸田勝隆から宇和郡久枝村において二百石の給地を与えられている。しかし、戸田勝隆の死後入封した藤堂高虎家臣団中に久枝氏は確認されず、小早川家臣団や毛利家臣団にも見当たらない。恐らくこの段階で給人身分を失い本領久枝村に寓居したものと推測される。八月十八日書状傍線部の「公広」とは久枝氏の旧主西園寺公広のことであり、国人領主層に残存するかつての支配者への愛着心、伝統的な支配構造を破壊した豊臣系大名への反感を利用しようとした状況が窺える。

その後、八月二十七日付け村上武吉・宍戸景世・村上元吉・曾根景房宛毛利輝元書状

加藤嘉明（藤栄神社蔵、甲賀市水口歴史民俗資料館提供）

（『閥』）に「藤佐（藤堂高虎）領分の儀、留守居操りの道これ在る儀候条、動きの儀今少し差し延ぶべく、やがて趣申し下すべく候」とある。高虎領の留守居の者を離反させる方策があるので、直接の軍事侵略は今暫（しばら）く延期するとしており、調略の相手は藤堂家給人にまで及んでいたようである。

一方、加藤嘉明領については二十七日付け輝元書状に「加藤佐馬（嘉明）（左）領の儀は、成り次第涯分（がいぶん）発向せしむべく候」とあり、輝元は準備が調い次第、直接の軍事侵略に移るよう指示していたが、調略は必ずしも成功したとは言えない。例えば、喜多郡の領主宇都宮氏の一族で旧萩森城主だった萩森彦右衛門元教（はぎもりひこえもんもとのり）は、旧領が高虎領内にあるものの、嘉明に召し抱えられていたようであり、毛利氏の調略に対して九月三日、「①我等身上誠に小者一人の躰候間、何を申し候てもやく（役）に立ち申すまじく候、②万事左馬殿（加藤嘉明）次第の覚悟他無く候」（『閥』）と返答し、現在の主君加藤嘉明の下知にのみ従う姿勢を示している（傍線部②）。毛利氏への同心を断る理由として兵力に乏しいことを挙げているが（傍線部①）、実際には、嘉明に召し抱えられることで家の存続が果たせた萩森氏にとって、もはや忠誠を尽くすべき相手は嘉明であり、旧知の曾根景房の働きかけによっても主君を裏切るという選択肢はなかったものと考えられる。

一方で後述するように河野氏重臣だった平岡氏は毛利氏に同調しており、嘉明に召し抱えられなかった者の中には調略に応じる者もあった。そこで、輝元は高虎領とは異なり、嘉明領へは直接の軍事侵略に及ぶことを決意する。

なお、曾根景房は伊予の調略と併行して、土佐の長宗我部氏の外交僧であり、当時在国し、留守居を務めていたと考えられる瀧本寺非遊(たきもとじひゆう)のもとへも派遣されている。派遣の趣旨は、八月二十日の堅田元慶・毛利元康書状(『閥』)に「与州辺の儀に付いて、委細曾根孫左衛門尉(景房)申さるべく候条仰せ談ぜられ、①此節方角の儀御馳走あるべく候、②盛親(長宗我部)様へ申し入れ、御状等取付け申すべく候えども、其段は口上に申せしめ候、此方より頭分として村上大和守父子(武吉・元吉)差し出され候、③其御心得候て御動き御油断あるべからず候」とあるように、長宗我部氏留守居軍に対して毛利軍の侵略に合わせて伊予への出兵を要請することにあった。

傍線部①や③は、要請というより命令に近い半ば強制的な表現であるし、傍線部②は、本来長宗我部氏当主である盛親を通して要請すべきところを後刻口頭で行うと言いつつ、盛親の頭越しに家臣に命令を下しており、当時の輝元の強い権力を示しているが、実際に長宗我部軍が伊予に侵入した形跡はない。これが長宗我部氏の消極性を示すものなのか、単に兵力不足によるものなのか、侵略準備中に関ヶ原合戦を迎えてしまったのかは、不明である。

伊予への侵略――三津浜の戦い

調略を進める一方で、八月二十日には村上吉継の嫡子で隆景家臣団を経て毛利家臣団に編入された村上景房らへ「先日の首尾に早々御下り候えとの御意候、様子においては武吉父子・佐石(佐世元嘉)仰せ談ぜらるべく候、万事越度無く御肝煎肝要候、船数・人数等此節候条御馳走尤も候」(「村上小四郎蔵文書」)との書状が発せられている。この書状からは、広島留守居の佐世元嘉の差配の下、八月上旬に「用段の儀」ありとして阿波から呼び返された村上元吉のほか、元吉の父武吉、前述の曾根景房を中心に軍事侵略の準備も着々と進んでいたことがわかる。また、この書状には現れないが、伊予国喜多郡の領主の末裔と考えられる兵頭正言が渡海用の警固船を用意し、その後伊予における戦闘に参加していたことも確認されるなど、能島水軍の村上武吉父子を含め、侵略軍には伊予に関係の深い人物が選ばれている。

九月に入ると、五日に志道元幸・桂元武に対して「其方組の者ども、時宜により与州辺へ遣すべく候条、おのおの肝煎仕るべきの由、よくよく申し聞かすべく候」との書状(「譜録」)が発せられ、伊予侵略軍は増強されている。このようにして準備の調った伊予侵略軍は九月十日前後に広島を発ったものと考えられ、九月十四日には松前沖の興居島に達し、翌十五日、侵略軍の指揮官村上武吉父子と宍戸景世から伊予の豪商とされる武井宗意・宮内休意へ次のような書状(「宮窪町蔵文書」)が送られた。

秀頼様より、加藤殿(嘉明)内府(徳川家康)同意に緩怠仕られ候に付き、輝元警固人数追々申し付けられ候、それに就き、先勢として我々父子(村上武吉・元吉)・宍善左(宍戸景世)・因嶋(村上吉祐)・桂三郎兵衛殿(元綱)、佐石代(佐世元嘉)として差し渡され候条、昨朝当嶋迄罷り渡り候、郷中何も馳走においては別儀あるべからず候、自然松崎随身の覚悟仕るならば、即打ち破り、妻子以下迄討ち果たし堅く申し付くべき上意候条、其意得られ村々相催し馳走たるべく肝要候

「加藤嘉明が家康に同心したことはけしからぬ事であるため、豊臣秀頼様が毛利軍の派遣を命じられました。そこで、先鋒隊として私達父子(=村上武吉・元吉)・宍戸景世・村上吉祐・桂元綱を佐世元嘉の代理として渡海させられましたので、昨朝、興居島まで渡りました。村の百姓については毛利軍に協力すればよし、万一、嘉明に従う覚悟をする者があれば、すぐに打ち破り、妻子も殺すとの輝元の厳しい命令ですので、この旨心得られて、村々に対して毛利軍に協力するよう説得することが重要です。」

『河野家譜』によると、河野通直の死後、毛利家において評議し、御台所(みだいどころ)の甥(おい)である宍戸氏の息子を幼君として擁立し、河野太郎を名乗らせ、その河野太郎がのちに通軌(つうき)と名乗り、慶長五年の毛利軍伊予侵略の旗頭となったとされる。一方、前記九月十五日付け書状によると、伊予侵略軍には因島村上水軍や桂元綱(かつらもとつな)が加わっているほか、宍戸景世が侵略軍の総大将格となっている。

この宍戸景世は、その家系が萩藩に残っていないため、謎の多い人物である。景世は文禄三年（一五九四）、河野通直母の菩提を弔っている（高野山上蔵院「河野家御過去帳」）。また、「高野山上蔵院文書」所収の景世書状には、景世が河野氏家臣平岡氏から宍戸氏に入った養子である旨の異筆が付されているが、毛利軍の侵入に呼応して蜂起したとされる平岡善兵衛直房と仮名が似通っていることから後世に混同された蓋然性が高い。河野太郎が河野通軌を名乗ったという記録も平岡直房の兄（父ともされる）の通倚と混同されたのであろう。

　ところが、『河野家譜』における御台所が通直母を指すものとすると、宍戸元秀（通直母の兄弟）の子が河野太郎にあたることになるが、宍戸家系図において、元秀の子に景世なる人物は見当たらない（一二一ページの毛利家河野家姻戚関係図参照）。他方、のちの大坂の陣の際、輝元の密命により豊臣秀頼に属して大坂城に籠城した佐野道可（実は宍戸元秀の次男内藤元盛）の処分に関連する書状に宍戸景好なる人物が見られる。景好は元秀の五男とされる。景好の大坂の陣の際の官途名は景世と同じ善左衛門尉であり、景世と同一人物である蓋然性が高いが、宍戸家系図においては景好の官途名は掃部頭・但馬守とされており、確定できない。

　いずれにしても、慶長五年の段階で河野家の後継者的な位置づけにあったのは宍戸景世であり、ゆえに景世を伊予侵略軍の指揮官としたのである。これによって、河野家再興という大義名分を掲げることができ、河野氏旧臣の毛利軍への協力だけでなく、九月十五日付け書状の傍線部に見られるように、嘉明領の百姓層の毛利軍への協力が見込まれると輝元は考えたのである。

このようなさまざまな調略を行った後、毛利軍は嘉明領への軍事侵略を開始した。ところが、三津浜で野営中の九月十七日、嘉明留守居軍の奇襲を受け、村上元吉・曾根景房らが戦死する。毛利軍の敗因については、軍記類によると、嘉明留守居は降伏するとの虚言により毛利軍を油断させ、さらに百姓に酒肴（しゅこう）を持たせて三津浜に派遣し、毛利軍を酔わせたうえで夜襲したとされているが、前述の百姓層への働きかけを要請された豪商のうち、武井宗意は加藤嘉明が会津に移封された後まで嘉明との親交が続いていることから、毛利氏に応じなかった武井氏が毛利軍を騙（だま）して接待し、油断した毛利軍が不意を突かれた可能性もあろう。一方、宮内休意は関ヶ原合戦後の慶長六年に伊予から大坂に逃れていることから、毛利氏に応じていたものと考えられる。

これまでは、三津浜の戦闘により村上元吉・曾根景房らを失った侵略軍は壊滅状態に陥ったとされてきたが、事実は異なる。

九月十八日付け村上景房宛佐世元嘉書状（「村上小四郎蔵文書」）には、「去十七日の夜、御陣所において敵行（てだて）に及び候の処に、御手砕かれ、鑓下（やりした）において御高名誠に比類無き次第に候、即大坂に至り注進遂げ候間、御感の趣きっと仰せ出さるべく候、其元において様子を各へ申し入れ候、①猶もってその地丈夫の御覚悟の由尤もに存じ候、②猶宍五兵（宍道政慶）・木屋新兵（木屋元公）申し達さるべく候」とある。傍線部①からは、派遣軍がなお伊予での軍事行動を継続しようとしている様子が判明し、壊滅状態に陥ったわけではなかったことがわかる。さらに、旧出雲国人で長門に給地を持つ宍道政慶のほか木屋元公が援軍として伊予に派遣されており（傍線部②）、戦闘が終了したわけではない。

一次史料ではないが、能島村上氏家臣嶋又兵衛の覚書では嘉明軍を撃退したとある。この覚書の記述は必ずしも信用できないが、嘉明軍の勝利を強調する加藤家の編纂史料である「明公秘録」においてさえ、十七日の戦闘で嘉明軍に多くの戦死者が出たことを記述しており、三津浜の戦闘は両軍に多くの死傷者を出し、両者は態勢を立て直すために三津浜を引き払ったものと考えられる。

以下、「明公秘録」の記述に従い、その後の動向を整理してみよう。

派遣軍は三津浜から広島へ撤退するのではなく、逆に内陸部に侵攻し、久米の如来院を占領する。これは荏原城で蜂起したとされる河野氏家臣平岡氏と連携したものであろう。平岡氏は中世末期の河野氏権力の中枢に位置したとされ、能島村上氏と姻戚関係にあった（村上武吉次男景親の妻は平岡通倚の妹）ほか、喜多郡の津々喜谷氏、浮穴郡の大野氏・出淵氏との間にも姻戚関係があり、伊予の国内諸勢力への影響力を持っていた。平岡氏のほか、正岡氏なども同時に蜂起したとされており、加藤嘉明の入部により給人身分を失った河野氏旧臣らが、河野家再興の旗印のもとに毛利氏に同調した様子が窺える。

十九日には嘉明軍と如来院で戦闘になり、加藤軍の指揮官黒田九兵衛などが戦死する。

二十三日には三津木ノ山で戦闘があり、嘉明軍に戦死者が出たが、翌日関ヶ原合戦の報を受け、毛利軍は撤退したとされる。これらの記述を一次史料で確認することはできないが、防長移封後に平岡直房が毛利氏家臣団に加わっている（岡氏を名乗る）ことから、伊予侵略軍が河野家旧臣と連携していた蓋然性は高いと言えよう。

藤堂高虎領、もう一つの戦い

次に、八月二十七日の書状において調略が順調に進んでいるとされていた、藤堂高虎領のその後を見てみよう。

藤堂高虎（東京大学史料編纂所所蔵模本）

結局、高虎領へは毛利氏による直接の軍事侵略は行われなかった。また、調略の対象となった久枝氏や山田氏の軍事蜂起も確認できないが、久枝村の隣宇和郡松葉村の郷士三瀬六兵衛が毛利氏に内通し一揆を起こしたとの記録がある。通説となっている『宇和旧記』（江戸期に成立）の記述によると、事件の顚末は次のとおりとされる。

三瀬六兵衛は西園寺氏の支配下にあった宇和郡若山城主三瀬氏の末裔で、西園寺氏の滅亡後、高虎領の名主頭となり、横目役も務めたことから、「この者の下知に随わざる者なし」という在地への影響力を持ち、その力を背景に大名になろうとの野望を抱いて毛利氏に応じたとされる。ところが、その企ては蜂起前に露見し、鎮圧軍が六兵衛の屋敷に駆けつけ、人質の提出を要求した。六兵衛はこれを拒絶し、一族とともに酒蔵に立て籠り、鎮圧軍に鉄砲を撃ち掛けたため、力石治兵衛などの援軍を呼んだ。その上で三百人超の軍勢で酒蔵を取り巻いたため、六兵衛らは妻子を殺して打って出たが討死した。鎮圧軍、六兵衛方いずれも死者は三十六人であったという。

以上の記述から、三瀬六兵衛の蜂起は極めて小規模なものと考えられてきた。しかし、藤堂家の記録（『公室年譜略』や『高山公実録』など）を見ると、鎮圧軍の組頭である足軽大将力石治兵衛が戦死したこと、六兵衛が毛利氏に内通し、「其徒を集めて近所の要害の地を掻揚げ楯籠」ったこと、鎮圧軍は一旦敗れて板島に引き上げた後、宇都宮氏旧臣で伊賀崎村に隠遁していたとされる栗田宮内の働きにより、郷村指導者層の協力を得てようやく鎮圧したことなどが明記されている。つまり、三瀬六兵衛の一揆は酒蔵に籠ったというような小規模なものではなく、廃城になっていた戦国期の山城にかなりの兵力が立て籠った大規模な反乱だったのである。廃城になったといっても、豊臣期の城破りは櫓などの建築物を破却しただけで、土塁や堀などはそのまま放置されているケースが通例であったから、容易に抵抗拠点となりえたのだ。

このように、伊予においては従来言われていたような局地的な戦闘があっただけではなく、調略と直接軍事行動の両面から毛利氏は大規模な侵略行為を実施していたのである。

三　豊後と豊前

大友氏の没落

豊後国の守護大友氏は義鎮（宗麟）の代に戦国大名として全盛期を迎え、十六世紀半ば頃には島津氏支配下にある薩摩・大隅・日向を除く九州地方の支配権を室町幕府から認められていた。また、山口の大内氏滅亡後には大内氏の後継者として周防・長門の守護職も与えられており、この両国を実質的に支配していた毛利氏との間で抗争を繰り広げた。

戦闘の舞台となったのは筑前や豊前であったが、永禄十二年（一五六九）の大内輝弘の山口侵攻を受けて毛利氏が筑前から撤退した後は、出雲に侵入した尼子勝久や備前の浦上宗景と結び、毛利氏包囲網を形成するなどの外交政策によって毛利氏と対立し続けた。その後も天正二年（一五七四）に備中の領主三村元親が毛利氏から離反した背後に大友義鎮があったほか、天正六～七年（一五七八～七九）の毛利氏家中における謀叛の動き（市川元教や杉重良）も義鎮に唆されたものであり、毛利氏と大友氏は宿敵とも言えるほどの険悪な関係にあった。

一方、天正六年の耳川合戦で大友氏を破って以降、しだいに大友氏支配地域を侵蝕していった島津氏と毛利氏とは良好な関係にあった。島津氏は天正十四年（一五八六）に大友氏の本領豊後へ侵攻し、大友義統（よしむね）（義鎮の子）は本拠である府内から出奔、豊前に逃れるという危機的状況に追い込まれる。しかし、島津氏のこのような軍事行動は豊臣政権の停戦令に違反したものであったことから、秀吉の九州征討を招く。毛利氏も秀吉に従い天正十四年末から豊前に上陸し、島津氏に属した領主との戦闘に突入し、宿敵の大友氏を援（たす）け、良好な関係にあった島津氏と戦うという皮肉な状況になったのである。大軍を擁した豊臣軍の進攻によって島津氏は天正十五年に降伏し、大友氏は旧支配地域のうち、豊後国一国（豊前の一部を含む）を安堵された。この後、大友義統は秀吉から一字を与えられ吉統と名乗ることになる。

天正二十年（一五九二）、秀吉の朝鮮侵略に従い、吉統は兵を率いて朝鮮半島へ渡海する。侵略軍は開戦当初には勝利を重ね、大友軍も朝鮮半島北部の平安道（ピョンアンド）まで進攻していたが、明軍の救援により形勢は逆転し、文禄二年（一五九三）正月、最前線の平壌（ピョンヤン）に駐屯していた小西行長が明軍の攻撃を受けて苦境に陥った。大友軍は平壌南方の黄州（ファンジュ）・鳳山（ボンサン）に駐屯していたが、これらの拠点を放棄して白川（ベクチョン）に駐屯する黒田長政、あるいは開城（ケソン）に駐屯する小早川隆景と合流したものと考えられる。その後、侵略軍は漢城（ハンソン）まで後退し、追撃してきた明軍を碧蹄館（ピョクジェグァン）で破ったのち、朝鮮半島南部に戦線を縮小していくのであるが、同年五月、吉統は秀吉によって豊後を没収され、大名の座から転落した。

秀吉は処罰の理由として、①小西行長が平壌において危機に陥った際、援軍を送らずつなぎの城（黄州や鳳山）を放棄した行為は明国にも憚られる、②島津氏の侵攻を受けた際、出兵しつつあった秀吉軍を待たずに府内を捨て、居城（高崎）にも入らず豊前まで逃げた行為は臆病である、という二つを挙げている。

②の際に成敗しようとも思ったが、憐憫の情をもって許したにもかかわらず、重ねて臆病な行為を行ったので処罰するというのが表向きの理由であったが、中野等氏は明まで侵略する計画が頓挫した責任を負わされたものとしている。また、朝鮮侵略戦争が長期戦の様相を帯びたことに伴い、兵粮や武器などを安定的に供給するための豊臣政権の直轄的な兵站基地を朝鮮半島に最も近い九州において確保する必要性が生じ、その標的とされたのが豊後大友領だった可能性もあろう。

豊後を没収された吉統の身は毛利輝元に預け置かれ、同行を許されたのは四、五人のみという厳しい処分であったが、吉統の嫡子義延については加藤清正の同心として五百人扶持を認められ、堪忍領は後日指示するものとされた。また、同年七月には吉統の妻も供を連れて毛利氏領の山口へ赴いている。一方、閏九月に義延は朝鮮に在陣している。おそらく加藤清正の同心として軍役を果たしていたのであろう。

しかし、文禄三年（一五九四）九月、帰国していた義延（以降、能乗を名乗る）は徳川家康にお預けと決まり、あわせて吉統も山口から常陸の佐竹氏の下へ移された。山口時代には同行した家臣達も、関東下向にあたり召し放ちとされたものが多く、豊後や豊前に帰国する者、上方に残る者、他家へ仕官する者など大友氏家臣団は離散していったのである。

慶長三年に秀吉が没した後、翌四年五月頃、吉統は公儀からの赦免を得、六月には常陸を出て上洛の途についた。途中、江戸の徳川秀忠が吉原までの伝馬を手配しているほか、上洛後は徳川家康に謁見しており、吉統の赦免には家康が大きく関与していたことを窺わせる。しかし、吉統の念願だった大名としての再興はなかなか実現しなかった。居所さえ定まらぬ不安定な状況がしばらく続いたが、慶長五年四月、増田長盛から大坂の天満に屋敷を与えられ、ようやく一定の安定を得た直後、吉統は東西両軍の闘争に巻き込まれていくのである。

大友吉統の再興活動――石垣原の戦い

徳川家康の会津征討に際して大友吉統はどのような態度を採ったのであろうか。

六月二十七日、吉統は、会津征討に吉統も従軍するとの噂を聞きつけて上坂した旧臣賀来三七に対して「いよいよ馳走の覚悟肝要候」(「賀来文書」)と伝えている。この時点ですでに家康は大坂を出立しており、吉統が従軍していないのは確実であるが、遅れて会津に下向するつもりだったのか、別の目論見があったのかは定かではない。嫡子の能乗は徳川氏の下にあり、関ヶ原合戦後は旗本に取り立てられているから、能乗を徳川軍に従軍させ、自らは上方にあって状況を見極めようという考えだったのではなかろうか。

その後、吉統が大坂に留まっている間に、石田三成らの挙兵と毛利輝元の上坂を迎え、吉統にも西軍への参加が呼びかけられたのであろう。八月半ば頃、吉統は毛利輝元に起請文を提出するとともに、次子長蔵（正照）を人質として差し出し、西軍への奉公を誓った。「大友家文書録」の綱文には、吉統が豊前中津の黒田如水、肥後の加藤清正や豊後竹田の中川秀成とともに東軍に属する旨約していることが載っており、この起請文も西軍を欺くための偽りだったとあるが、黒田・加藤・中川家の史料にそのような約束があったことは記されていない。

大友氏にとって、どのような形であれ御家の再興を図ることが重要であり、嫡子能乗が徳川氏の下にある一方、東軍の勝利に確信が持てない状況下においては、吉統が西軍に属するのは必然だったと言える。また、九月七日付け黒田如水宛大友吉統書状（『黒田家譜』所収文書）には「拙者事配所において毛利殿御懇意深重に候えば、今度一命を捨てその恩に報いるべくと存じ候」とあり、吉統の進攻には輝元の意向が大きく働いていたと考えるべきであろう。

西軍への参加を決意した吉統に与えられた役割は、かつての支配地豊後への帰国であった。豊後及びその周辺の諸大名のうち、東軍に属する立場を明確にしていたのは、豊後木付の細川氏（留守居として松井康之らが在国）、豊前中津の黒田氏（如水が在国）、肥後熊本の加藤清正である。彼らに対しても西軍に属するよう勧誘が行われた。例えば、肥松井康之へは豊臣奉行衆や大谷吉継から再三にわたって勧誘の書状が送られたが、康之はこれを拒絶した。そこで、西軍の指揮官毛利輝元・宇喜多秀家は八月四日、「その郡(速見郡)の義請け取るべきため、大田美作(太田一成)方指し下し候、様子においては、年寄衆(豊臣奉行衆)申し入れらるべく候間、早々明け渡さるべく候」との書状(『松』、以下、この項の典拠は特記しない限り同文書)を送り、豊後臼杵城主太田一吉の子一成を使者として木付城の明け渡しを迫った。実際に一成が下向してきたのは八月十二日であり、翌十三日、豊臣奉行衆からの書状を添えて明け渡しを要求する書状を送ったが、康之はこれも拒絶した。

このため、輝元や豊臣奉行衆は豊後細川氏領を武力により制圧する方針に転換し、かつての領主大友吉統を利用することとした。伊予のケースでも述べたが、まだ戦国期の支配体制への思慕が色濃く残存しており、大友家再興の旗を掲げれば、豊後在住の旧臣・郷村指導者層の参加が見込まれると考えたのである。

吉統が大坂を発った日は明確ではないが、八月二十八日付け松井康之書状案(『松』)に「大伴よしむね(大友義統)へ当郡之義奉行衆よりこれを進ぜ、中国まで下られ候由候、①うすき・府内・熊谷城・垣見城四ヶ所之内へ着かれ、当郡への行仕るべくと存じ候、②在々人質いよいよ丈夫に相しめ申し候」とあり、同日、加藤清正も「上関辺りまで大友下られ候」(『清正勲績考』所収、以下『清』)としているから、八月半ば頃に大坂を発ち、二十五日前後には周防の上関まで来ていたことが窺える。「大友家文書録」によると、周防の大畠において輝元から軍艦と砲卒百人を授かったとあるが、毛利氏領国における水軍基地である上関に停泊している蓋然性が高いことから推測すれば、少なくとも船の手配は輝元による援助だったのではなかろうか。

また、二十八日付け康之書状案の傍線部①から、豊後の大名のうち、臼杵の太田一吉（一成）・府内の早川長政・熊谷直盛（安岐城）・垣見一直（富来城）は西軍方と認識されていたことが判明する。竹田城主中川秀成は八月十八日、加藤清正に対して徳川家康への忠誠心を強調する一方で、大坂にいる妻子を人質に取られたためやむをえず上洛するとの起請文案（『中』）を作成しており、去就に迷っていた状況が窺える。結局、中川秀成は豊後に留まり、態度を明確にしないまま関ヶ原合戦終結を迎えるのであるが、中川氏に仕官していた大友氏旧臣の田原紹忍・宗像掃部が吉統軍に加わったため、西軍同心の嫌疑を掛けられることになる。

田原・宗像の裏切りについては加藤清正も事前に危惧していたところであり、八月二十九日の康之らへの書状（『清』）にも「両人」については「御油断これ有るまじく候」としていた。清正のもう一つの危惧は「大友方、百姓助力を催し、行に及ばれ候」ことであった。康之も百姓（郷村指導者層）の蜂起を警戒しており、二十八日付け書状案傍線部②にあるとおり、郷村指導者（九月十九日の書状案においては「庄や」としている）から人質を取り、その蜂起を防止しようとしている。

話を吉統に戻そう。

吉統は瀬戸内海を西下し、九月八日の夜、「熊谷城」（安岐城）と「懸樋（垣見）城」

大友吉統関係地図

（富来城）の間に着岸。夜の間に木付沖を通過し、高崎表（別府浦）へ上陸、九日の朝、立石村に陣を布いた。翌十日、吉統は立石の陣から「今日は方々人数等申し集め相働覚悟候」との書状（「大友家文書録」）を発しており、吉統の帰国により旧臣たちの集結していた様子が窺える。その中には中川氏の下から出奔した田原紹忍や宗像掃部のほか、吉弘統幸らも含まれている。

十日の夜、大友軍は地下人の協力を得て木付に侵攻して町を焼き払ったが、康之らの反撃により、十一日には立石へ退却する。その頃、黒田如水は「懸樋城」を攻撃中であったが、大友軍の侵攻の情報を聞くと攻城を中止する。十三日には立石表へ軍を進め、石垣原において黒田・細川連合軍と大友軍との間で合戦となった。結局、兵力に劣る大友軍は敗れ、宗像掃部・吉弘統幸は戦死、立石に追い詰められた吉統は黒田氏家臣母里太兵衛を通して降伏を申し出、黒田氏の居城中津に送られた後、出羽秋田へ流された。

このようにして、大友氏の再興活動は挫折し、西軍にとっても九州における東軍勢力を駆逐するという作戦は失敗に終わった。この作戦には豊臣奉行衆も関与しており、毛利氏の利益のみを図ろうとしたものではないが、吉統への働きかけや軍備面での援助など実効性のある関与はほとんど毛利氏が担っていたことを指摘しておきたい。

豊前をめぐる戦い

前述のとおり、豊前は毛利氏と大友氏が争奪戦を繰り広げた場所であり、永禄十二年に毛利氏が筑前から撤退した後も豊前には毛利氏の影響力が残っていた。大友氏領国の筑前において宝満・岩屋城督に任じられた高橋鑑種は、永禄五年（一五六二）、毛利氏に誼を通じて大友氏から離反していたが、永禄十二年の毛利氏撤退時に宝満・岩屋を大友氏に明け渡し、豊前企救郡の小倉城に移った。この折、鑑種は大友氏家中に復帰したとの見解もあるが、実際には毛利氏と大友氏の講和の条件として小倉城の領有を認められたものと考えられ、毛利氏寄りの独立的な領主になったと言える。また、豊前田川郡にも進出し、本拠を小倉城から香春岳城に移したとされる。鑑種が没したのちも、養子元種（筑前の領主秋月種実の弟又は子）が後継者となり、秋月種実や豊前京都郡馬ケ岳城の長野助盛らとともに大友氏との抗争を続けた。

ところが、天正十年（一五八三）前後になると、いずれも毛利方の高橋・秋月氏と長野氏が対立し、この頃から高橋・秋月氏は島津氏との関係を深めていき、毛利氏との関係は疎遠になったようである。一方、企救郡の門司城は永禄十二年の撤退後も毛利氏が豊前における拠点として保持し続け、仁保隆慰らの在番が確認される。

天正十四年の秀吉による九州征討時に秋月一族は島津氏に属し、秀吉に従い出兵した毛利氏と戦うことになる。関門海峡を渡り九州に上陸した毛利軍は十月四日小倉城を攻略し、また、長野氏のほか山田・広津（上毛郡）・中八屋（築城郡）・時枝・宮成（宇佐郡）などの領主は人質を提出し降伏したが、高橋元種は抵抗を続けたため、毛利軍の攻撃を受け、十二月、香春岳城を開城して降伏した。このようにして豊前の一部は毛利氏の占領下に入ったのであるが、島津氏降伏後の九州国分において、企救・田川郡は森（毛利）吉成、京都・中津・築城・上毛・下毛郡は黒田孝高（如水）といった豊臣系大名に与えられ、毛利氏は永らく支配してきた門司の領有権を失ったのである。

毛利吉成・吉政の戦い

関門海峡を隔てて毛利氏領国と境を接する企救・田川郡の領主となった森（毛利）吉成は尾張国の出身とされるが、いつの頃から秀吉配下となったのか定かではない。また、豊前に入部した際、筑前に入部した小早川隆景の旗下とされたことから、毛利一族に擬せられて毛利姓に改めたと言われるが、そもそも毛利氏と同じ大江姓だったとも言われる。吉成は小倉城を本拠とし、田川郡の岩石城に弟の毛利吉雄（よしお）、香春岳城に一族の毛利九左衛門尉（きゅうざえもんのじょう）を置いた。

慶長五年の石田三成らの挙兵に際しては西軍に参加したが、伏見城攻撃の際多くの家臣団を失い家中は混乱状態に陥った。八月二十八日、松井康之は毛利吉成に関する情報を次のように記している（「松」）。

一①毛壱（毛利吉成）、去十八日罷り下り、隈本へ越さる旨候、輝元・奉行衆より〇（主計殿へ）使として下らる由候、②今度伏見にて森九左衛門・同勘左衛門・その外数多討死致し候き、③家中弱り正躰なき旨候、如ハ（黒田如水）人数集められ、いずれへなりとも働く構えにて候条、小倉大方ならざる気遣いの旨候、然れば、主計殿（加藤清正）大坂への御返事も、使者にて申し登らせ、主は上洛あるまじきと存じ候、④もじ（門司）の城拵え申すの由候、是も毛壱相抱えらる義罷り成らず、輝元人数可入れらるべきように申し候事

[毛利吉成は八月十八日に九州方面に下向し、熊本へ来られたそうだ。毛利輝元と豊臣奉行衆が加藤清正への使者として派遣したとのことだ。このたびの伏見城攻撃の際、毛利九左衛門・毛利勘左衛門ほか多くの家臣が討死した。このため、家中は弱体化し、混乱しているそうだ。黒田如水が軍勢を集め、どちらにでも攻撃を仕かける準備を整えているので、小倉城は大変心配しているそうだ。そこで、吉成は加藤清正の返事を伝達するために使者を上洛させ、吉成自身は上洛しないだろうと思う。門司城の普請も行ったとのことだ。これも吉成では守ることができないので、

毛利輝元が軍勢を入城させると言っている。」

吉成は輝元や豊臣奉行衆の命令により加藤清正を西軍方に付けるため熊本に派遣されており（傍線部①）、伏見城攻撃には吉成の嫡子吉政が参加していた。その際に戦死した家臣（傍線部②）のうち、毛利九左衛門は香春岳城主だった。幕末に編纂された歴史書の『野史』によると、九左衛門の死後、吉成が九左衛門の嫡子ではなく、自らの子を香春岳城主にしようとしたため、九左衛門の被官らが反発して香春岳城に籠城し、黒田如水と連携して逆に小倉城を攻撃したため吉成は逃亡したとされる。しかし、松井康之の情報に香春岳城の反乱はないので、「正躰（しょうたい）なき」という混乱状況にあったものの（傍線部③）、伏見城攻撃直後に吉政は輝元家臣とともに安国寺恵瓊の指揮下に入っており、単独の軍事編成ができなくなっていたことを窺わせる。

国元においては隣国の黒田如水の侵攻が予想されたが、如水軍に対処できる状態ではないと判断され、輝元軍による門司城占領が計画された（傍線部④）。康之の情報では輝元の意向と認識されているが、慶長五年八月と考えられる年月未詳二十六日付け宍戸元行・佐世元嘉・三澤為虎・和田重信宛毛利輝元書状（『閥』）には長門下関の鍋城（なべじょう）・櫛崎（くしざき）、周防の秋穂（あいお）と並んで「門司　三澤（為虎）・和因（和田重信）　てつほう百、その上肝煎次第中筒二十ほど、台なしはあるまじく候哉」とあり、旧出雲国人で長門の給人三澤為虎や和田（古（こ）

志）重信が門司に在番したことがわかる。同書状においては「町人通まで人質だによく取りかため候て番申し付くべく候、人数の才覚いよいよ油断あるべからず候、玉薬・兵粮丈夫に申し付くべく候」との指示も出されており、単に門司城を占領するだけでなく、門司という都市全体を支配下に収めようという姿勢が窺える。

関ヶ原合戦が終了した後の十月四日付け吉川広家宛黒田如水書状（『吉』）には「尚々小倉の儀、輝元より加番入の由候間、壱岐（毛利吉成）へ渡さぬ様に仰せ付けらるべく候」とあり、門司城のほか吉成の居城小倉城も毛利氏に占領されたことが判明する。『黒田家譜』においては、如水が石垣原の戦い後、豊後の西軍方の諸城を攻略し、さらに反転して吉成領に侵攻、吉成と対立していた香春岳城の軍を降参させ、小倉城へ押し寄せたところ、十月三日、吉成は城を明け渡して上方に向かったとされるが、実際には十月上旬まで輝元軍が小倉城を占領していたのである。なお、如水が吉成領に侵攻したのは九月下旬であるから、香春岳城を降参させたとの記事は真実であろう。

黒田如水（東京大学史料編纂所所蔵模本）

吉政が関ヶ原合戦時に安国寺恵瓊らとともに南宮山にあったことは確認できるが、

吉成の動向は不明である。関ヶ原合戦時には小倉城にいたのか、その時点ではすでに小倉城は毛利軍に占領されていたのか定かではないが、慶長六年（一六〇一）には土佐の山内一豊の下に吉政とともにお預けとなり、慶長十六年（一六一一）頃に死去した。その後、吉政は大坂の陣に際して秀頼軍に加わり、夏の陣において戦死するのである。

四　輝元の思惑

「坂西之儀は輝元」

以上のように、輝元は四国から北部九州に至る広範囲で侵略行為を計画・実行している。その背景や意図を探ってみよう。

行動の背景として、輝元が西国の統括者たる自負心を持っていたことがあげられる。関白豊臣秀次が失脚した文禄四年七月の起請文前書案（『毛』）には「坂東法度置目公事篇、順路憲法の上をもって、家康に申し付くべく候、坂西の儀は輝元幷に隆景に申し付くべく候事」とあり、豊臣秀吉・秀頼を補佐する体制として東国を家康、西国を輝元と小早川隆景が統括する構想が示されている。秀吉の死去直前にも「毛り（輝元）表裏事、本式者と思し召さるの由候、西国の儀任せ置かるの由候、（中略）東西は家（家康）・輝（輝元）両人、北国は前田（利家）、五畿内は五人の奉行異儀なく候わば、一向別儀あるべからず候」（『閥』遺漏）とされており、秀吉は自らの死後、西国を輝元の統括下に置く政治体制を指示している。

この時点では輝元と家康は同格であったが、石田三成失脚事件を経て輝元は家康に対して表面的には屈服する。

一方で、家康以外の大名との関係では石田三成失脚事件後も優越的な扱いを受けている。慶長四年九月に家康が大坂城に入城した際にも「家康・輝元は大坂に御座候わでは然るべからず候、伏見には三河守殿（松平秀康）・秀元御座候て尤も然るべきの由、仰せられ談ぜらるの由候」（『閥』）とあり、毛利氏は徳川氏と同格の扱いを受けていたが、その他の大名については、大老宇喜多秀家でさえ「東国衆の儀は在大坂、西国衆の儀は在伏見と、太閤様御置目候の処、備前中納言殿（宇喜多秀家）在大坂の段、更分別及ばずの由、家康堅く申し上げらるの由候、備中納言（宇喜多秀家）の儀は、在伏見に大かた澄み候由に候」（「長府毛利家文書」）とあり、単なる西国衆の一員として扱われている。

石田三成失脚事件の際の輝元の蜂須賀家政・黒田如水・加藤清正に対する調停も、西国の統括者としての行動の一環と考えられ、西国方面の各大名は輝元の指示に従うべきとの意識を有していたのであろう。このような意識から、輝元は反徳川闘争の決起に際しても西国方面の大名に対して参加を呼びかけたのであり、それに従わない大名に対しては懲罰権の発動として軍事侵略を企図したのである。

次に輝元の意図について考えてみよう。

第一に毛利氏の抱える領国内課題（①給地総入れ替えなど家臣団統制強化策の挫折、②給人の財政状況悪化、③村落の荒廃）に対し、輝元の直轄地増加、給人の経済的基盤の強化、村落の復興という三方両得となり、家臣団の給地総入れ替えも成し得る方策として、他の領国への侵攻、占領を企図したのである。その際、豊臣政権によって廃絶させられた領主の家臣団や地下人の動員を図っており、自力救済を禁止した惣無事令を無視した行動に出ている。

輝元の第二の意図は、阿波〜讃岐〜伊予〜豊前・豊後ラインを制圧しようとしたものと考えられる。秀吉の海賊停止令により失った瀬戸内海制海権を奪還し、石見銀山産出銀の輸出など東アジア貿易への進出による利益の獲得を企図したものである。毛利氏は従来から有していた日本海西部の制海権と瀬戸内海制海権とを有機的に結合することにより、豊臣政権の統制下から脱した独自の交易を展開しようとしたものと評価される。

つまり、輝元は豊臣奉行衆と同盟して表面的には豊臣政権を支える姿勢を見せながら、その真意は独立的な領国を形成することにあり、実際には豊臣政権の根幹的な政策である惣無事令や海賊停止令をも否定しようとしていたのである。

輝元の人物像

第一章から第三章までの考察を通じて浮き上がってきた毛利輝元の人物像は、従来言われていたような凡庸なもの、単なる被害者ではなく、非常に野心に満ちたものと言えよう。輝元の野心は関ヶ原後もくすぶり続けた。その表出が大坂の陣の際の佐野道可事件である。

佐野道可は前述のように宍戸元秀の次男、元次の弟であり、毛利元就の曾孫に当たる。大内氏治世下において長門守護代を務めた名族内藤氏を相続し、内藤元盛と名乗り、毛利氏家中においても有力国人を出自とする給人として重要視される存在であった。輝元は大坂の陣に際し、表面的には家康に従い、豊臣秀頼攻撃軍に兵を送る一方、この元盛を佐野道可と変名させたうえで、兵を与えて大坂城に送り込んだのだ。秀頼軍は秀頼の直臣のほかは関ヶ原合戦後に浪人となった者で構成されており、佐野道可のように主君の密命を帯びて秀頼に加担した例は見受けられない。

秀吉子飼いの大名でさえ行っていない秀頼への隠れた加担が秀吉の恩に報いる一心、あるいは秀頼への同情から出たものとは考えられない。難攻不落の大坂城で持ち堪える間に家康が死去するなど不測の事態によって秀頼方が勝利すれば、当初から気脈を通じていた唯一の有力大名として、政権内における高い地位を獲得できるという野心に基づくものだったのであろう。しかし、輝元の淡い期待もむなしく大坂城は落城し、豊臣家は滅亡する。落城前に大坂から逃れた佐野道可であったが、この行動は幕府の知るところとなり、道可は自分の個人的な行動であり輝元とは無関係であると責任を一身に背負い、自害する。輝元は道可の行動とは無関係であると幕府が認めた道可の二人の子をも自害させ、幕府への忠誠心を示すことでこの危機を脱するのである。

関ヶ原合戦前夜の輝元の行動は、単なる野心のみに基づくものではなく、朝鮮侵略戦争など豊臣政権による政策の結果領国内に生じた課題を自己解決する意図も有しており、領国経営者としても一定の評価を与えることができる。

しかしながら、徳川家康との決定的な違いとして、①最終局面での決断力の欠如、②人望の無さをあげることができよう。①は西軍の総大将格になったものの、家康との直接戦闘を避け、大坂城から一歩も動かなかった点に表れている。②は、佐野道可事件のように自らの保身や欲望(家臣の妻を奪い、自らの側室にしたうえ、その家臣を殺害するという事件も引き起こしている)のためには家臣を切り捨てる狡猾さゆえである。野心という点では家康に匹敵しながら天下を取れなかったのは、このような欠点があったことも大きく影響しており、それは幼い頃から修羅場を潜り抜けてきた家康とは異なり、西国の覇者毛利元就の後継者として育てられたという三代目としてのひ弱さから生じた差だったのではなかろうか。

第三章追記

阿波占領に関連して、三宅正浩氏は、関ヶ原合戦直後の蜂須賀家政が「秋長」を名乗っていたこと、西軍に与した長宗我部盛親の領国土佐へ出兵することを計画していたことを論証した。阿波占領を直接的に論じたものではないが、家政の徳島城築城について考察した天野忠幸氏の論稿も注目される。そのほか、徳島城博物館における豊臣期蜂須賀氏に関する特別展図録も参照いただきたい。

伊予征服に関連して、西尾和美氏が伊予侵略軍の指揮官宍戸景世について次のような推論を提示した。

天正十六年四月二十七日付け高野山上蔵院宛宿坊証文に河野通直母らとともに連署している平岡太郎通賢と、天正十七年の追記のある（追記には「平岡殿御養子なり」とある）高野山上蔵院宛十二月五日付け書状を発給した宍戸弥太郎景世、「河野家御過去帳」において、文禄三年十月六日付けで通直母の菩提を弔っている宍戸善左衛門尉は同一人物であるとした（史料の典拠はいずれも「高野山上蔵院文書」）。また、その出自は河野氏家臣平岡家で、通直の後継者となることを期待されたが、実現しなかったため、宍戸家の養子になったと推測した。しかしこの人物は、文禄三年以降に宍戸掃部頭（景好）を名乗っているため、伊予侵略軍の指揮官宍戸景世は別人で、景世は景好の子、のちの元真であるとした。

西尾氏の推測に対する私見を述べておく。宍戸家が没落した河野氏の家臣の家から養子を迎えるメリットは乏しく、平岡家の一族の者が宍戸家の養子となったとの見解には疑問がある。一方で、『河野家譜築山本』には、通直の次代として「通軌　太郎、実ハ宍戸左衛門尉元秀カ子、通直之養之為子」と記されている。これらの事実から、次のように考えたい。

宍戸元秀の子が河野氏没落前に平岡家の養子となり、「平岡太郎通賢」を名乗っていたが、河野氏没落後の天正十七年頃、宍戸姓に戻り、宍戸弥太郎景世を名乗った。その後、文禄三年以前に宍戸善左衛門尉を名乗り、さらに、文禄五年以前に、宍戸掃部頭景好を名乗った。

関ヶ原前夜の毛利氏の伊予侵攻に当たっては、河野氏再興という大義名分のもとに、伊予国内の河野氏旧臣層や在地勢力を糾合するため、通直母の甥にあたるという関係から、景好が軍事指揮官とされたが、通直や通直母を弔った時点において名乗っていた官途名・実名を用いることが有効であると考え、「宍戸善左衛門尉景世」を名乗った。しかし合戦後には、侵攻時の「善左衛門尉景世」

を名乗るのは憚られたことから、「掃部頭景好」を名乗った。

私見も推論に過ぎない。景好（景世）の子孫はのちに彦根藩士となっており、毛利氏家臣期における史料が新たに発見されることを期待したい。

その他の伊予侵攻に関連する研究として、土居聡朋氏の論稿、山内譲氏の論稿・著書があげられる。前者は、宍戸景世らの九月十五日付け書状を受け取った武井宗意の人物像を明らかにしたもので、伊予国内側で経済的・政治的な実力を蓄えていた宗意にとって、旧知の元伊予の勢力による外側からの論理は効果のあるものではなかったとした。後者の論稿は伊予侵攻に加わっていた村上景房らの動向を追ったもの、著書においては、村上元吉の配下として参陣した島又兵衛の武功を記した覚書を用いて、合戦の様子を再現している。

伊予侵攻における土佐長宗我部氏の動向について、平井上総氏は、留守居の瀧本寺非遊らが毛利家からの依頼を断った可能性を指摘している。

豊後石垣原の戦いなど黒田如水の動向については、林千寿氏・白峰旬氏の研究があげられる。林氏は、如水の軍事行動の目的が領地の拡大にあったこと、如水のほか加藤清正の軍事行動によって九州において再分配可能な没収地が創出されたことなどを明らかにした。白峰氏は、如水と清正の軍事行動のプロセスについて詳しく分析し、秀吉死去後に惣無事令体制が崩壊して私戦が公然と復活したことを意味するとしている。

その後、大河ドラマ「軍師官兵衛」が放送された影響もあり、多くの著書・論稿が刊行・発表された。代表的なものとして、小和田哲男氏・渡邊大門氏の著書、三重野勝人氏の論稿があげられる。また、石垣原合戦について記した軍記類に関する研究として、守友隆氏の論稿があげられる。

豊前毛利氏については、吉成・吉政父子の人物像を描き出した今福匡氏の著書において、関ヶ原前後の動向が詳細に記述されている。

輝元の人物像に関連してとりあげた佐野道可事件について、堀智博氏は道可の大坂籠城を輝元の意志とは無関係であったとしている。

第四章　上杉景勝と直江兼続

この章のテーマ

この章では、関ヶ原合戦のきっかけを作ったとされる上杉景勝とその重臣直江兼続を取り上げる。

第二章で見たように、慶長五年七月の反徳川闘争決起は、上洛命令を拒否した五大老の一人上杉景勝を征討するため、会津へ出兵した隙に実行に移された。逆に言うと、家康が上方から離れない限り、決起することは困難だったものと考えられ、景勝の上洛拒否こそが関ヶ原合戦を招いたとされるのである。また、家康に会津征討を決意させたのは、豊臣政権の外交僧西笑承兌を通じて発せられた上洛命令に対して、痛烈に家康を批判した回答を突きつけた直江兼続の書状、いわゆる直江状であるとされる。

通説においては、このような景勝・兼続の行動は、石田三成との間に交わされた家康打倒に向けての事前謀議に基づくものだったとされるが、真実であろうか。

そこでまず、豊臣政権と上杉氏の関係について、特に、三成と兼続に注目して整理する。あわせて、関ヶ原前夜の上杉氏の動向に影響を及ぼしたと考えられる上杉氏家中の権力構造について考察する。次に、従来は家康の視点から描かれることの多かった会津征討の経過について、上杉氏の視点から再検討する。会津征討のきっかけを作ったとされる上杉氏家臣藤田信吉出奔事件にも着目したい。さらに、家康反転後に展開された上杉氏と周辺の東軍大名（堀氏、伊達氏、最上氏）との間の戦闘を追うとともに、上杉氏と連携していたとの説もある佐竹氏の動向についても考察する。
これらの考察を通じて、関ヶ原前夜の景勝・兼続の行動の真意を明らかにしていきたい。

一　越後から会津へ

秀吉政権の中の景勝

上杉景勝は上田長尾氏の長尾政景の次男として弘治元年（一五五五）に生まれた。母は長尾為景の娘、すなわち上杉謙信の姉であるから、謙信の甥にあたる。天正六年（一五七八）三月に謙信が急死すると、謙信の養子だった景勝と景虎（北条氏康の七男）の間で家督相続争い、いわゆる御館の乱が勃発した。翌天正七年、景勝は景虎を自害に追い込み、上杉氏領国の支配者となった。

この過程で景勝は武田勝頼と同盟を結んだが、実弟景虎を支援する北条氏政のほか、能登や越中をめぐって上杉氏と戦闘中だった織田信長の攻勢にさらされ、とりわけ、天正十年（一五八二）三月の武田

上杉家系図

長尾政景＝仙桃院
　├景勝
　└女＝景虎（北条氏康七男）
謙信
　├景虎（北条氏康七男）
　└景勝＝菊
武田信玄
　├菊
　└勝頼

勝頼滅亡後は織田軍が越中・信濃・上野の三方から迫るという危機的状況を迎えたが、本能寺の変による信長の急死により危機を脱した。

この折の主戦場である越中方面において織田軍を指揮していた柴田勝家は、天正十年末、信長亡き後の織田政権運営の主導権をめぐって羽柴秀吉と対立関係に至った。景勝の下へは勝家との連携によって京への復帰を狙う前将軍足利義昭から、勝家と和睦し、入京に協力するよう要請する書状が届いた。しかし、数年にわたる勝家との死闘によって多くの家臣を失い、また、信長の死後、能登や越中の回復を狙う景勝にとって勝家との和睦は論外であり、逆に勝家を牽制するために秀吉との連携を選んだ。

天正十一年二月六日、のちの五奉行増田長盛は景勝の側近直江兼続に対して「旧冬以来景勝様御内意須田相模守（満親）殿より御越され候趣、何れも一々申し聞き御報及ばれ候、即秀吉誓詞を以て申され候、然る上は殊に御入魂目出候」との書状（「須田文書」）を発し、翌七日には上杉氏家臣須田満親宛の秀吉書状も送られた。満親への書状から、二月四日に景勝からの起請文が秀吉に届き、それを受け、秀吉が起請文を返すことにより、秀吉と景勝の同盟が成立したことがわかり、その陰には増田長盛と直江兼続という関ヶ原に至る権力闘争において大きな役割を果たした二人の人物の連携があったのである。

さらに、秀吉書状の発せられた七日には、その書状の内容を補足する覚書が増田長盛・木村清久・石田三成の三名から発せられている。この当時はまだ佐吉と名乗っている石田三成と上杉氏の運命的な出会いである。また、長盛・清久・三成の三者による奏者体制は天正十五年まで確認されるが、天正十六年（一五八八）には長盛・三成の二者となり、天正十八年（一五九〇）からは大谷吉継がこれに加わるようになった。反徳川闘争を主導した人物の一人である吉継と上杉氏の密接な関係にも注目すべきであろう。

天正十四年に景勝は兼続らとともに初上洛し、秀吉による全国支配体制の下に組み込まれていく。この初上洛の際、石田三成は加賀まで出迎え、京までの道程に同行しており、上洛後は増田長盛や木村清久の接待を受けている。また、景勝は初上洛直後の天正十四年九月、秀吉から「関東その外隣国面々事、入魂次第申し次がるべく」（『上杉家文書』、以下『上』）との命を受け、東国諸大名の取次役を務めることとされた。「関東その外隣国面々」とは同日付け三成・長盛副書（『上』）から、北関東の諸大名と蘆名氏・伊達氏を指すことがわかる。ところが、同年十月ようやく上洛した徳川家康に対しても北条氏を含む東国諸大名の取次が委ねられた。

この両者の関係については、家康への委任によって景勝の役割はほとんどなくなったとする見解と、この後も景勝は家康と同格の立場であったとする見解が対立している。確かに、同年十一月四日の景勝宛秀吉書状（『上』）には「関東の儀家康と談合せしめ諸事相任す」とあるから、形式的には同格の立場にあったと言えるが、実際には家康が交渉に関与するケースがほとんどであり、景勝の関与は極めて少ない。これを矢部健太郎氏は景勝が公戦遂行、家康が取次という役割分担したものと理解している。

しかしながら、前述した（一五〇ページ参照）文禄四年の「坂東法度置目公事篇、順路憲法の上をもって、家康に申し付くべく候」という秀吉の言からすると、景勝を家康と同格の東国取次役とは評価し難い。豊臣政権に早くから協力していたにもかかわらず、自らが独占するはずであった東国諸大名の取次を家康によって侵害された景勝の心情は察せられる。地域的権益が重ならない毛利輝元と徳川家康が両立可能であったのに対し、景勝と家康の地域的権益は重なっており、両者は対立する宿命にあったと言えるのではなかろうか。

景勝家臣団と直江兼続

御館の乱において景勝を支持した勢力として、本来の景勝家臣団である上田長尾家の家臣達のほかに、以下の人物があげられる。謙信晩年期に政権中枢にあった人物として、初期から活動していた斎藤朝信のほか、阿賀北衆の新発田長敦・竹俣慶綱、新参の河田長親・山崎秀仙・鰺坂長実・吉江信景らがいる。さらに、外様の家臣としては、能登畠山氏の出身である上条政繁、信濃村上氏の出身である山浦国清、信濃の岩井信能、越中の長景連らがあげられる。その他、謙信初期からの奉行人であった直江景綱の養子信綱も景勝を支持していたほか、阿賀北衆（新発田・竹俣のほか、安田・水原・加地・五十公・中条・色部・本庄繁長ら）も景勝支持であった。なお、彼らが景勝を支持した背景には、上杉氏家中における権力争いが絡んでいたほか、自己の権益拡大を図ろうとする在地領主的論理に基づくケースも多く、御館の乱直後に景勝が一元的な支配体系を確立できたとは言えない。

また、景勝初期の奉行人組織は謙信晩年期の組織をほぼ引き継いでいた。すなわち、御館の乱期の奉行人は斎藤朝信・新発田長敦・竹俣慶綱の三人であり、その後、天正七年からは斎藤に代わって新発田長敦の実弟五十公重家（のちの新発田重家）が奉行人となっている。

ところが、天正七年後半に新発田長敦が没すると重家も自領に引き上げ、翌天正八年から奉行人としての慶綱の活動も見られなくなる。片桐昭彦氏の研究によると、従来は新発田長敦ら奉者が署判する様式の印判状だったのに対し、天正八年からは奉者は署判しない様式の印判状に変化するという。この段階において景勝は謙信期の領国支配機構を解体し、独自の支配機構を形成したと言えよう。

直江兼続（米沢市上杉博物館蔵）

ちょうどその頃から台頭してくるのが直江兼続である。兼続は上田長尾家家臣樋口兼豊の長男として永禄三年（一五六〇）に生まれた。景勝より五歳年少で、少年時には謙信に小姓として仕え、寵愛されたとされるが、史料上の初見は天正八年頃である。

当時は樋口与六を名乗っており、同年八月には景勝発給の奉書式印判状の奉者を務めている。兼続と同じようにこのころから奉者として登場するのが泉沢久秀や上村尚秀であり、いずれも上田長尾家家臣である。つまり、兼続は謙信期の領国支配機構の解体に伴って景勝に登用されたと考えるべきであり、謙信に寵愛されたとする伝承は疑わしい。

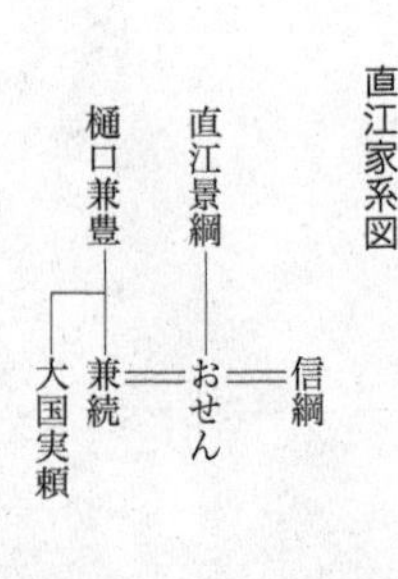

直江家系図

一方、天正八年の段階において外交交渉を担っていたのは謙信晩年期から引き続き山崎秀仙であり、上杉氏領国のすべての権力体系が景勝によって一新されたとは言えない。ところが、天正九年九月、春日山城内において給地に関する訴訟をめぐって不満を抱いていた国人越後毛利一族の毛利秀広が山崎秀仙を殺害し、秀広を止めようとした直江信綱も殺害されるという事件が起こった。このため、景勝は信綱の寡婦（直江景綱の娘）おせんと樋口与六を婚姻させ、与六に直江家を相続させた。このようにして、直江兼続が誕生した。

毛利秀広の起こした事件は景勝に思わぬ効果をもたらした。長尾家譜代家臣の筆頭格である直江家を、最も信用する側近に継がせることによって掌握するとともに、これ以降、外交交渉も兼続や新参の狩野秀治・信濃領主出身の須田満親ら景勝によって登用された者が担うようになったのだ。

とは言うものの、上条政繁や山浦国清ら上杉一門の政務への関与は天正八年以降も見受けられる上、天正九年に反旗を翻した新発田重家に代表されるように、阿賀北衆をはじめとする領国内の有力な国人領主の自律性は高く、天正十五年に重家を討伐した後も、本庄繁長が出羽庄内地方において自己の権益拡大に努めるなど、有力な国人領主の独自の動きを制御しきれない状態が続いた。領国惣検地も朝鮮侵略戦争以前には実施できず、景勝にとって一元的な支配体系を確立する道のりは険しかったと言わざるをえない。

執政兼続の台頭

有力な国人領主の自律性を否定し、一元的な支配体系を確立するために景勝や兼続が採った方策は、豊臣政権の力や権威を最大限に利用することであった。

庄内地方を実質支配していた本庄繁長は天正十八年、豊臣政権の奥羽仕置後に庄内で勃発した一揆の責任を追及され、本領の越後村上地方も含め所領没収処分を受けた。この処分の結果、庄内・村上地方にも景勝の直接的な支配権が及ぶこととなった。庄内の領有権は豊臣政権によって本庄繁長の子大宝寺義勝に認められたものであるから、この処分の主体も豊臣政権であろう。他方、繁長の本領村上地方は上杉氏分国内であるから、本来豊臣政権に直接処分権限はないにもかかわらず、村上地方の処分にまで豊臣政権が介入したことは何を意味するのであろうか。

これは、一揆勃発という惣無事違反行為に対する強権発動の面もあろうが、繁長を監督する義務のある景勝が何ら処分を受けず、逆に支配権を拡大させていることから推測すると、景勝の下に上杉氏領国を一元化することによって強力な親豊臣勢力を育成しようとする秀吉の狙いと、有力国人領主の自律性を否定しようとする景勝の狙いが一致した処分だったのではなかろうか。

また、文禄四年に上杉氏領国のうち越後と信濃で一斉に実施された検地は、上杉氏の奉行人のみによって行われたものもあるが、越後の蒲原・三島・頸城郡と信濃の更級郡においては増田長盛が検地奉行を務め、越後の魚沼郡においては豊臣政権の奉行人と上杉氏の奉行人が共同して行ったものである。毛利氏や第五章で見る宇喜多氏のほか、徳川氏領国の場合、豊臣政権が検地に直接関与した形跡はないが、この上杉氏や第六章で見る島津氏領国の場合、豊臣政権の奉行人が総指揮者となって検地を実施している。

豊臣政権奉行人が検地奉行を務めるメリットは何か。

上杉氏領国においては有力な国人領主の自律性が強く、在地支配権の根幹である領有土地の実態を景勝権力に完全に把握されてしまう検地の実施に対する抵抗は大きかった。また、景勝権力と有力な国人領主らの関係は人的結合によって支えられており、給人に与えられる石高とその反対給付としての軍役高も統一的な基準ではなく、個別の基準が適用されていた。このような伝統的な社会構造を変革することは、人的結合関係から脱することのできない上杉氏奉行人には困難であったから、景勝は非人格的な存在である豊臣政権奉行人に検地を委ねることにより、領国の変革を図ろうとしたものと考えられる。

有力な国人領主の自律性の強さという状況は同様であったが、毛利氏領国の惣国検地においては豊臣政権の関与を排除した結果、領国の変革は不十分に終わった。これに対して、景勝は豊臣政権の力を借りてでも自己への権力一元化を果たそうとしたのである。検地の実施された文禄四年に景勝はいわゆる五大老に就任しており、豊臣政権との関係強化が景勝権力の源泉だったと言えよう。

検地の実施により有力な国人領主の自律性を縮小することに景勝が成功した証左として、慶長二年（一五九七）に多くの大身家臣が一斉に改易されたことがあげられる。改易の対象となったのは阿賀北の本庄顕長・加地尚孝、中郡の斎藤景信、上郡の柿崎憲家、信濃の高梨頼親・須田景実、一門の山本寺九郎兵衛などである。改易理由は江戸期に作成された記録に依らざるをえないが、伏見の舟入普請における夫役負担を果たせなかったためとされている。夫役負担も従来の個別の基準から、検地の結果に基づく統一的な基準に変更されたものと考えられるから、大身の家臣の中には負担人数が急増するケースもあったものと推測され、その負担に耐えられない者あるいは故意に忌避する者も出たのであろう。景勝はこれらの者を見逃さず厳罰に処した。ここに景勝権力の絶対主義化傾向を見ることができる。

一方で、文禄五年（一五九六）・慶長二年には直江兼続の指揮の下、河村彦左衛門を検地奉行とする再検地が行われている。この検地は太閤検地の基準に則って行われた文禄四年の検地と異なり、上杉氏独自の方式で行われている。これは太閤検地の基準では在地の実態にそぐわず、現実の年貢徴収に適さなかったために実施されたものと考えられる。つまり、文禄四年の検地は在地の実態を把握することを目的としたものではなく、豊臣政権の権威を背景にした景勝権力への在地領主層の全面的服従という象徴的な意味を持ったものだったことを窺わせる。

文禄四年検地の上杉方総指揮、文禄五年・慶長二年の再検地の際の総指揮だけでなく、慶長二年の伏見舟入普請その他、豊臣政権から課された普請においても指揮を執ったのは直江兼続である。天正九年(一五八一)頃から兼続は上杉氏家中からの取次役や他国との外交窓口として活躍していたが、当初は尼子勝久旧臣で謙信に登用された狩野秀治や北信濃の領主に出自を持つ須田満親も同様の役割を果たしていた。ところが、天正十二年頃、秀治は死去し、満親も天正十四年の景勝初上洛に供奉しておらず、すでに高齢だったものと考えられることから、天正十四年頃には兼続は「執政」と呼ばれるような大きな権限を一手に握る存在となっていた。

毛利氏の場合も佐世元嘉ら輝元出頭人が朝鮮侵略戦争期に台頭しているが、兼続のような一人への権限集中は見られない。なぜ、兼続は絶大な権限を与えられたのであろうか。

第一に、文武両道に秀でた類いまれな能力を有していたこと、第二に若年時から景勝の側にあり、景勝から絶対の信頼を得ていたこと、第三に当初から豊臣政権との交渉に携わっていたため、秀吉や三成・長盛ら豊臣奉行人と親密な関係を構築しており、それゆえに、豊臣政権から兼続が単なる陪臣を超える扱いを受けていたことがあげられよう。

二点目について、天正十一年のものと思われる景勝書状（『上』）が如実に物語っている。兼続を派遣してほしいとの上条政繁の強い要望に対して景勝は「山城守（直江兼続）事は御存知の如く、よろず隙無う用所申し付くの間、公事沙汰に奉行同前に頓着申し候ては身の用所等必ず係わり申すべく候」「山城守（直江兼続）事種々用所際限これ無く候間、奉行いろいろ申し候事、なかなかこれ成るまじく候」と答えている。すなわち兼続は、その用務が多岐にわたっていたのであり、常に景勝の側にいないと領国の政務が滞るとされるほどの別格の存在であると景勝に認識されていたのである。

三点目について、兼続は伏見や名護屋において景勝とは別に屋敷を与えられている。また、文禄三年六月十九日の景勝宛石田三成書状（「越佐史料稿本」）には「貴殿在京交わさる時は山城（直江兼続）を爰許（大坂）に召し置かるべく候、又貴殿爰許（大坂）に御座候節は山城（直江兼続）出京せしめ、御成りの用意等仕り候様仰せ付けらるべく候」とあり、景勝と兼続が並列的に扱われていたことがわかる。

他方、兼続への権限集中は上杉氏家中に大きな変化をもたらした。前述した慶長二年の家中改易は、公儀普請を指揮する兼続に対する旧来勢力の反発が招いた一面もあったものと推測される。また、天正十四年の上条政繁の出奔も、兼続への権限集中と無縁ではなかろう。このような波紋が起ころうとも、兼続に対する景勝の重用は変わらなかっ作るのである。

なかった。強い紐帯で結ばれたこの二人の矜持が、関ヶ原合戦を引き起こすきっかけを

た。また、豊臣政権から並列的に扱われても、兼続の景勝に対する忠誠が変わることも

会津への国替え

慶長三年一月十日、景勝は秀吉から会津への国替えを命じられた。旧領のうち佐渡と出羽庄内を引き継ぎ(越後・信濃四郡は収公)、新たに会津・仙道及び出羽長井郡を与えられ、石高百二十万石余に達する加増である。

会津・仙道・長井郡は織田信長の娘婿蒲生氏郷の領有するところであったが、文禄四年二月に氏郷が死去し、その子秀行が後を継いでいた。しかし、秀行は家督相続当時十三歳と幼少であり、奥羽の統括者としての役割を果たすことは困難であった。さらに、秀行を補佐すべき重臣間にも争論が勃発し、蒲生氏家中は混乱状態に陥っている。秀吉の体調悪化による豊臣政権の不安定化を踏まえ、奥羽における混乱を防止し、また、徳川家康を牽制するためには、家康や伊達・最上などの奥羽諸大名と対等に渡り合える強力な大名を会津に配置する必要があった。そこで、秀行を下野宇都宮に減封し、景勝を会津に移封したのである。

長尾家父祖伝来の地である越後や、謙信が武田信玄との死闘を経て獲得した北信濃を手放すことに、景勝は抵抗しなかったのであろうか。

再検地に基づく給地の打ち渡しは年末ぎりぎりまで行われており、移封の予定は全く窺えない。ところが、秀吉から移封命令が発せられた一ヶ月後の二月十日には、石田三成の奉行衆に信濃の海津・長沼両城を引き渡す際の覚を兼続が発しており、秀吉の命令に従い移動の準備を着々と進めている様子が見られる。

九州征討の際、毛利氏の中国の所領の一部を収公し、豊前・筑前・筑後・肥後を与えるという朱印状が発せられたものの、結局実行されなかったように、江戸期の移封とは異なり、豊臣期における有力な大名の移封の場合、秀吉と当該大名の協議を経なければ移封は正式に実行されなかったのである。景勝も輝元同様五大老であるから、会津への移封も景勝の了解を得て実行されたものと考えられる。政権の不安定化リスクを考慮すると、景勝の抵抗を押し切って強引に移封することは考え難い。

では、なぜ景勝は移封を受け入れたのであろうか。

『上越市史』によると、慶長二年の再検地は家臣団給地の大幅入れ替えを企図したものであったという。上杉氏領国においては有力な国人領主の自律性が残存しており、その自律性の基盤は伝統的な在地支配にあった。これを解体するためには、給地替えによって領主と在地の強固な結び付きを切断する必要があり、統一された基準による検地は給地替えを可能にするための必要条件であった。慶長二年の再検地終了後、領国内におけ る入れ替えに着手した景勝に対して、豊臣政権から提示された会津への移封は、強制的に領主と在地の結び付きを切断できる絶好の機会とも言える。父祖の地を去るという感情論を除けば、自己の権力の絶対主義化をねらう景勝にとって、石高増に伴う経済基盤の強化という面を含め、この移封を拒否する理由はなかったであろう。

また、一月十日付け秀吉朱印状（『上』）には「その方家中侍の事は申すに及ばず、中間・小者に至るまで、奉公人たる者一人も残らず召し連れるべく候、（中略）但し、当時田畠を相抱え年貢沙汰せしめ、検地帳面の百姓に相究め者は一切召し連れまじく候」とある。また、二月十日の兼続覚（『信濃史料』所収）に「この中召し使い候桛者（かせもの）の儀は申すに及ばず、小者・中間なりとも、今度罷り下らず候わば、すなわち成敗いたすべき事」とあるように、この移封は兵農分離を徹底し、中世的な社会構造を変革するためにも有効な手段であったのである。

このような兵農分離策は移封先の会津においても徹底していた。二月十六日の兼続・三成連署掟書（『山形縣史』巻一所収）には「今まで藤三郎（蒲生秀行）殿抱えの領分、在々田地田畠少しも作り申し候者、先方衆召し連れ罷り上るともがら、堅く停止の間、自然召し連れられ候とて参り候者あらば、その身の事は申すに及ばず、部類曲事たるべし」とあり、少しでも農業を行っている者は百姓とし、秀行とともに移動することを禁止した。

なお、前述の北信濃諸城の受け取りが三成奉行人によって行われていること、二月十六日の掟書が兼続・三成連署であることに加え、三月四日にも兼続・三成連署（『覚上公御書集』、以下『覚』）で蒲生家家臣の移動に供する伝馬・人足の徴収などに関する「在々肝煎中」への命令が発せられ、さらに、四月十五日には藤井堰（ふじいぜき）（越後国刈羽郡）の管理に関する条書を三成が発している。これらの史料は、三成と兼続の連携によって会津への移封が実現したことを窺わせる。

二　会津征討

景勝、輝元、家康

慶長三年（一五九八）三月、景勝は帰国を許され新たな領国へ初入国した。家臣団への給地宛行や在地支配など課題は山積しており、そのまま領国経営に専念したい景勝であったが、秀吉の病状悪化に伴い、五大老として上洛する必要に迫られた。八月二十三日に伏見留守居の千坂景親に秀吉の病状を問い合わせる書状を送ると同時に、石田三成、増田長盛や徳川家康にも同様の書状を送った。しかし、その時にはすでに秀吉は死去しており、秀吉死去後の豊臣政権の政務を執行するため、景勝は急ぎ上洛する。伏見に到着したのは十月下旬と考えら

上杉景勝（米沢市上杉博物館蔵）

れる。

　この後、約一年間、景勝は上方に滞在し、五大老として活動する。その間、第一章で見たように、前田利家を中心とする勢力と家康を中心とする勢力の対立、石田三成失脚事件が起こっているが、景勝は常に三成と行動を共にしている。

　他方、石田三成が七将の襲撃を受け、輝元らと反撃の機会を窺っていた折、「内府（徳川家康）・景勝（上杉）縁辺の使、互いに増右（増田長盛）案内者にて調い候」という情報を輝元は得ており、景勝が増田長盛の仲介により家康と縁組を行おうとしていたことが判明する。景勝はこの背反行為について「公儀は上様御意のままと景勝は申さる由」と弁明しており、秀吉の遺命によりやむなく縁組したものだとしたが、輝元は「これもしれぬ物にて候」と景勝の真意を疑っている。

　景勝の真意はさておき、秀吉死去前後頃の景勝と徳川家の関係は比較的良好だった。例えば、前述のとおり、景勝は秀吉の病状に関する情報を家康から得ようとしていたし、慶長三年十月の上洛に際して事前に家康へ挨拶（あいさつ）している。また、家康の嫡子秀忠も同年九月に国替えの祝儀を景勝に贈っている。大坂城を親徳川派に占拠されるという不利な状況下において、景勝が家康との関係改善に傾いたとしても無理はなかろう。

　ところが、結局、この縁組は実現していない。三成失脚後、縁組について話し合われた形跡もない。なぜであろうか。第一章で見たように、この騒動の決着は景勝と輝元の連携によって図られた。その連携を契機として、景勝と輝元、そして引退に追い込まれた三成も含めた豊臣奉行衆や大谷吉継らは密かに反徳川闘争決起の決意を固めたものと推測される。そこで、景勝は徳川家との縁組を白紙に戻したのではないだろうか。

三成失脚後の慶長四年八月、景勝は兼続とともに再度帰国する。同年七月、従来からの所領である佐渡においては「仕置改」が発布され、在地支配体制が整えられつつあったが、旧蒲生氏領においては、文禄三年に実施された検地に基づく在地把握にとどまっており、上杉氏独自の支配を貫徹するためには当主景勝や執政兼続の帰国が不可欠であった。

帰国した景勝に対して家康は九月、十月、十一月に、秀忠も八月に書状を送り、上杉氏との友好関係を保とうとしている。一方で、家康は景勝帰国直後の九月には大坂城に入城し、豊臣政権の事実上の最高指導者としての地位を固めていく。景勝の帰国は十月の家康書状（『上』）に「其元仕置仰せ付けらるの由尤も候」とあることから、家康の勧めに従ったものである蓋然性が高い。景勝にとっても帰国は念願であったが、豊臣政権の掌握を狙う家康にとっても、形式的には同輩である大老の一人を政務から排除できる景勝の帰国は狙い通りだったのである。

藤田信吉出奔事件の真実

江戸期に成立した『会津陣物語』において、会津征討に向けて重要な役割を果たしたとされるのが上杉氏家臣藤田能登守信吉である。以下、『会津陣物語』の記述をまとめておく。

信吉は慶長五年正月、景勝の使者として上洛し、家康に年賀の祝詞を述べた際、家康から刀・銀などを拝領し、家康への奉公を誓った。その後、信吉は帰国したが、家康から贈答を受けたことが露見し、誅伐(ちゅうばつ)を受けそうな気配を察したので、三月十五日に上杉氏領国から退去した。信吉とともに退去した栗田刑部(くりたぎょうぶ)は岩井信能(いわいのぶよし)らの追手により妻子・家臣ともども討ち取られたが、信吉は追手を逃れ、三月二十三日江戸に至り、徳川秀忠に景勝が謀叛(むほん)を企てている旨注進した。これが会津征討のきっかけになったとされる。『覚上公御書集』においては、藤田信吉が二月十四日、妻子家臣等二百人を連れて上杉氏領国から退去し、下野国那須に駆け入り家康に仕えたとあり、月日は異なるが、『会津陣物語』の記述とほぼ合致している。しかしながら、この事件を記した一次史料はほとんど見当たらない。

原本が確認できず、その真偽について論争のあるいわゆる直江状(四月十四日付け西笑承兌宛直江兼続書状)が唯一のものであり、そこには「景勝家中藤田能登と申す者、去月半ば当国引き切り、江戸へ罷り移り、それより上洛仕る由候」「内々内府様(徳川家康)へ使者を以てなりとも申し述べらるべく候えども、(中略)家中よりは藤田引き切る条、逆心歴然と思し召すべく候」とある。すなわち、信吉は三月半ば上杉氏領国から退去し、江戸を経由して上洛、家康に景勝謀叛の旨を告げたとしており、『会津陣物語』や『覚上公御書集』と一致している。

しかし、直江状については原本が確認できず、偽文書とする意見もあり、もし『会津陣物語』や『覚上公御書集』の編纂以前に直江状が偽作されていたとすると、直江状は藤田信吉出奔事件を裏づける史料とはならなくなってしまう。そこで、その他の史料からこの事件について推測してみよう。

藤田信吉は武蔵国藤田庄を本拠とする国人領主藤田家の出身である。藤田家は関東管領山内上杉氏の家臣だったが、康邦の代に北条氏康に属し、さらに氏康の四男氏邦を養子とした。康邦の弟業国は用土氏を名乗り、氏邦に仕えた。その子新六郎がのちの藤田信吉である。信吉は天正六年の御館の乱を契機に北条氏領となった上野国沼田城に在番していたが、天正八年、真田昌幸の調略に応じて武田氏に属し、その後天正十年の武田氏滅亡まで沼田の支配にあたった。武田氏滅亡後は沼田から逃亡し、信濃に入ったらしく、織田信長死去後の景勝による北信濃制圧戦において「安（案）内者」として登場している。これ以後、上杉氏の家臣となった信吉は天正十年代前半、上条政繁らとともに信濃や上野方面の計略や在地支配に活躍している。

また、北条氏討伐の際には、上野の松井田城を守備する北条氏家臣大道寺政繁から「この度御意見候処、終に如何とも承らず事御心元無く候」「前々筋目と云い、貴辺、景勝様へ御取り成し憑み入り存じ候、直江殿折紙を以てこれまた御案内指し添えられ憑み入り候」という書状を受けている。このことから、松井田城の調略にあたっていたこと、景勝や兼続と他家の武将を取り次ぐ地位にあったことが判明する。結局、政繁は松井田城を開城し、鉢形・八王子城攻めの先兵となっているから、信吉の調略が成功したのであろう。

以上のような実績を買われた信吉は、文禄二年（一五九三）の上杉軍朝鮮渡海の際には景勝に従軍し、黒川・色部・竹俣・安田・高梨・加地ら有力な国人領主の部隊を率いる軍事指揮官となっている。「越後分限帳」においては石高二千八百八石余、「会津御在城分限帳」においては石高一万千石で、全家臣団中五位の大身となっている。信吉を上回る大身は直江兼続のほか、兼続の実弟大国実頼、上田衆登坂氏の出身である甘粕景継、景勝治世初期に政務を担った須田満親の後継者長義、信吉と同石高は会津三奉行の一人であった安田能元と蔵奉行泉沢久秀、景勝の近習清野長範である。つまり、本能寺の変後に仕官した新参としては異例の出世を信吉は遂げており、景勝の信頼も厚かったと考えられるのである。

このように景勝に重用されていた信吉が上杉氏から出奔したのはなぜであろうか。「会津御在城分限帳」における大身者の顔ぶれを見ると、若年と考えられる須田・清野を除くと兼続に近い人物で占められており、兼続に対抗しうる存在は信吉だけであった状況が窺える。しかしながら、会津への移封後には津川という領国内においては辺境の地に信吉は配置され、兼続執政体制はさらに強化されている。慶長二年の家中改易によって、朝鮮渡海時の軍事編成を通じて信吉と友好的な関係にあったと推測される有力な国人領主も、すでに景勝・兼続体制に従属させられており、孤立した信吉は自己の才能を活かせる場を求めて出奔したのであろう。信吉の背後に家康の勧誘があったという証拠はないが、関ヶ原合戦後、信吉は下野国西方において一万三千石を与えられており、家康の勝利に対する貢献が認められたものと推測される。

信吉とともに退去したとされる栗田刑部は信濃善光寺の別当栗田家の出身である。栗田刑部は文禄三年十月の秀吉の上杉邸御成に兼続や信吉とともに列席した際には永寿丸（えいじゅまる）を名乗っている。「越後分限帳」における石高は三千六百七十石余で「信州侍」の中では四番目の大身である。「会津御在城分限帳」においては刑部少を名乗っており、石高は八千五百石に増え、大森城主となっている。「信州侍」の中で栗田氏より大身であった芋川（いもかわ）越前守を逆転しており、冷遇されていたとは言えない。原本が確認できないため断定できないが、慶長五年九月三日の本庄繁長宛直江兼続書状（『山形縣史』編年文書）に「栗刑も相招かるべき候事」とあり、伊達氏との戦闘の最前線である白石城の後詰として在陣している蓋然性が高く、『会津陣物語』の記述は誤りであり、出奔した事実はなかったものと考えられる。

承兌書状と直江状

直江状については、前述のようにその真偽に論争があり、現時点で結論づけることはできない。そこで、直江状の内容を他の一次史料で確認することにより、会津征討に至る経緯を明らかにしたい。

直江状は四月一日付け直江兼続宛西笑承兌書状に対する返答である。西笑承兌は相国寺第九十二世住持を務めるとともに、五山禅僧を統括する地位に就き、秀吉の外交ブレーンとして活躍した人物であった。秀吉の死後も豊臣政権の外交僧としての役割を引き続き果たしている。また、兼続とは京で行われた和漢連句の会にしばしば同席するなど親密な関係にあった。承兌書状、兼続書状ともに長文であり、また、偽文書の可能性もあるため、重要点の要約を掲げる。

承兌書状の内容は次のとおりである。

⑴景勝の上洛が遅滞しているので家康は不審に思っている。上方においては景勝謀叛の噂があるので、伊奈図書（昭綱）と河村長門を派遣された。

⑵神指原に新城を普請され、越後との国境に道や橋を作られていることは適当ではない。

⑶景勝に異心がなければ起請文をもって弁明すること。

⑷景勝の律義は家康も知っているので弁明の理由が立てば異議はない。

⑸近国の堀監物（堀直政＝越後の大名堀秀治の執政）から景勝の動静について報告があったので陳謝が不可欠である。

⑹当春、北国の前田利長の問題が起こった際も家康によって静謐になった。それを戒めにすること。

⑺京の増田長盛・大谷吉継も万事家康と相談しているので、上洛を了解したら言ってくること。榊原康政へも言ってくること。

⑻景勝が上洛しないことがこのような事態を招いているので、一刻も早く上洛すること。

⑼会津では武具を集め、道や橋を作り、戦争準備しているとの上方の噂である。

⑽家康は朝鮮との交渉・出兵の問題について相談したいため、景勝に上洛を要請している。

⑾貴殿と私は数年間親しくさせていただいたので、上杉家の危機を救うためにこの書状を送る。


直江状の内容は次のとおりである。

A　四月一日の書状は昨日十三日に到着した。
B　景勝の上洛が延引していることについて種々の噂があるが、一昨年に国替えとなった後すぐに上洛し、昨年九月に帰国したので、今年の正月に上洛したのではいつ領国の仕置をしろと言うのか。また、当国は雪国なので十月から三月までは身動きが取れない。
C　景勝に異心がなければ起請文を提出しろと言うが、これまでに提出した数通の起請文が反故になるので、重ねて提出する必要はない。

D　太閤様（秀吉）以来、景勝が律義者であることは今も変わりない。

E　景勝は毛頭異心は抱いていないのに、讒人の言うことをよく究明しないで謀叛と決めつけられるとは残念だ。

F　前田利長の件を家康の思い通りに処理されたとのこと、その威光は大したものだ。

G　長盛・吉継が出頭しているとは目出たいことだ。康政は景勝の表向きの取次なのだから、景勝の謀叛が明らかであっても一応意見してくるべきなのに、そうしない。

H　謀叛の噂の第一である上洛の延引については以上のとおりである。

I　第二の武具を集めていることについて、上方の武士であれば人たらしの道具であろうが、田舎の武士は槍・鉄砲など戦闘の道具を支度するものだ。これはそれぞれの国の風俗なのだ。

J　第三の道・橋の普請は交通の便をよくするためのものであり、大名として当然の行為だ。越後においても普請を行っていたから、堀監物は知っているだろう。越後は本国なのだから侵略するのは簡単だ。上杉氏領国の境界においては越後以外でも普請を行っているが、堀以外は何も言っていない。景勝が謀叛するのであれば、領国境には堀を切って防戦の準備をする。普請の様子は江戸からの使者が白河口やその奥筋を見ているので尋ねて欲しい。それでも不審に思うのなら境目の様子を見に来たらよい。

K　嘘は言わないとのことだが、朝鮮が降参しなかったら出兵するとは全くの嘘であり、信用できない。

L　今年の三月に謙信の法要を行い、ようやく暇ができたので、夏には上洛するつもりで、国の仕置を在国中に調えるよう急いでいたところだ。

M　長盛・吉継からの使者が言うには、景勝謀叛の噂は穏便ではないので、異心がなければ上洛しろとの家康の意見とのことであるが、讒人の言っていることを正直にこちらにも伝えてそれを究明するべきなのに、異心がなければ上洛しろとは乳飲み子をあしらうようなものだ。讒人を究明しないのなら上洛はしない。

N　上杉氏家臣の藤田信吉が三月半ばに出奔し、江戸を経由して上洛したとのことなので、彼がすべて知っている。

O　景勝に異心はないが、上洛できないようにそちらが仕かけているので仕方ないことだ。家康の分別次第で上洛するが、たとえこのまま在国したとしても、秀吉の遺言に背き、起請文を破り、秀頼を見放し、こちらから手を出したのでは、天下を取っても悪人の汚名から逃れられず末代の恥辱なので、戦争は仕かけない。

P　景勝が謀叛して、隣国へ侵攻すると触れ回っているが、分別のない者がしていることなので聞く必要もない。

Q　内々に家康へ使者を派遣して弁明すればよいのだろうが、隣国の讒人がいろいろと吹き込み、家中からは藤田信吉が出奔したので、景勝の謀叛は明らかだと思われているところに使者を遣わしたのでは表裏者との汚名を着せられるから、以上のことを究明しない間は弁明しない。

謀叛の証拠なのか

さて、それでは、二つの書状を比較検討してみよう。まず、景勝謀叛の証拠として三点が挙げられていることがわかる。

一点目の上洛遅延（承兌書状の⑴・⑻、直江状のB・H・L・M・O）について、四月二十七日付け島津義久宛島津義弘書状（「旧記雑録」後編）に「長尾殿（上杉景勝）の上洛延引に付き、様子聞し召さるべきため、伊奈図書頭（昭綱）殿併に御奉行中よりも使者を相添えられ、去月十日伏見御打ち立ち会津へ下向候、必ず六月上旬の頃は上洛たるべく候条、御返事申し放され候わば、その返事に依り、内府様（徳川家康）御馬出らるべくに御定まり候」とある。徳川氏家臣伊奈昭綱（あきつな）を使者として派遣したのが三月十日であるから、景勝上洛遅延が問題になったのは慶長五年初頭頃と考えられる。

他方、三月二十一日の景勝宛徳川秀忠書状には「其元御普請以下仰せ付けらる由、尤もに存じ候、はたまた上方いよいよ静謐の由申し来り候、御心安かるべく候」とあり、普請は問題視されておらず、徳川氏との関係も険悪な状況にはない。また、上方も静謐であると秀忠は認識している。これは上方と東国における情報ギャップによるものと考えられるが、一ヶ月後の四月二十日付け堀尾忠氏宛秀忠書状（「大阪青山短期大学所蔵文書」）には「会津の儀仰せ越され候通りにて、只今の分には上洛仕るまじく候様に相聞こえ申し候」とあり、秀忠にも上洛延引の問題化は伝わっている。最上義光が五月初旬に得た情報もほぼ同様であり、景勝が上洛しないため家康が近日中に出馬する旨の触れがあったが、今、伊奈昭綱が使者として下向しているので、その返答次第であると認識している。

この時点における秀忠の認識は伊奈昭綱が会津から持ち帰った情報を得る前のものであり、昭綱の帰還により状況は一旦好転する。五月十八日付け森忠政宛秀忠書状（「森家先代実録」）には「会津の事、先書にも申し入らる如くに候、伊奈図書頭差し遣わされ候処、景勝上洛に相定めらるの由候間、右の吏者罷り上り候」とあり、昭綱に対して景勝は上洛することを約束したのである。ところが、結局、景勝は上洛しなかった。その経緯を示すのが、次の六月十日付け安田能元（よしもと）他四名宛景勝書状（「越後文書宝翰集」）である。

①このたび上洛成らず様子、第一家中無力、第二領分仕置のため、秋中まで延引の趣②奉行衆へ返答せしむの処、重ねて③逆心の讒言を以て是非上洛これ無くば、当郡に向かい行（てだて）及ばるべきの旨候、これに就き存分これ有ると雖も、元来逆心無き筋目に候条、④万事抛って上洛せしむべき覚悟に落着、併せて⑤讒人糺明の一ヶ条申し入れ候処、⑥是非無くただ相替わらず上洛とばかりこれ有りて、あまつさえ日限を以て催促、かくの如く押し詰められ、上洛の儀は如何としても成らず候、⑦数通の起請文も反故になり、堅約も好も入らず、讒人の糺明もこれ無き躰、時刻到来無二思い詰め候条、譜

代旧功牢人上下に依らず、右の趣、拠無く分別仕り候者は、供の用意申し付くべく候、自然分別無きを以て、理不尽の滅亡と述懐を存じ候者は、何者なりとも相違なく暇出すべく候、然れば上方勢下り候日限聞き届け次第、半途に打ち出すべく候、諸口の儀に候条、領分端々押し破られ、地下等心替わり仕るべく儀必然候、その時節或いは在所を心元無く存知、或いは妻子を捨て難き心中候者、当座の不覚末代の名を下すべく候条、日を兼ね肉を切りて存じ定むべく候、内々、仕置に疑心無く、無二の奉公存じ詰める者の糺明、直ちに申し出候者、人により遠慮これ有る候条、おのおの分別を以てきっと相究めらるべき者也

内容を見ていこう。まず、慶長五年初頭頃、景勝上洛延引の理由を奉行衆（増田長盛ら）が尋ねたところ（②）、景勝は家中の混乱と領国の仕置の必要性を理由として返答している（①）。この理由は直江状のBやLと合致する。ところが、この返答が讒言によって受け入れられず、即時上洛しなければ征討するとの命令が下された（③）。この際の使者が伊奈昭綱らであったものと考えられる。この命令を一旦景勝は受諾し上洛を決意している（④）。これは五月十八日付け秀忠書状と合致する。

しかし、上洛の条件として景勝が讒人の究明を強く要求したことが問題となる（⑤）。これは直江状のE・M・Qと合致する。景勝の要求に対し、家康は無条件での上洛を要求したため、景勝は上洛できない状況に追い込まれたとする（⑥）。これは直江状の

M・O・Qと合致する。なお、景勝は過去の起請文が反故になったと認識している⑦が、起請文提出を要求されたこと（承兌書状の⑶、直江状C）は記載していない。

直江状と合致する部分が多いものの、この書状を参考に直江状が偽作された可能性もあるため、直江状の真正を証明するとは言えないが、直江状記載の経緯がほぼ正しいことはこの書状から判明する。

次に、景勝謀叛の証拠の二点目とされた武具を集めていること（承兌書状の⑼、直江状I）と、三点目の道や橋の普請（承兌書状の⑵、直江状J）に関する史料を掲げる。国替え直後に帰国していた景勝が秀吉の死去後に上洛した際、留守居の会津三奉行に対して（慶長三年）十月十三日の書状（「大石文書」）において「諸堺仕置堅固に申付け、普請等油断無き由肝要候」と命じており、早い時期から景勝は領国境の警備を強化していたことがわかる。

翌慶長四年二月二日の安田能元他二名宛景勝書状（『覚』）にも「①其元諸堺相替わる儀無きの由簡要候、いよいよ仕置等油断あるべからず候、幷に②普請・作事事去年中し付け候通り、きっと成就専一候、③仙道筋々普請、春夏の間相究め、その地普請申し付くべきの由、書状遣わすの条、早々相届け、その心得成すべく候」とある。領国境の警備（①）に加え、神指（こうざし）城と考えられる新城の普請・作事（②）、領国内の支城の普請（③）を指示しており、新領国の仕置に景勝が腐心している様子が窺える。慶長四年八月に景勝が帰国した後の景勝発給文書は知行宛行や法がほとんどであり、武具を集めている様子は窺えない。普請も二月二日書状にあるように、居城神指城や仙道筋の支城であり、領国境の普請は明示されていない。また、道路については「庄内新道（庄内直路）」（「佐藤栄太郎氏採集文書」）、上杉氏領国の飛び地だった庄内地方と置賜（おきたま）地方を結ぶ交通網の整備に努めた様子が窺える。

以上の状況を踏まえると、謀叛の証拠とされた二・三点目について、通常の領国経営の範囲内であると景勝は認識していたものと考えられるから、讒言は謂（いわ）れのないものであり、讒人の究明を強く要求したことは謙信以来の誇りを傷つけられた景勝の意地であったと言うことができよう。それが拒否された時、征討を受けようとも上洛を拒否したのも、六月十日付け景勝書状の後半部が示すように表向きは武士としての意地を貫くためとしている。その背景に三成らとの連携があったか否かについては、この章の最後に検討したい。

家康による征討決定

讒人の究明を家康が拒否したことにより景勝は上洛を取り止めた。そこで、家康は景勝に異心があるものと決め付け、会津征討を決定する。征討決定の時期は五月末だったものと考えられる。六月一日の森忠政宛秀忠書状（「森家先代実録」）に「今月上旬内府（徳川家康）下国たるべくと申し来り候」とあり、すでに江戸の秀忠の下へも家康下向の情報は伝わっている。秀忠の得た情報では家康の下向は六月上旬とのことだったが、実際には十六日に大坂を発っている。また、六月二日に諸将に対して七月下旬に会津へ出陣する旨通知している。

家康や秀忠、彼らに同行した諸大名の動向については第二章で触れたので割愛し、ここでは上杉氏領国周辺の諸大名の動向について確認しておこう。六月十日の景勝書状にも「諸口」とあるように、会津征討は①白河口（家康・秀忠らの本隊）、②信夫口（伊達政宗）、③米沢口（最上義光、仙北諸大名）、④津川口（前田利長、堀秀治）、⑤仙道口（佐竹義宣）の五方面から進撃することとされたと言われる。

上杉領国地図

このうち、伊達政宗は六月八日に道中法度を定めて、同月十四日には大坂を出立して帰国の途についた。「片倉代々記」によると、磐城・相馬を経由して七月十二日に名取郡北目城に到着し、そのまま在陣したとされる。

米沢口については、七月七日付け最上義光宛家康書状（「書上古文書」）に「会津表出陣の儀、来る二十一日に相定め候、その表の衆同心有り、御参陣あるべく候、然れば最前申し候如く、小国表にて北国の人衆を相待ち、会津へ打ち入らるべく候」とある。この書状の使者となった中川忠重・津金胤久宛の同日付け家康書状（「書上古文書」）にさらに詳細な指示が記載されており、それによると、①南部・秋田・小野寺・六郷・戸沢・本堂の各氏は米沢口に出ること、②赤沢・仁賀保の各氏は庄内の抑えとすること、③北国勢が会津へ進攻する際には最上義光が先手となること、④南部・秋田・仙北諸大名は米沢の抑えとすることなどとしている。

さて、米沢口に出ることとされた大名はどのような行動を取ったのであろうか。軍記類によると、七月十三日には山形に集結したとされている。八月八日の秋田実季書状に対する返書である二十二日の実季宛榊原康政書状（「秋田家文書」）には、「最上まで御出陣候えども、まずもって御帰陣の由尤もの儀に御座候」とあり、一旦最上まで出陣した秋田軍が八月八日以前に帰国したことが判明する。家康からは二十一日に実季のほか仁賀保・六郷へ、これに先立つ十九日に南部・小野寺・六郷へ、それぞれ帰陣の指示が出されているが、おそらくそれ以前に諸将は帰国していたものと考えられる。

津川口については、七月七日の屋代秀正宛家康書状（「書上古文書」）において、①前田利長は北国筋から米沢を攻撃し、会津へ進攻すること、②屋代秀正が案内を務めること、③会津に進攻する際には最上義光と前田氏旗本を先手とすること、④堀秀治は津川筋へ出陣すること、村上義明・溝口秀勝のうち一人が前田氏の案内を務めることとしている。

この書状の③と七月七日付け最上義光宛家康書状の③は一致しており、最上などの部隊と前田・堀などの部隊は会津進攻の際は合流する予定であったと考えられる。なお、④の村上・溝口に対しては、六月十四日の時点で佐渡・庄内への攻撃を控えるよう指示が出ている。しかしながら、七月二十五日に軍律に関する禁制を発布して、出陣しようとした前田軍は、その直後に三成らの挙兵の報を得て、結局、会津への征討を中止している。また、越後においても後述するように一揆が勃発し、堀氏らの軍も進撃することはなかったのである。

佐竹義宣は七月十五日に軍法に関する定を発しており、この直後に出陣したものと考えられるが、『佐竹家譜』所収の七月二十四日付け義宣書状に「先だっては野陣へ早々越し候えと申し付け候えども、手前に赤館まで越さず候、いぜんはまず赤館に在陣尤も候」「あとあとの衆来り候とも赤館より外へは出ず、まず抑え置くべく候」とあり、積極的には進軍せず、佐竹氏領の北端部に位置する赤館（現在の福島県棚倉町）にとどまって情勢を窺っていたことがわかる。

これに対する上杉氏の対応は次のとおりであった。

家康・秀忠らの本隊の進攻が予想される白河口の守備のため、七月九日には芋川正親・平林正恒らに普請を命じている。これは白河城の普請と考えられるが、景勝は「夜白の嫌なく普請申し付くべく候」（『上杉家御年譜』）としており、非常に緊迫した状況が窺える。この白河には結城朝勝（宇都宮広綱の次男、結城晴朝の養子となったが、家康の次男秀康が結城家を相続したため廃嫡された）も入城し、白河口には岩井信能や島津忠直が在陣した。また、白河口の背後には甘粕景重が配置され、七月二十八日には門や橋の普請を行っている。景重は長沼城の在番であった蓋然性が高い。森山城にも城番が配置されていたが、城番主は特定できない（竹俣利綱の蓋然性が高い）。

次に、伊達氏領国の境目にある白石城主は甘粕景継であったが、景継は重臣として若松にいることが多く、実弟の登坂式部らが在番していた。また、その背後の梁川城に須田長義ら、福島城に青柳隼人佐・小田切安芸守・車丹波らが配置された。仙道筋においても二本松などに城番が置かれたようである。さらに、下野・越後との連絡口にある南山城には大国実頼が配置され、周辺の主要な峠の守備にもあたった。津川口にある津川城は藤田信吉が支城主だったところであるが、会津征討時の守備体制は不明である。後述するように、越後においては一揆を扇動しており、領国内で守備するつもりはなかったのかもしれない。最後に、庄内においては酒田城主の志駄義秀が守備につき、七月三日に「なまり玉」二千発を受け取るなど、着々と戦闘準備を進めていた。

ところが、第二章で見たように、家康は三成らの決起の報を受け、兵を反転させて西上したため、主戦場となるはずだった白河口における戦闘は起こらず、次節で触れるように上杉氏は伊達氏・最上氏との戦闘に突入していくことになる。

三　奥羽・越後の戦闘

堀直政の讒言

津川口から進攻する予定だった前田利長は、反徳川闘争決起の報を受けてその動きを止めた後、西軍に与同した隣接する山口宗永（やまぐちむねなが）・丹羽長重（にわながしげ）らとの戦闘に突入した。このため、この方面における上杉氏の敵は堀氏とその与力大名である村上義明・溝口秀勝となった。このうち、景勝謀叛の讒言を行った張本人である堀氏に対しては、旧領越後を回復するためにも積極的に打ち砕く戦略を採った。

そもそも、堀氏が景勝謀叛の讒言を行ったのはなぜなのか。『越後風土記』は、慶長二年に徴収した年貢をすべて上杉氏が移封先に持って行ったことをあげている。そのため、堀氏は財政難に陥り、結局、上杉氏から米を借用しなければならなくなり、さらに、その返還を強く迫られたことから恨みを抱いたとしている。

上杉氏と堀氏の間で年貢返還をめぐる争いが起こったことを示す一次史料は確認できないが、上杉氏が慶長二年に徴収した年貢のほとんどを移封先に持って行っていたことは、慶長三年二月十日の兼続条書（『上杉家御年譜』）から判明する。まず、「治部少輔（石田三成）殿より遣わされ候両人の奉行人へ扶持方米・馬の大豆、切手の通り海津・長沼にて相渡すべく候」とあり、信濃の川中島・海津・長沼三城を受け取りに下向した石田三成の奉行人に対しては扶持米（ふちまい）などを給付するように命じている。その一方で、「八木の儀は毎年の通りならば金銀を以て替えべく候、安く候わば夏中までも差し置き候て前々の如く駄賃にて越後へ遣わし舟にて登すべき事、（中略）山中麻年貢の儀、未だ相済まざるの由申し候、俄（にわ）かに調いかね候わば、何なりとも自余の物を以て召し置くべく候」とあり、徴収した年貢米が安価であればそのまま船で輸送し、平価以上であれば売却して、金銀に換えること、米以外の年貢で未徴収の場合は他の産物でもよいので急ぎ徴収することを指示している。

この条書は信濃の上杉氏領に関するものであるが、越後も同様だったものと考えられるから、堀氏が越後に入国した（慶長三年六月頃）時には、城館などの米蔵は空だったのではなかろうか。この年の年貢を徴収したのは九月頃であるから、三ヶ月の短期間であるが食糧としての米は不可欠であり、堀氏はやむなく上杉氏から米を借用するはめに陥る。同年十一月十八日付け山田喜右衛門宛景勝書状（『覚』）に「久太殿（堀秀治）借米念を入れ請け取り尤も候」とあり、慶長三年の年貢徴収後、上杉氏は堀氏に対して借米分の返済を強く迫っている。返済する米には当然利息分が付されたであろうから、堀氏の財政はさらに悪化したものと考えられる。

この財政難を打開するために堀氏は、入国直後から検地を実施し、年貢徴収の強化を図ろうとした。ところが、魚沼郡雲洞村の慶長参年検地帳を見ると、田全体の八十％が荒田となっており、さらにその九十％弱が「会津へ参る給人」が名請人となっている田である（池上裕子氏論文参照）。前述したように、武士階級は中間・小者・給人の被官に至るまですべて移封先に連れて行くこととされていたが、移封前には兵農未分離で手作を行っていた武士が多かったため、彼らが耕作していた土地が未耕作状態となってしまったのである。このような状況は、慶長三年に徴収できた年貢が本来の石高を大きく下回ったことを意味する。

つまり、堀氏の財政難は恒常的になったと考えられ、慶長二年の年貢を持ち去り、年貢を負担すべき耕作者を連れ去ってしまった上杉氏に堀氏が恨みを抱いたとしても不思議はない。これが景勝謀叛の讒言につながったものと推測される。

　他方、越後に残った百姓層に対する年貢の徴収は強化されたであろうから、百姓層の堀氏への不満も高まっており、一揆を誘発するには絶好の状況となっていた。そこで、景勝は七月初め頃から「越後口一揆の催などのため」（七月二十二日付け大国実頼宛兼続書状、「三公外史」所収文書）、松本伊豆守（伊賀守の誤読の可能性もある）と佐藤甚助を指揮官として、越後における会津からの侵入口にあたる上田表への兵の派遣を開始した。しかし、その兵力は多くなかったものと考えられ、松本・佐藤らの目的は一揆誘発のための工作にあったものと考えられる。つまり、戦闘部隊の主力は百姓層であったが、軍記類によると柿崎・斎藤・加地など慶長二年に改易された領主の一族が含まれており、当主が改易されたままで移封を迎えたため、越後に残らざるをえなかったかつての給人被官が参加していた可能性もある。他方、十月八日の堀親良（秀治の弟）宛徳川秀忠書状（『譜牒余録』）には「会津より物頭として斎藤・柿崎・丸田に一揆を加え、下田村に楯籠り候」とあり、柿崎・斎藤らは会津から派遣されたと認識されているから、上杉氏への帰参を条件に、浪人していた柿崎らを一揆勢に合流させたのであろう。

越後一揆を誘発させる

一揆の経過を見てみよう。

七月二十八日の山田喜右衛門宛兼続書状（「秋田藩家蔵文書」）に「一ヶ所二ヶ所にては心元無く候条、方々一度に申し付け尤も候」とあり、上杉氏は一揆を数箇所で一斉に蜂起（ほうき）させて、堀氏領国を混乱状態に陥れようとした。この戦略は、八月三日の山田宛兼続書状（「秋田藩家蔵文書」）に「越後一揆悉く起き候」とあることから成功したことがわかる。

また、この書状には一揆誘発に関するもう一つの戦略が示されている。「揚北の儀は村上・溝口両人別儀無く候条、必々無用に候、その外は久太郎（堀秀治）分の儀に候条、成り次第申し付くべく候」とあり、阿賀北を領有する堀氏の与力村上義明（本庄）・溝口秀勝（新発田）については上杉氏に与同する可能性もあると考えていることがわかる。とくに、溝口については同書状に「新発田の使者馳走せしめ道中異儀なきように念を入れ送り届くべく候」とあり、友好関係にあったのである。そのため、その領内における一揆の蜂起を禁止し、堀氏領内に限定するよう指示している。この措置は堀氏と村上・溝口両氏を分断する策でもあった。讒言を行った堀氏への報復の念が強かったのであろう。

同書状にはその他の指示も列挙されており、年貢を半免するなどの条件を提示して百姓層を勧誘したこと（「土貢の儀は半納ともよき様につもり申し付くべく候」）と、敵方が開城を申し出た場合には平穏に退去させること（「城々の儀は明け除け候者、除けさせ候て尤も候」）の二点が注目される。

山田への兼続の指示は続く。

翌四日の書状（「秋田藩家蔵文書」）には「阿賀北にはまずまず手を付けず、阿賀より春日山の方へ成り次第起こし候ように申し付くべく候、久太郎(堀秀治)も上方よりの御触れ状によって、此方次第と存ずる躰と聞こえ申し候、いわんや溝口・村上事は勿論候、侍の筋目、公儀に候条、両人領分はまずまず取除き尤も候、その外は成り次第申し付くべく候事」とある。堀氏も西軍に参加するとの情報を得たのであるが、傍線部から、兼続は「侍の筋目」を心得ず讒言を行った堀氏領内の攪乱(かくらん)をやめようとはしなかったことがわかる。

一方で、八月四日の書状には「まずまず一揆等に深く人数を遣わす事無用に候、太躰さえ済み候えば成る事に候条、その心得専一候、此方の儀、最上・政宗(伊達)討ち果たし候事輒(たやす)く候えども、内府(徳川家康)の手成知られず候まま、手をみきりこらえ候、指し向かい候一大事尤も慎み肝要に候」とあり、一揆勢に多くの援軍を送ることは控えていた。その理由は関東に家康がとどまり、どちらに向かうかわからないため、白河口に軍を配置しておく必要があり、越後に割ける兵力は少なかったからであろう。また、傍線部からは、当面、堀氏の会津への進攻を阻止できればよいとの認識が窺える。

八月初め、一揆勢は下倉城（魚沼郡）を攻撃して在番の小倉主膳（おぐらしゅぜん）を討ち取ったが、救援に来た堀直寄（なおより）（直政の三男）軍に敗れた。蒲原郡においては、八月四日に三条城を攻撃し、本城寺口・一木戸・河中島辺りで堀直次（なおつぐ）（直政の嫡子）らと激しい戦闘を展開したが撃退された。このような一揆勢の苦戦を受け、兼続は会津から援軍を送っている（「越後の儀、村・溝御別条無くとばかりにても相済まず候条、四五日以前堀兵殿を遣わし申し候、定めて相済むべく候」、同月十二日岩井信能宛兼続書状、『歴代古案』）。

ところが、同月二十五日付け西軍諸将宛景勝書状（『真田家文書』、以下『真』）に「越後の儀、（中略）秀頼様へ無二忠節の段、なかんずく越中へ動き等仰せ付けらるの由候条、羽久太（堀秀治）へも入魂せしむ旨申し届け候、一揆等も相静まり候、溝口・村上両人の儀は前廉より別儀なく候事」とあり、堀・村上・溝口いずれも西軍方なので、一揆も収まったとしている。実際に同月下旬に一揆は一旦沈静化した。ちょうどその頃、堀氏の下へ豊臣奉行衆から使者が到来している（「御奉行衆より御使者御報に付いて口上の趣仰せ渡さるべくため、能生泊（のうとまり）まで御越し候由承り候」、八月二十五日付け西山庄左衛門宛堀直政書状、『覚』）。

この使者が何を伝えたのかは明記されていないが、同月七日の佐竹義宣宛三成書状（「上杉氏白川軍記所収文書」）に「羽玖（久）太（堀秀治）も無二京家次第と申し付けられ、早々越中へ乱入らるべきの由申し越し候事」とあるから、西軍参加の意思を示した堀氏に対して、越中への乱入を催促する使者だったものと考えられる。

一方、徳川氏家臣榊原康政は堀氏の攻撃により一揆を鎮圧したものと認識している（「その表百姓等一揆を起こし、会津と一味を致し堺目へ相働き候と雖も、悉くに討ち果たしなされ、平均に仰せ付けられ候」、八月二十日付け堀親良宛榊原康政書状、『譜牒余録』）。

このような西軍と東軍の認識の差はどこから生まれたのか。推測になるが、各所で続発する一揆、それを支援する上杉軍に手を焼いた堀氏は、一揆勢の攻撃を抑えるため、真意は別として、豊臣奉行衆からの勧告を受け入れ、西軍に参加する意思を示したのではないか。一方で、堀氏は一揆を鎮圧したと家康らに報告し、東軍として戦闘していることを強調したと考えられる。つまり、二股（ふたまた）外交を展開していたのである。このような二股外交は堀氏に限らない。景勝が親上杉氏であると認識していた村上義明も家康に情報を送っており、越後の領主は上杉氏と徳川氏に挟まれ、また、続発する一揆に悩まされ、その去就を迷っていたのである。

しかしながら、そのような小手先の策でいつまでもごまかすことはできない。堀氏らは九月になると東軍に与同することを明確にしている。それは上杉氏の対応の変化によるのではなかろうか。すなわち、九月五日に広瀬（魚沼郡）、八日に大崎表・下田表

（蒲原郡）、十四日頃三条表（蒲原郡）において激しい戦闘が展開され、双方に多くの死傷者が出たが、堀秀治の書状には「敵罷り出で」「一揆罷り出で」などと表現されており、一揆方から攻撃を仕かけてきたと認識されている。この一揆の攻勢は、家康が九月一日に西上を開始したことと無縁ではあるまい。家康の動きを警戒して戦線の拡大を控えていた上杉氏が方針を転換し、越後への進攻を再開したと考えられよう。

結局、この戦闘が終息するのは、関ヶ原合戦の情報が伝わった十月初め頃である。つまり、最後まで、堀氏らは越後に釘づけにされ、会津へ進攻することはなかった。その意味では、景勝・兼続の狙いは成功したと言えよう。

佐竹義宣との同盟

前述したように、仙道口から進撃することとされた佐竹義宣は赤館にとどまり、上杉氏との戦闘を開始しようとはしなかった。この背景を探ってみよう。

そもそも、上杉氏と佐竹氏は景勝の養父謙信、義宣の祖父義昭の時から友好関係にあった。佐竹氏は謙信の関東進攻における最大の同盟者として、ともに北条氏と戦い続けた。景勝の代になってもこの友好関係は続いている。例えば、景勝が御館の乱に勝利した直後の天正七年六月頃、景勝は佐竹氏家臣梶原政景から書状を受け取っており、景虎を支援する北条氏に対抗して、佐竹氏は景勝を支持していたものと考えられる。織田信長の進攻時にも、景勝は佐竹氏との同盟により背後の北条氏の動きを封じようとし、信長の死後台頭した豊臣秀吉に天正十一年頃から接近した佐竹義重は、景勝に対しても秀吉との同盟を勧めている。初上洛後には、景勝は「関東諸家」の取次に任じられ、佐竹氏の取次の立場になった。その後、佐竹氏の取次的な役割は石田三成が果たすようになるが、佐竹義宣・上杉景勝ともに三成と親しく、この三者の友好関係が秀吉死後の政局においても重要な意味を持った。

すなわち、慶長四年閏三月のいわゆる七将による三成襲撃事件の際、三成を大坂城から脱出させたのは義宣だと言われている。景勝は毛利輝元とともにこの事件の解決に尽力し、輝元や三成との連携関係を再確認しているが、この連携の輪の中に義宣も入っていた蓋然性は高い。

佐竹義宣（天徳寺蔵）

会津征討時に義宣は出陣しているが、公儀の決定に基づく軍事行動を拒否することは困難であり、やむなく義宣は兵を出したものと推測され、その心中は複雑だっただろう。そんな中、七月二十日頃、義宣は三成決起の情報を得て、赤館にとどまった。ちょうどその頃、上杉氏は佐竹氏と親密な関係にあった相馬氏に使者を派遣しており、佐竹・相馬・岩城氏らに連携を呼びかけたものと考えられるが、会津征討の大軍を目前に上杉氏への与同を鮮明にすることは危険であり、当面、状況を見守ることにしたのである。

一方で、義宣は早速三成に連絡を取っている。八月七日の三成書状（『歴代古案』）に「①去月二十三日にその地を罷り立ち候飛脚異儀無く大坂へ罷り着き候、同月二十六日の御状も江佐（近江佐和山）において拝見、この飛脚大坂へ罷り通り候、追って帰し遣わし申すべく事」「②会津よりも度々到来に候、伊達・最上・相馬いずれも入魂申さる由候、③その国の儀もちろん会津必ず御入眼たるべく候、仰せ談ぜられ家康討ち果たさるべく行（てだて）この時候事」とある。三成決起の情報を得た後、七月二十三日・二十六日と続けざまに義宣は三成に書状を発しており、急いで情報を収集しようとしている様子が窺える（①）。三成が義宣と事前に示し合わせていたとは考えられないが、景勝も三成と連絡を取っており（②）、決起後には景勝・義宣との連携を重視していることがわかる（③）。八月一日付け真田昌幸宛長束正家・増田長盛書状（『真』）には「景勝・佐竹一味たるべく候」とあり、豊臣奉行衆は義宣の西軍参加を信じていた。

義宣は景勝にも連絡を取っている。八月五日付け岩井信能（のぶよし）宛兼続書状（『歴代古案』）に「佐竹より使者昨日罷り越し候、義宣より御断る如くは、今度上方の儀に付いて、内府（徳川家康）より証人乞われ候えども、不通に申し切り候条、定めて手切れこれあるべく候、左様に候わば、御加勢申し請けたくとの事に候条、ふかぶか請け申して使者帰し申し候」とあり、徳川家康から命じられた「証人」（人質）の提出を拒否した義宣が、徳川氏との手切れを覚悟し、景勝に支援を要請している。

その後も義宣は赤館にとどまっているが、水面下で上杉氏との同盟関係が成立していた。その仲介を行ったのは白川城に入城した結城(ゆうき)朝勝(ともかつ)である。朝勝は結城家を廃嫡された後、実家の宇都宮氏に戻り、慶長二年の宇都宮氏改易後は佐竹家に寄寓(きぐう)していた。母が佐竹義昭の娘であるから、義宣には従兄弟(いとこ)にあたる。

八月十九日の朝勝宛景勝書状（「秋田藩家蔵文書」）には「佐竹へ兼約に任せ、福島掃部助を以て申し述べ候、貴所より御念を入れられ、以来いよいよ御等閑無きように御才覚任せ入り候」とある。また、同日の朝勝宛兼続書状（「奈良文書」）にも「御肝煎を以て、佐竹・当方無二御入魂の処、我等式において満足この事に存じ候、然れば、兼約の如く使者を以て申し述べられ候条、貴殿様より御念を入れられ、いよいよ相分け申すよう に仰せ遣わさるべく候、（中略）追って小大蔵方（佐竹氏家臣小貫頼久）、景勝所へ誓詞仕られ候ように、貴所様よりよくよく仰せ遣わさるべく候」とある。これらの書状から、朝勝の仲介により同盟が成立したこと、佐竹氏に対して、起請文を景勝へ提出するとともに、東軍への軍事行動を起こすように迫っていることがわかる。

さらに、八月二十九日の朝勝宛兼続書状（「秋田藩家蔵文書」）には「中納言殿（徳川秀忠）、上州（上野国）帰陣の由、それ以来相替わる儀も候哉、聞こし召し届けられ仰せ聞きなされ候事、（中略）佐竹筋へ御相談候て江戸へ慥(たしか)なる目付遣わされ、かの表の様子聞こし召し届けらるべく候」とある。兼続は宇都宮から西上を開始した秀忠軍の動向を注視し、その情報を収集するとともに、佐竹氏を通じて江戸にとどまる家康の動向も探ろうとしていた。

このようにして上杉氏と佐竹氏の同盟関係は成立し、八月二十五日に弟蘆名盛重(もりしげ)を残して義宣は赤館から引き上げた。さらに上杉氏は、佐竹氏だけでなく、佐竹義宣の弟貞隆(さだたか)が当主であった岩城氏や佐竹氏と親密であった相馬氏も一味であると認識していたようである(八月十八日付け上杉氏家臣来次氏秀(きすぎうじひで)書状、「目の幸所収文書」)。

東国における反徳川派を結集しようとした景勝・兼続の戦略はどのようなものだったのであろうか。

八月二十五日の西軍諸将宛景勝書状(『真』)に「内府(徳川家康)は今月四日に小山より江戸へ打ち入られ候、則関東表罷り出ずべく処、最上・政宗見合せ、慮外の躰候条、きっと申し付け、(中略)但し、内府・上洛議定に候えば、佐竹相談せしめ、万事を抛(なげう)ち、関東乱入の支度油断無く候条、御心安かるべきの事」とあり、家康が江戸へ引き上げたので追撃しようと思ったが、伊達政宗と最上義光が東軍に与(くみ)したので、まずそちらを攻撃し、家康が西上したら伊達と最上は放っておいて、すぐに佐竹氏とともに江戸へ進撃するという戦略が示されている。

しかし、九月一日に家康が江戸を発った後も上杉氏は奥羽における戦闘を継続した。このことは、関東への進攻よりも奥羽の制圧を重視するという上杉氏の真意を示すとともに、佐竹氏の江戸進撃が期待できない状況にあったことと関係しているものと考えられる。八月十九日の書状において、起請文の提出を迫ったことから窺えるように、佐竹氏の動向には完全に信用できないものがあった。つまり、佐竹氏家中においても隠居した義重が東軍への与同を主張したとする記録があるように、意見の統一を図ることができておらず、軍事行動を起こせる状況になかったのだ。

結局、佐竹氏は上杉氏との同盟関係を継続する一方、九月十四日頃のものと考えられる片倉景綱宛伊達政宗書状（「片倉代々記」）には「佐竹より四郎右衛門（大和田成清）帰り候、一段懇ろなる返事どもにて候」とあり、伊達氏との友好的な関係が窺われる。また、九月二十一日の留守政景（るすまさかげ）宛政宗書状（「留守家文書」）には「佐竹よりも使者御座候、何様にも入魂ありたくにて候間、相馬事も佐（佐竹）次第たるべく候と存じ候」とあり、佐竹氏が伊達氏に連携を申し入れたことがわかる。つまり、佐竹氏は二股外交によって、御家存続を図る道を選んだのである。

このように佐竹氏は、家康に対して明確な敵対関係に至ることとなく関ヶ原合戦を迎えたが、結局のところ、親上杉氏の姿勢を追及され、秋田へ国替えとなっている。

伊達政宗との戦い

会津征討軍の中で最初に上杉氏と戦闘に入ったのは伊達氏であった。七月二十五日付け村越直吉（むらこしなおよし）宛政宗書状（「引証記」）に「昨日二十四日、白石表相働き候、①かねて御意の如く、その表直に相通る覚悟候ところに、②かの城堅固に相抱え候、然れば夫丸以下通路不自由たる躰見届け候間、則昨日申し付け町を始め二・三の丸まで取り破り申し候、本丸までに仕り候ところ、城中より頻（しきり）に降参仕り候間、相助命、則本丸請け取り申し候」とある。

すなわち、上方から下ってきた政宗の一行は相馬氏領を抜け、白石を通過して一旦伊達氏領へ帰ったうえで、家康ら本隊の白河口への攻撃にあわせて改めて信夫（伊達）口から攻撃するというのが家康の作戦だった（①）が、白石の守備体制が堅固で通過することが困難だったため（②）、政宗は攻撃を仕かけ、七月二十四日白石城を攻略したことがわかる。これは家康の作戦に背いた抜けがけ行為であったため、「この旨直書を以て申し上げ候、なお以て然るべきのよう御取合頼み奉り候」と、政宗は家康に弁解している。

さて、この白石城攻略は偶発的な事件だったのであろうか。同月十四日の福島城番宛兼続書状（「瑞流院所蔵文書」）には「①白石御仕置のため御検使并に甘備（甘粕景継）指し越され候条、手前の人数を以て白石まで送り届け、一両日中もかの地に逗留、②甘備（甘粕景継）帰路次第に打ち返すべく候」「③何時によらずかの地へ政宗打ち出し候わば、直に乗り出すべく候条、おのおの油断あるべからず候」とある。

すなわち、白石城は防衛体制強化のために普請中であった（①）が、城主甘粕景継は一旦帰城した後、再び会津若松へ引き返して不在だった（②）。また、伊達軍が進攻してきた場合、兼続も出陣する予定になっていた（③）。そこで、政宗は白石城の守備体制が万全となる前に攻撃したほうがよいと考え、帰路中途であるにもかかわらず、白石城を急襲したのではなかろうか。城主登坂式部らが強い抵抗を見せずに降伏し、そのまま伊達軍に加わった点から推測すると、事前に調略により内通させていた可能性もある。

七月二十五日の政宗書状には「明日桑折表へ参陣仕るべく候」とあり、政宗は白石からさらに南下し、上杉氏領国への進攻を続けたことがわかる。おそらく、白石城攻撃は予定どおりであり、本国からの部隊も合流していたものと考えられる。このような政宗の好戦的な姿勢は家康への忠誠心というより、領土拡張の野望、とりわけ、伊達氏発祥の地である伊達郡やかつての居城米沢、蘆名氏や佐竹氏との激烈な戦闘を経て獲得していた仙道・会津などを奪回したいという強い願望に基づくものであろう。

政宗は白石城攻略と並行して、いまだに旧主伊達氏に誼（よしみ）を通じる上杉氏領国内の郷村指導者層に決起を呼びかけ、一揆を誘発する作戦も行った。実際に、伊達郡の川俣や大館では古城に郷村指導者層が伊達氏の兵とともに立て籠（こも）るという一揆が勃発したが、いずれも福島城から出撃した上杉軍によって鎮圧され、伊達氏の将桜田某（なにがし）も討ち取られた。これを契機に上杉氏は反攻に転じる。川俣・大館の戦功を褒賞する七月二十七日付け兼続書状（『上杉家御年譜』、原史料により一部訂正）には、家康が反転したという情報とともに「白石に正宗（伊達政宗）これある由、則後詰め仰せ付け候、併せて此方の小旗まず見候わば、引き揚げ候わん、まずその表引き出し、討ち果たさるべきに相究め候」とある。兼続は白石口へ出陣し、政宗と雌雄を決する覚悟を示したのである。

上杉氏の反攻を前に政宗は、次のように訴えた（八月三日付け徳川氏家臣井伊直政・村越直吉宛書状、『伊』)。「白河表、会津への御乱入火急になされ候ように達して仰せ上げらるべく候、万一御手延べに候ては、必々諸口の覚違い、尚々御凶事出来申すべく由存ず事に候」「最上へも尚御使者遣わされ、長井筋へ取り懸けられ候ように然るべく候、今の分に候ては長井の人衆も心安く仙道筋へ打ち廻り申すべく候、たとえ深き事なり申さず候とも、手切仕られ候ように御下知第一に候」。

すなわち、三成・輝元らの挙兵の報に接し、家康が西上するのではないかと懸念して、前半部では、すぐに白河口から会津へ乱入しなければ、諸口の大名(佐竹や最上・堀氏など)が上杉氏に与する事態が発生するとし、後半部では、米沢の軍勢が伊達氏との戦闘に加わらないよう、最上氏に米沢方面へ進攻するよう使者を派遣して欲しいとしている。伊達氏単独では苦戦必至と考え、諸口からの進攻を求めたのである。

ところが、家康は八月五日、江戸へ帰城し、佐竹氏と相談のうえ、宇都宮に残した秀忠を白河口から進攻させるとの書状を政宗へ送ったが、上杉氏と気脈を通じていた佐竹氏は動かず、秀忠も宇都宮にとどまったままだった。一方の上杉氏は梁川城に加勢を送り、「政宗取り逃がさぬよう擬仕りたく候」(八月四日付け兼続書状、『上杉家御年譜』)と戦意盛んであった。米沢口の最上氏にも動きはなく、上杉氏と唯一交戦していた政宗は孤立しつつあった。

そこで、政宗は上杉氏との講和に動いた。八月十八日付け来次氏秀書状(「目の幸所収文書」)には「政宗も去七日に上方詰め承られ、これも内々申されようこれある由候事」とあり、八月七日に西軍に与同することを申し出ている。これに対して、兼続は政宗の真意を疑い、攻撃を続行するつもりだった。同月十三日、政宗が福島方面に進攻するとの情報があるため、後詰めして討ち果たすとの決意を福島在番衆に示しているし、同月二十三日にも白石表へ派兵するとともに、近日中に自らも出陣するとしていた。このような上杉氏の強硬姿勢を受け、また、家康が江戸から西上を開始したため、真意は別として、政宗は上杉氏との同盟交渉を望み、上杉氏もこれに応じることとなった。

九月三日付け本庄繁長宛兼続書状（『山形縣史』編年文書）には「奥口無事の事、両使御相談にて相済まらるべく候」「①御不足の儀候とも天下へ御奉公と思し召し、白石などの事に御構いなく、公儀さえよく候わば御調い尤も候」「②関東御出馬の砌（みぎり）、政宗御同陣申し上げられ候か、然らずんば、家老五・三人も相済み、人数五千も三千も相立てられ候て、万一、御弓矢御むずかしき事出来候とも、③関東御静謐中別心これなきよう御堅め第一

伊達政宗（東京大学史料編纂所所蔵模本）

に候事」とある。

ここにいたり兼続は、白石城攻略の件を赦免してでも、西軍勝利のために同盟締結を優先するとしている（①）。その理由は、この同盟が関東へ進攻するためには不可欠だったからであり（③）、関東進攻の際には伊達氏からも政宗本人か家老が従軍することが条件だった（②）。この交渉の結果は不明であるが、七月末の戦闘以来、上杉・伊達両軍が軍事衝突することはなく、交渉中は白石表でにらみ合ったままの状態が続くという効果をもたらした。

このような政宗の変心は、米沢口から進攻する予定の最上義光を慌てさせた。この方面においては最終的に合流する予定だった前田氏や堀氏の来軍は期待できず、ともに進攻する予定だった南部・秋田・小野寺・六郷・戸沢などの大名は家康の指示により帰陣し、最上氏は孤立しつつあった。

ところで、なぜ、家康はこれらの大名を帰陣させたのであろうか。推測になるが、西上を決意した家康は積極的に上杉氏領国に進攻することは避け、上杉氏が進攻した場合は食い止めるという作戦に変更したのではなかろうか。そのような守備的な作戦を採れば、にらみ合いが長期化する可能性があり、その際、遠路参陣した大名たちの不満が高まり、上杉氏の誘いに乗って寝返るかもしれない。そのリスクを避けるための措置だったものと考えたい。

最上義光との戦い

上杉氏と伊達氏の同盟交渉は最上氏を驚愕（きょうがく）させ、八月十八日、義光は兼続に書状（『上杉家御年譜』）を送り、事実上の降伏を申し出た。この書状には次のようにある。

今度当地へ御発向なさるべくと承るについて、書状を以て申し上げ候、①跡々より御家中の者同前に馳走仕り候事、（中略）②政宗儀は国元へ罷り下り、則御領分一口も二口も打ち破る慮外申し上げ候えども、お構いなく差し置かれ、拙者儀は右申し上ぐ通り、ぜひ御脚抱え入り申すべく覚悟に付いて、今日に到るまで御領分へ足軽一人も出し申さず候、慮外仕り候政宗事は差し置かれ、ぜひ頼み入るべくと存じ候拙者へ御手向の儀迷惑に存じ候事、（中略）右条々聞こし召し分けられくだされ候わば、③惣領修理大夫（最上義康）証人差し上げ、その外家中証人は二重も三重も御指図次第差し上げ申すべく候、④拙者儀は人数一万召し連れ、何方までも御用相立ち申すべく候間、然るべきよう仰せ上げられくださるべく候

義光は、白石城攻撃など上杉氏領国に進攻した政宗と同盟を結ぼうとし、全く進攻していない最上氏を攻撃するとの情報に接して驚き（②）、外様（とざま）の家臣並に奉公すること（①）、嫡子義康のほか、主だった家臣の人質も提出すること（③）、自らは兵を率いて命令どおり、どの方面にでも出撃すること（④）を誓っている。

この書状が功を奏し、二十一日の時点で最上攻めを準備していた上杉氏の動きは一旦止まった（次の書状①）。前記の九月三日付け兼続書状には「①最上の儀は政宗同前に付き、延々見合わせ候と聞こえ申す条、引き詰め承り届け候て、手堅く相済み候わば、最上存分の儀相調うべく、②自然相済み存ざずにて、日を送る体に候わば、外聞も然るべからず候条、一働き申し付くべく、左様に候わば、もし、③政宗より手切れに申し来り候とも、推し返し使者を遣わされ、先々無事御続け然るべく候」「④この口より奥口御出勢は最上手成り次第と存じ候」とある。

兼続は、最上氏との交渉決裂に備えて、政宗から同盟交渉を打ち切る旨通告があっても、伊達氏との交渉を続けるよう指示するとともに（③）、義光が交渉を引き延ばすようであれば交渉を打ち切り進攻すること（②）、最上氏との交渉が妥結すれば、伊達氏領へ進攻すること（④）としたのである。

結局、最上氏との交渉は妥結にいたらず、兼続は九月八日、最上攻めに出発した。十三日に畑谷（はたや）城を落とすと、その周辺の梁沢（やなざわ）・八沼（やつぬま）・左沢（あてらざわ）の各城も陥落し、また、庄内から進攻した上杉軍は白岩（しらいわ）・寒河江（さがえ）・谷地（やち）の各城を攻略した。最上氏の居城山形城に迫る勢いを見せる上杉軍に対して、家康・秀忠が西上を開始した徳川軍の救援はなく、困った義光は嫡子義康（よしやす）を派遣して、不仲だった甥政宗に救援を依頼している。依頼を受けた政宗は同月十六日、義光へ救援軍を送る旨返答した（『伊』）。しかし、自らは出陣せず（「南口、南部口今少し見合わせのため延引仕り候」）、叔父の留守政景を騎馬五百余、鉄砲七百とともに派遣することとした。上杉氏との休戦中に政宗は北隣の南部(なんぶ)氏領への進攻を企図しており、上杉氏との全面戦争は避けたいのが本音だったのだろう。

一方、政宗の真意を疑っていた兼続は留守政景派遣の報が入っていたと考えられる九月二十一日、景勝とともに若松にいた安田能元(よしもと)へ書状を送った(「秋田藩家蔵文書」)。その書状には「只今白河より申し来り候は、①上方散々に罷り成り候由相聞こえ申し候、左様に候えば、②関東口は心安く罷り成り候条、但馬守(大国実頼)米沢へ指し越され、自然政宗白石表か米沢辺へ相動き候時分、何方へなりとも懸け助け候ように仰せ上げられ尤も候、③当表の儀随分申し付け候条、見合わせ候て、御直馬の御左右申し上げ候儀もこれあるべく候、内々その御用意専一候」「④自然この口へ加勢か、又、政宗罷り出で候わば、両国ともに相済み候ように仕りたく候」とある。

兼続は、上方の西軍が優勢であるとの情報を得て(①)、宇都宮の結城秀康らの軍の進攻はないと考え、これに備えていた南山城の大国実頼を米沢に移し、政宗自身が白石表か米沢へ進攻してきた際に出撃できるよう準備させておくことを提案している(②)。さらに、景勝自身の出陣については、最上方面は当面必要ないものの、準備だけは整えておくこと(③)と、もし、米沢口へ加勢の軍あるいは政宗自身が出兵してきた場合は、最上・伊達両国を撃破するとの戦略を示している(④)。

このような上杉氏の準備に対し、政宗も覚悟を決め、二十一日になると最上への救援軍を追加派遣するとともに、自らが上杉氏領国へ進攻することを検討している(「白石口・相馬口に人衆丈夫に籠り置き、自身参るべきかと存じ候」、「留守家文書」）。二十四日の最上義光父子への書状（「東京大学史料編纂所所蔵文書」）には「何と招き申すとも景勝出馬思いもよらぬ事にて候、たとえ出馬候とも、左様に候わば、又、我等自身参り候て対陣仕り、この暮か明春には会津の隙も明け申すべくと存じ候」とあり、景勝の出陣はないだろうが、万一出陣してきた場合には政宗自身が対陣し、年末か年明けには会津を攻略するとの決意を示した。

さらに同書状には、「江戸御留守衆、又、三河殿（結城秀康）へも急々御人衆御出し候え由追々飛脚にて申し候」とあり、宇都宮の結城秀康や江戸の留守居にも救援を要請するとしているが、「二万か三万佐竹口の御用心に残され候て、その外にて白河口へと追々申し遣わし候」とあるように、伊達氏と友好関係を確認していた佐竹氏も完全に信用できる存在ではなく、秀康らの白河口からの大規模な進攻は現実的には困難であった。

この後の留守政景宛書状を見ると、政宗の戦略は二転三転したことがわかる。二十四日の書状には「其元へ会津などより増勢参りたるにも候条、今月二十九日に爰元罷り出、晦日に白石へ着陣候て、来朔日より伊達・信夫（しのぶ）筋へ相動き申すべく候」とあり、信夫（伊達）口から上杉氏領国へ進攻すると言ったかと思うと、二十七日書状には「伊達口へ調儀仕るべく由存じ候えども、その表見届けのためまず延引候」とあり、出陣を延期している。

このような政宗の揺らぎは二十五日の政景宛書状に「我等伊達口へ相働き候とて、会

一変する。そして、兼続の退却、庄内や伊達・信夫口における戦闘に移るのであるが、これについては付論において触れることとする。

三成との密約

いわゆる直江状において兼続が家康を挑発したのは、家康を奥羽に誘い出し、その隙に上方において三成らが挙兵するという事前の謀議に基づく行動だったとする説がある。『関原軍記大成』などの軍記類に所収されている六月二十日付け兼続宛三成書状がその根拠とされてきた。その内容は家康の出馬を報ずるとともに、挙兵の決意を伝え（「かねがね調略存分に任せ、天のたすけと祝着せしめ候」）、今後の作戦を協議する（「その表手段承りたく候」）というものである。しかしながら、この書状の原本は確認できず、軍記類にのみ見られる史料であることから偽文書と考えられる。越後国を景勝に与えるので、一揆を誘発するよう具体的に三成が指示している書状が七月十四日付けで出されているが、これも同様に偽文書であることは明らかだ。

他方、八月二十五日付け長束正家・増田長盛・石田三成・前田玄以・毛利輝元・宇喜多秀家宛景勝書状（『真』）は、その文言・内容から正文とみてよかろう。その冒頭には「太閤様御不慮以来、内府（徳川家康）御置目に背かれ、上巻・誓紙に違（たが）われ、ほしいままの仕合せ故、おのおの仰せ談ぜられ、御置目を立てられ、秀頼様御馳走の段肝要至極存じ候事」とあり、事前に謀議していたことは窺えない。

また、景勝や兼続に対するものではないが、挙兵直後の七月晦日、三成が真田昌幸に送った書状（『真』）には「まずもって今度意趣、かねて御知らせも申さず儀、御腹立ち余儀なく候、然れども内府在大坂中、諸侍の心いかにも計り難きに付いて、言発儀遠慮仕りおわんぬ」「いずれも隠密の節も申し入れ候ても、世上成り立たざるに付いては、御一人御心得候ても詮無き儀と思慮存ず」とある。これによると三成は、事前に挙兵を知らせてくれなかったことを責める昌幸に対して、他の武将は信用できないので、家康が大坂に居る間は知らせることができなかった、また、事前に知らせても実現しなかったら意味がないので知らせなかったとしている。景勝や兼続に対しても同様であり、慶長四年の帰国後に連絡を取った可能性はなかろう。

そもそも、会津征討前の景勝上洛問題の際、一旦景勝は上洛を決意している。家康を奥羽に誘い出すという戦略に合意していたのであれば、景勝の上洛は論外である。以上のように、三成と景勝・兼続の間に家康を奥羽に誘い出した隙に挙兵するという具体的な密約があったとは考えられない。

一方で、慶長四年閏三月の三成失脚事件の際も三成・景勝・輝元の連携が確認されたように、景勝・兼続と三成は強い信頼関係で結ばれており、家康が会津征討のため上方を留守にすれば、三成は必ず挙兵するだろうとの見込みを景勝・兼続が持っていた蓋然性は高い。家康が大坂を出立する直前の六月十日、庄内にいた上杉氏家臣来次氏秀は、五月十八日に大坂を発った船頭から聞いた「石治少へ佐和山を御借りなされ候えども、一切手切れの由候、これに就き、佐和山普請已下諸構にて引き籠られ候由候」（「杉山悦郎氏所蔵文書」）という情報を兼続配下の春日元忠に伝えている。

家康出立前に三成が佐和山城の貸与を拒否し、防備を固めたとのこの情報は虚報だったが、大軍の襲来を前にした景勝・兼続にとっては吉報だったに違いない。なお、この書状には福島正則も清州城の貸与を拒否したという情報が含まれており、この点を景勝・兼続が信じていたとすれば計算外が生じたことになる。

三成ら豊臣奉行衆は上杉氏をどのように見ていたのであろうか。八月一日の真田昌幸宛長束正家・増田長盛書状（『真』）には「景勝・佐竹一味たるべく候」とあり、上杉氏と佐竹氏は味方であると認識している。上方からの書状が奥羽に達するにはおよそ二週間を要するから、挙兵後に発した書状に対する返答から味方であると判断したものではなく、長束・増田の見込みと言うべきものであり、長束・増田が三成挙兵に賛同した要因として、上杉氏や佐竹氏も味方であるとの情報が大きかったことを窺わせる。

挙兵後に三成と上杉氏が連絡を取っていたことは、前記の八月七日の三成書状のほか、八月六日の清野長範宛兼続書状（「米沢上杉博物館蔵文書」）に「佐和山よりの使者召し出され、御懇ろ然るべく存じ奉り候、拙者罷り着き本書参り候わば、御返報相調え、上させ申すべく候」とあることからわかる。八月六日の書状の三成からの使者は案文を持参しており、その内容は不明だが、単なる情勢報告ではなく、三成と兼続が協議のうえ決める内容だったことが窺える。推測になるが、その内容とは今後の戦略だったのかもしれない。

景勝・兼続の本音

そこで、上杉氏がどのような戦略を採ったのかを考察してみよう。

佐竹義宣の動向の項で触れたが、家康が江戸へ引き上げた後の戦略は、すぐに家康を追撃するのではなく、東軍に与した伊達政宗と最上義光を撃破することを優先し、家康が江戸から西上した場合は、伊達・最上攻撃を中止し、佐竹氏とともに江戸へ進撃するというものだった。このような戦略を採ったのは、家康との対決には上杉氏の兵力をほとんどすべて注ぎ込む必要があったが、伊達・最上両氏の戦闘能力を奪う前に江戸へ進撃した場合、空となった領国を侵略される恐れがあったからである。

ところが家康・秀忠は、伊達・最上氏がともに上杉氏に講和を申し入れ、上杉氏もその交渉に入った最中に西上を開始した。上杉氏と伊達・最上氏との講和交渉の情報を、家康がどの程度得ていたのかはわからない。家康の指示により伊達・最上氏が偽計で講和を申し込み、家康らの西上後に交渉を打ち切って戦闘状態に入らせ、上杉軍の関東進攻を食い止めたという可能性もある。しかしながら、この仮説は、上方における戦闘が短期間で終結したという結果論から導かれるものであり、もし長引いた場合には伊達・最上両氏を撃破した後、上杉軍が関東へ進攻することも可能であるから、仮に家康が講和交渉を知りながら西上したとすれば、危険な賭けだったとも思える。

さらに、伊達・最上氏は少なくとも表面的には膝を屈する形で講和を申し入れており、景勝・兼続が関東進攻を優先するのであれば、講和条件を緩和してでも完全に休戦することが可能だった。けれども、景勝・兼続は伊達・最上氏のいずれかと講和する気はあっても、双方と講和する気はなかったことが明らかである。つまり、景勝・兼続の本音は奥羽・越後を制圧し、一大領国を形成することにあったと考えられるのである。

伊達・最上氏以外の関東以北の大名のうち、佐竹・岩城・相馬氏は上杉氏と同盟関係にあり、由利衆や小野寺氏も上杉氏に気脈を通じていた（「由利は庄内一味仕り候、小野寺殿も同前に候」、八月十二日付け岩井信能宛兼続書状、「鈴木文書」）。そのほか、戸沢氏や南部氏も秋田実季によって上杉氏への与同を疑われている。南部氏については政宗も、前記の九月二十九日付け書状において「南部境も種々難しく御座候を、我等使者を遣わし候て、上方の御様子又御為逆意存ぜずの旨少しも候わば、南口に人衆残し置き、我等馬廻ばかりにて南部へ罷り出候とも、即時に申し付くべく候条、いかが候わんと脅しかけ候えば、一段困り候て、今は何様にもと申す事候間、近日、仙北よりも最上へ手切れ候て景勝へ一味の由候間、近辺と申し南部より仙北へ後詰め仕り候え由申し付け候」としており、上杉氏に与同する動きがあったとしている。さらには、秋田氏も最上義光によって上杉氏への与同を疑われるという状況にあったから、実際には伊達・最上氏以外の奥羽の小大名はほとんど上杉氏へも気脈を通じるという日和見的な態度だったのだろう。よって、伊達・最上氏を打倒すれば、奥羽越佐の覇王となりえたのである。

家康が秀忠とともに多くの兵を率いて西上したのは、このような景勝・兼続の本音を見抜いていたからであり、上杉氏の関東への大規模な進攻は当面ないことを知っていたからであろう。

となると、上杉氏による関東進攻は全くなかったのであろうか。八月一日付け毛利氏家臣益田元祥宛毛利輝元書状（「譜録」）には「宇都宮・真田・日光山一揆、蜂起の由注進候」とあり、上方においては八月初頭に、実際に西軍に与同した真田昌幸と並んで、宇都宮氏と日光山が西軍与同したものと認識されている。

また、上杉氏と佐竹氏の同盟を仲介した結城朝勝は、前記の八月二十九日付け兼続書状において「宮領百姓ども申し寄り候由尤も候、下郡仕置き相済み次第出馬申さるべく候間、その節ひとかど忠節仕り候ように内々仰せ調え尤も候」という指示を受けている。「宮領」とは下野国日光山領のことと考えられる。朝勝は日光山に隣接する宇都宮家の出身であるから、白川城の守備だけでなく、下野へ南下するに先立つ調略をも担っていたと考えられる。下野の諸大名は蒲生秀行をはじめすべて東軍に与して、家康・秀忠の西上後も下野にとどまり上杉氏に備えていたが、百姓層の中には越後一揆の場合と同様に領主の支配に抵抗する動きがあり、そのような百姓層の一揆を誘発し、下野の東軍方大名を攪乱しようとしたのである。

さらに、前記七月二十二日付け兼続書状に「鶴淵（つるがふち）山見立て奇特候、殊更普請以下丈夫に申し付け、鹿沼右衛門に相渡さるの由尤も候事」とあり、南山城主大国実頼の指揮の下、七月半ばに会津方面から下野へ入った場所に立地する鶴淵山を占拠している。鶴淵山においては九月になると普請が行われ、塩谷伯耆守・桜井三介・山田修理亮・栗林政頼・鹿沼右衛門が在番として置かれている（「井上昇三氏所蔵文書」）。

また、江戸期に成立した『継志集』には、東軍に属する那須衆の伊王野氏と上杉氏の間で九月十四日、関山合戦が起こったことが記されている。慶長六年のものと考えられる五月十一日付け徳川氏家臣岡部長盛・服部保英・那須衆大関資増連署書状（「大嶋文書」）に「今度、関山か、又白川において御働きの刻、注進あるべきの由感じ入り候」とあり、実際に戦闘があったことがわかる。

ところが、関山の位置については白河市あるいは伊王野領大畑地区とされ、明確ではない。九月十四日という日付が正しいとすると、秀康軍が宇都宮から動かないにもかかわらず、小大名の伊王野氏が上杉氏領国に進攻することは考え難い。鶴淵と同様に上杉軍あるいは一揆勢が伊王野氏領の軍事拠点を攻撃した戦闘だったのではなかろうか。

このように、上杉氏は下野国内において百姓層の一揆を誘発し、軍事拠点を確保する動きを見せていた。これが宇都宮の結城秀康や下野の東軍諸大名、江戸留守居軍の白河口への進攻を抑止するには十分な役割を果たし、対伊達・最上戦争への専念を可能にしたのである。

最後に、奥羽諸大名の関ヶ原前夜の動向についてまとめておきたい。上杉氏は奥羽越佐の覇王を目指した。これに対して、伊達氏は当初、上杉氏領国への進攻に積極的であったが、家康ら会津征討軍本隊が反転すると、消極的な姿勢に転じて、上杉氏との講和を模索している。秋田氏、南部氏ら中小規模の大名は終始日和見であった。最上氏も日和見だったが、上杉氏の野望の標的となり、戦闘に巻き込まれていった。いずれにしても、伊達氏以下の大名は、自らの所領を守ることが最優先の課題であり、家康に対する忠誠心から東軍に参加したわけではなかったのである。

第四章追記

単行本刊行前後に大河ドラマ「天地人」が放送された影響もあり、本章に関連する著書・論稿は多い。このため、本書の記述に直接言及した見解のみ私見を述べることとし、その他の文献については代表的なものを簡単に紹介するにとどめる。ご海容いただきたい。

会津征討のきっかけを作ったとされる藤田信吉の人物像を明らかにした研究として、黒田基樹氏・志村平治氏の著書、荒川善夫氏の論稿があげられる。

次に、高橋明氏は一九一ページに記した会津征討の陣立てを正確でないとし、左記のように推測している。

家康本軍は白河口から攻め入り、伊達政宗は刈田郡から攻め入って、本軍に合流する。南部利直・秋田実季と小野寺義道・六郷政乗・戸沢政盛・本堂茂親等仙北衆は最上口に出て米沢を抑える。最上義光は小国に前田利長を迎え、自らは先手となって檜原から会津に攻め入る。利長には溝口秀勝・村上頼勝のいずれかが案内者となって随う。堀秀治は秀勝・頼勝のいずれかを率いて津川筋から会津に攻め入る。赤沢弾正忠・仁賀保挙誠の由利衆は庄内を抑える。

高橋氏の記述が史料に則った正確なものである。あわせて、一九二ページの七月七日付け家康書状の「北国表」を「小国表」に訂正した。

今福匡氏は、二一五ページの九月二十一日付け直江兼続書状における「上方散々に罷り成り」という語句について、「上方」は東西両軍のいずれかを示すものではなく、上方で武力闘争が生じていることを意味するとした。非常に重要な指摘であるが、解釈は難解であり、現時点で断定することは保留したい。

阿部哲人氏は、慶長五年における上杉景勝の軍事行動には、実力による領土拡張を目指す意図は見出せず、あくまでも上方西軍の動向、中央政局に連動する戦略であったとした。また、景勝は関東出兵を現実的に考えていたとしている。

上杉氏の軍事行動が中央政局と連動していること、表面的には関東出兵への意思を示していることは指摘のとおりである。本書で「景勝・兼続の本音は奥羽・越後を制圧し、一大領国を形成することにあった」としたのは、関東出兵より奥羽・越後の制圧の方を、当面の間は優先的に考えていたのではないかという推測に基づくものであり、奥羽・越後や上方の情勢によっては関東出兵が実現した可能性は否定できないと考えたい。

また、直江状の真偽などに関する研究として、白峰旬氏・渡邊大門氏の著書、宮本義己氏・木村康裕氏・福原圭一氏の論稿があげられる。その他、石田三成と上杉氏の関係について考察した太田浩司氏の論稿、関ヶ原前後の上杉氏の動向を一次史料から追った研究として笠谷和比古氏の著書、高橋充氏・高橋明氏・本間宏氏・阿部哲人氏の論稿、越後一揆の背景や経過を詳細に考察した片桐昭彦氏の論稿、下野黒羽城主大関資増の情報収集活動や伊達政宗との連携に着目した新井敦史氏の論稿も参照いただきたい。さらに、石田明夫氏や中田正光・三池純正氏らによって城郭に着目した研究も進んでいる。

最上義光に関する研究も深化している。

本書に直接的に関係するものとして、二一三ページの八月十八日付け義光書状について偽文書の可能性を指摘した片桐繁雄氏の見解があげられる。正文を確認できないものであり、史料として用いることには慎重であるべきであった。この点は反省したい。

その他、会津征討において、義光が出羽の諸将および陸奥の南部氏を統率する権限を与えられたことに着目した阿部哲人氏の論稿のほか、義光の人物像をまとめた伊藤清郎氏・松尾剛次氏の著書においても、関ヶ原前後の最上氏の動向に多くの紙幅が割かれている。とりわけ、松尾氏著書には多くの一次史料が引用され、義光のみならず、上杉氏・伊達氏・仙北衆の動向が鮮明に描き出されている。これらの文献についても参照いただきたい。

なお、松尾氏の調査により、本書二〇九ページの七月二十七日付け兼続書状の原史料が発見され、単行本における誤読が明らかになったため、松尾氏著書収載の写真及び釈文に従い訂正した。単行本に記した上杉勢・伊達勢の動向を見直す必要のある誤読ではなかったが、写本に依ることの危険性を示す一例といえよう。自省したい。

本書においては十分に触れることができなかったが、佐竹氏の関ヶ原前後の動向については、森木悠介氏の論稿があげられる。また、泉正人氏が喜連川家と徳川氏の関係について考察する中で、二二五ページの関山合戦について言及している。

軍記類からアプローチした直近の研究としては、三浦一朗氏の論稿があげられる。また金子拓氏は、『武辺噺聞書（ぶへんばなしききがき）』の記述が一次史料と矛盾しないことを論証している。

第五章　若き「五大老」宇喜多秀家

この章のテーマ

この章では、廃藩置県まで大名家として存続した毛利氏・上杉氏・島津氏とは異なり、関ヶ原合戦後、逃亡生活を送り、最終的に南海の孤島八丈島へ配流された宇喜多秀家を取り上げる。

右のような経緯から、宇喜多家に相伝した文書はほとんど残されていない。また、宇喜多氏家臣団は、家康によって大名・旗本に取り立てられた者、他家へ仕官した者、帰農した者などさまざまな道を選んだため、家臣団の所蔵する文書が、毛利氏の『萩藩閥閲録』のような信用性の高い編纂物にまとめられることはなかった。

このような史料的制約から、宇喜多氏に関する研究は他大名に比べ、遅れていたが、宇喜多詮家・戸川達安ら宇喜多氏重臣層が、秀家と対立して家中から退去したとされる慶長五年一月の家中騒動については、数名の研究者によって言及されている。この騒動が関ヶ原合戦における宇喜多氏家中の動向に大きな影響を与えたとする点は共通しているが、家中騒動の原因については、各研究者の意見が対立している。柴田一氏は、作合否定に対する土豪層の反発であるとし、谷口澄夫氏は、譜代家臣の対立であるとする。また、しらが康義氏は、兵農分離政策、朝鮮侵略への動員に対する土豪層の反発であるとし、久保健一郎氏は、境目の領主としての矛盾の表れとする。

そこで、この章ではまず、家中騒動の原因を探るため、その前提となる豊臣期宇喜多氏家中の権力構造について考察する。次に、家中騒動の経過及び原因について再検討する。近年、大西泰正氏が家中騒動の経緯や、騒動が宇喜多氏及び当該期の政局に与えた意味についての論考を発表され、学ぶべき点が多い。最後に、慶長五年の反徳川闘争決起から関ヶ原の戦場に至るまでの秀家の動向を追うとともに、東軍に参加した宇喜多氏家臣の動向にも着目していきたい。

一　遅れてきた戦国大名、宇喜多氏の変容

直家から秀家へ

宇喜多秀家の父直家(なおいえ)は毛利氏と連携して、天正三年（一五七五）九月、備前(びぜん)・美作(みまさか)・西播磨(はりま)にわたる領国を形成していた戦国大名浦上宗景(うらがみむねかげ)の居城天神山城を攻略し、宗景を播磨国へ追いやった。この戦闘はかつての主君を滅ぼすという典型的な下剋上(げこくじょう)と捉(とら)えられることが多かったが、直家は浦上宗景家中には一貫して包摂されていなかったと考えられるので、本来は播磨国を本拠としていた浦上氏を宇喜多氏などの備前の国人領主が連合して追放したと捉えるべきである。

この戦闘を通じて、宇喜多氏家臣団は形成されていった。つまり、浦上氏の従属下にあった天神山周辺の国人領主である明石・延原(のぶはら)氏らが宇喜多氏に応じたことが勝利の原動力となったと考えられ、ゆえに明石・延原氏らはある程度の自立性を保ったまま、宇

喜多氏に服属したものと思われる。また、江原・原田・沼元ら美作国南部の国人領主もこの戦闘にあたって宗景の従属下から脱し、直家と行動をともにしたようであり、彼らと宇喜多氏の関係も当初は同盟関係に近かったものと考えられる。宇喜多氏譜代とされる戸川・長船(おさふね)・岡らについては後述するが、宇喜多氏領国形成当初の家臣団形成が同盟関係を基軸としていたことは、直家の子秀家期の権力構造にも大きな影響を及ぼしていることを指摘しておきたい。

さて、浦上宗景の追放により備前国をほぼ制圧した直家であったが、備前国の児島(こじま)郡や美作国の北部は毛利氏の支配下にあった。また、備前国北西部の国人伊賀氏は宇喜多氏と同盟する自立した領主であったし、宇喜多氏自身も毛利氏の軍事的従属下にあった。このため、直家は天正三年以降、播磨国をめぐる毛利氏の対織田戦争に再三駆り出されており、このような毛利氏の従属下からの脱却を目指して備前・美作南部の国人領主層とともに立ち上がったのが、天正七年の信長への服属であった。直家を織田方に引き入れたのは羽柴秀吉の働きであり、この後、直家は秀吉と軍事行動をともにすることになったのである。

ところが、毛利氏との戦闘の最中、直家はその波乱に満ちた生涯を終える。その死期についてははっきりしない。天正九年二月とする記録もあるが、一次史料からは、少なくとも天正九年八月まで毛利氏は直家存命と認識している。また、信長も天正九年十一月、直家の病気が再発しもはや回復しないだろうと言っており、この時点まで直家存命と認識している。このように直家の死去した時期がはっきりしないのは、戦闘の継続する中、直家の死が敵である毛利氏のみならず味方にも秘されたことに起因するものと考えられる。

直家の跡を継いだ秀家は元亀三年（一五七二）生まれとされる。その母は直家の死後、

宇喜多家系図

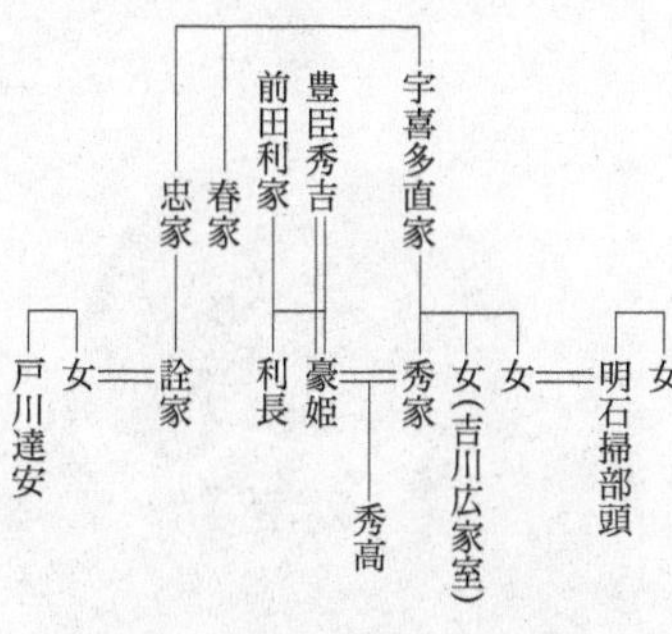

人質として秀吉のもとに送られたが、秀家母が絶世の美女であったため秀吉は彼女を寵愛し、その寵愛ゆえに秀家も秀吉の養子となり、備前・美作と備中・播磨の一部を領有する豊臣一門の大名として五大老にまでなったとされてきた。

秀家の母についても謎が多い。美作国高田城を本拠とする国人領主三浦貞広の室が、三浦氏没落後、直家に再嫁したとする記録もあるが、貞広の没落は浦上宗景と同様、天正三年であるからありえない。もう一つの説は、永禄七〜八年（一五六四〜六五）頃、三村家親により死に追い込まれた三浦貞勝（貞広の従兄弟）の室が高田城落城時に落ち延び、その後直家の室となり秀家を生んだとするものである。秀家母の生年は天文十八年（一五四九）であり（『兼見卿記』天正十八年

宇喜多秀家画像（岡山市蔵）

六月二十一日条に四十二歳とある）、高田城落城時は十六〜七歳ということになる。この当時の武家女性の婚姻年齢はかなり早かったから、貞勝室であったとする説も成り立つが、貞勝との間に桃寿丸という子（秀家の異父兄とされる）がいたとする点には出産年齢を考えると疑問が残る。三浦貞勝室ではなく三浦一族の娘という可能性もあろう。

また、秀家には同母姉がおり、前記の『兼見卿記』によると天正十八年に二十歳であるから元亀二年（一五七一）生まれとなる。秀家とは一歳違いであり、秀家母と直家の婚姻は永禄末年頃だったことを窺わせる。なお、この姉は吉川広家の室となった人物である。

さて、直家死去時の秀家は十歳前後の幼主であり、秀吉の取次により信長から家督相続を承認されたものの、その直後の本能寺の変により信長が死去し、毛利氏と秀吉の和睦交渉もなかなか決着しない状況下において、宇喜多氏の領国支配は不安定化していた。そこで、宇喜多氏の採った戦略は秀吉との結び付きを強めることであったから、前述のように、秀家母が人質として秀吉のもとに赴いて、秀吉の寵愛を受け入れ、また、秀家も秀吉の養子となったとされてきた。

しかし、秀吉の寵愛を受けたとするのは『陰徳記』に基づくものであり、一次史料からその事実は窺えない。人質となった蓋然性は高いが、少なくとも天正十八年以前には在国していることが確認される。また、文禄二年五月に秀吉から朝鮮侵略の状況や秀家の動向を知らせられた「ふく」という女性が秀家母であり、この書状（「葉上文書」）をもって秀吉と秀家母の親密な関係を示すものとする説もあるが、この当時には格の高い女性に対する書状の宛名は実名としないのが通例であり、「ふく」を秀家母に比定することには疑問がある。フロイスの『日本史』において秀吉にキリシタン助命の嘆願を行った秀家乳母がこの「ふく」である可能性もあろう。

長船・岡・戸川の三家による集団指導体制

宇喜多家を相続した秀家発給文書の初見は「美作古簡集」所収の天正九年二月十四日のものであるが、この年号は異筆であった蓋然性が高く信用できない。一方、天正十年のものと推定される三月四日付け羽柴秀吉書状（「岡本逸二氏所蔵文書」）の宛名は「明飛」「一郎兵」「平右」「又左」「平内」の五名となっている。秀吉書状の内容は備前への出兵を知らせるものである。同年のものと推定される金山寺宛四月十日付け書状（「金山寺文書」）の差出人は宇喜多（長船）又左衛門貞親・富川（戸川）平右衛門秀安・岡平内家利・宇垣一郎兵衛入道宗寿の四名であり、秀吉書状の「明飛」を除く四名と一致している。

「明飛」とは明石飛騨守行雄のことである。明石氏は播磨・備前・美作国の守護だった赤松氏の有力な被官であり、行雄の家系は播磨明石氏の庶家が備前に移り住み、在地領主化したものと考えられる。行雄は浦上宗景が備前国を支配下に収める過程でその従属下に入ったが、永禄十年（一五六七）には延原氏などとともに村の境目相論を裁判しており、その地位は単なる奉行人ではなく、宗景家中における意思決定機関の構成員だった。

このような意思決定方法は、浦上宗景家中の権力構造が国人領主連合の域を脱していなかったことを示しているが、前述したとおり、明石氏など国人領主の与同によって宗景打倒に成功した宇喜多氏家中の権力構造も宗景家中の性格を引き継いでおり、とりわけ直家の死去直後の秀家幼年期にはその性格が露になっている。先の秀吉書状の宛名が明石など五名になっていることはその事実を如実に物語っている。一方で、明石行雄は四月十日付け書状の連署には加わっていない。このことは明石氏が宇喜多氏家中において半独立的な性格を持っており、宇喜多氏領国全体の政務を掌る行政機構には参画しないものの、軍事指揮官としては宇喜多氏家中において重要な地位を占めていたことを表している。

長船貞親・戸川秀安・岡家利・宇垣宗寿は直家死後の宇喜多氏領国全体の政務を掌る行政機構において実質的な最高意思決定機能を担った四人であり、明石氏とは異なり宇喜多氏の譜代家臣と考えられてきた。

しかし、宇垣氏は備前国津高郡宇垣郷を名字の地とする領主で、金川を本拠とする地頭松田氏に服属していたことが知られる。しかし、永禄十一年の直家による金川城攻略前に宗寿が松田氏と対立して金川城を退去し（「金川内輪不慮により延世・為安・宇一おのおの退去候」、『不受不施遺芳』）、宇喜多氏に服属したのであり、譜代家臣とは言い難い。

また、長船氏は備前国邑久郡靭負郷内の長船を名字とする領主、岡氏は同国磐梨郡岡、あるいは御野郡鹿田庄内の岡を名字とする領主と考えられる。いずれも直家の祖父能家期の宇喜多氏が支配していた金岡荘や豊原荘を本拠としておらず、古くからの譜代家臣ではなく、直家が勢力を拡大していく過程で家臣化したものと推測される。

戸川氏については『戸川記』によると備後国の出身で門田氏を称していたが、秀安が幼少の頃父が亡くなり、母の姉婿である美作国の戸川氏を頼ったことから戸川氏を称するようになったとされる。その後、秀安の母が宇喜多直家の弟忠家の乳母となり、その縁で秀安も宇喜多氏に仕えるようになったと伝えられ、直家股肱の臣に位置づけられている。現在の津山市に中世の宿として繁栄した戸川町という地名が存在するから、戸川秀安は美作国の国人領主の血をひくという点については信用できるが、その他の記述の真偽は定かではなく、秀安の宇喜多氏への出仕時期も判然としない。

以上のように、秀家幼少期における宇喜多氏領国全体の政務を担った四人はいずれも譜代家臣とは言えず、秀家相続時においても、依然として宇喜多氏家中の権力構造は国人領主連合としての性格が濃かったと言えよう。

この集団指導体制は、天正十一年以降の活動が窺えない宇垣宗寿を除く長船・岡・戸川の三家に固定され、文禄四年頃まで続いている。長船家では天正十六年に貞親が横死したが、嫡子の紀伊守が後を継ぎ、岡家でも家利の嫡子越前守、戸川家でも秀安の子達安が後を継ぎ、宇喜多氏領国全体の政務を分掌している。つまり、この三家による指導体制は既得権化していたのである。

専制化する秀家

家督相続時にはまだ幼かった秀家であったが、天正十二年には秀吉と毛利氏との「国分」が確定し、父直家期の実効支配地である備前一国と播磨の一部に加え、大半は毛利氏が支配していた美作一国や備中の一部を秀吉から与えられ、全国でも屈指の有力大名へと飛躍した。また、天正十五年（一五八七）には参議、文禄三年には権中納言に任官している。このような秀家の栄達の要因として、秀家の母を秀吉が寵愛したためとする説を先に紹介したが、史料上は確認できない。

秀家が秀吉の養子となったとする説については、秀吉の養女（前田利家娘）と婚姻したことを指すものであり、於次秀勝や姉の子秀次・秀勝、北政所の甥秀秋のような純粋な養子とは異なっているものと考えられる。しかし、通称豪姫と呼ばれる秀吉養女は、織田信長や徳川家康がしばしば行ったような政略結婚のための形式的な養女ではなく、幼いころより秀吉夫妻が養育した最愛の養女であった。したがって、その娘婿となった秀家の栄達は豪姫との婚姻によるところが大だったものと考えられる。なお、二人の婚姻時期については天正十七年とする説もあるが、天正十二年九月六日の北政所侍女いわ宛秀吉書状（「東京大学所蔵文書」）に「五もし（豪姫）・八郎（宇喜多秀家）かたより小袖給い候」とあることから、これ以前に婚儀は整っている。

こうして、秀家は秀吉の縁戚（えんせき）として、また、屈指の有力大名として、豊臣政権による全国統一戦争に参加し、さらに、朝鮮侵略戦争においても一軍の指揮官として出兵している。このような軍事面での活躍に比べると、前述のように領国の政務は長船・岡・戸川の三家が中心となっており、秀家といえども独断専行することは困難であった。豊臣政権内での高い地位とは裏腹に、領国における権限は制限されたものであり、成長した秀家はこのような状況に不満を抱いたものと考えられる。

そこで、秀家は朝鮮侵略戦争前後から直属の出頭人的奉行人を登用していく。とりわけ、文禄三～五年に実施された領国全土にわたる検地が宇喜多氏家中の権力構造を大きく転換させる契機となった。この検地に基づき発給された寺領帳などには長船・岡・戸川三家の与力が連署しているケースも多く、集団指導体制の存続が窺われるが、検地奉行として実務を主導していたのは「赤穂真殿村検地帳」に連署している浮田（うきた）河内守・浮田土佐守らであると考えられる。

浮田河内守については、子孫（鳥取藩士）の家に伝来する遠藤家系図では、備前国鳥取荘の郷村指導者層であった遠藤弥八郎と同一人物とされる。弥八郎は天文年間末期から永禄年間初頭には浦上政宗に従属して浦上宗景との戦闘に参加しているが、宗景による政宗勢力の備前からの放逐に伴い、宗景とともに政宗勢力を攻撃した宇喜多直家の従属下に入ったものと考えられる。よって、遠藤家も当初は直家を主導者とする国人領主連合の構成員だったわけであるが、河内守は直家と対立した三村家親を鉄砲で暗殺したとされるように、単なる国人領主ではなく、異才に恵まれた人物だったようで、直家の信頼も厚く、浮田姓を賜っていた。しかし、直家期には政務に関与した形跡はなく、秀家期、とりわけ、文禄年間以降に検地のほか、農政の統括や寺社の管理に活躍している。

浮田土佐守とは浦上宗景家中における意思決定機関の構成員だった延原土佐守のことである。宗景と直家との抗争にあたって直家方に寝返り、宗景敗北の原因を作った人物であるが、浮田河内守と同様に直家期には政務に関与した形跡はなく、秀家期に政務への関与が始まっている。河内守との共同業務に従事しているほか、後述する浮田太郎左衛門とともに村落を治める代官の指揮にもあたっている。

その他、秀家期に台頭する奉行人として、宇喜多一族とされる浮田管兵衛・浮田太郎左衛門があげられる。前者は直家の叔父義家の孫、後者は直家の叔父五郎左衛門の子と伝えられるが、一次史料において直家の叔父の存在を確認することはできない。浮田姓は河内守や土佐守の例からもわかるように、擬制的同族集団を形成するために直家あるいは秀家から賜姓されているケースが多く、管兵衛や太郎左衛門も本来は宇喜多一族ではなかった可能性もある。出自に関する伝承はないが、岡山町奉行を務めた浮田覚兵衛も宇喜多家系図には見当たらず、賜姓された蓋然性が高い。

　奉行人として活躍するもう一人の人物は中村次郎兵衛である。のちに家中騒動の火種となる次郎兵衛は秀家正室豪姫の付人として前田家から遣わされたとされる。江戸期においても大名正室の輿入れの際には生家から家臣が随行するケースが見受けられ、その家臣は文化的教養や家政管理能力に秀でた者が選ばれていた。おそらく次郎兵衛もそのような能力を備えた人物であり、かつ、豊臣政権との交渉能力・人脈にも卓越していたであろうから、秀家の信認も厚かったのである。

　これらの人物は、浮田河内守のように初期段階においては軍事面で活躍したケースも見受けられるが、いずれにしても行政実務担当能力を見込まれて秀家に登用されていったものと考えられる。また、長船・岡・戸川の三家が比較的早い時期（天文年間頃）に直家の被官となったのに対し、河内守は永禄年間、土佐守は天正三年に直家に臣従しており、宇喜多氏家中においては外様的な位置づけだった点に特徴がある。秀家は外様的な家臣の中から行政実務担当能力に優れたものを抜擢し、浮田姓を授けることによって秀家個人に忠誠を誓わせて出頭人的奉行人集団を形成する一方、長船、岡、戸川の三家や宇喜多詮家（直家弟忠家の子）を宇喜多氏領国全体の政務から排除し、出頭人的奉行人集団による政務掌握を成し遂げたのである。事実、三家や詮家の宇喜多氏領国全体政務への関与は、文禄五年以降全く見受けられない。

なお、長船紀伊守は江戸期に成立した軍記類などによると、伏見城普請の際に秀吉に認められ、中村次郎兵衛や浮田太郎左衛門・浮田土佐守らとともに専横を行った「佞人（ねいじん）」とされる。しかし、秀吉との関係は、高松城水攻め後に人質として上方に留め置かれたことから生じたものであり、文禄期には主に上方にあって、長束正家や増田長盛と交流するなど宇喜多氏家中の重臣として活躍しているが、慶長期にはその活動は確認できず（慶長三年に死去）、中村次郎兵衛や浮田太郎左衛門・浮田土佐守らとの共同行為も見受けられない。むしろ、三家体制を維持しようとする側の人物だったのではなかろうか。

二　家中騒動

揺れる秀家の立場

秀吉は豊臣政権を支える一員として秀家に大きな期待をかけていた。例えば朝鮮侵略戦争においても、結局渡海しなかった秀吉の代わりに総指揮官的な役割を果たし、また、「唐（から）入り」が成功した暁には関白秀次（ひでつぐ）は北京に移り、秀家は日本の関白（もう一人の候補は秀次の末弟秀保（ひでやす））、あるいは朝鮮の支配者（もう一人の候補は秀次の次弟秀勝）になることとされていた。文禄三年一月二十九日、大坂城において行われた能組の際にも、秀吉の面前で関白秀次に続いて能を舞ったのは豊臣秀俊（ひでとし）（のちの小早川秀秋）と秀家・秀保の三人である。朝鮮において秀勝が病死したため秀吉の養子は秀次・秀俊の二人であり、秀保は秀吉の弟秀長の養子であるから、この三人とともに秀家が豊臣一族として扱われていたことを窺わせる。

文禄二年八月、秀吉に実子秀頼が誕生すると、他の豊臣一族は秀吉にとって邪魔になる。文禄三年、秀俊が小早川隆景の養子となり、同年、秀保は謎の死を遂げた。そして、文禄四年七月、関白秀次も秀吉によって切腹を命じられたのである。一方、秀家は秀次切腹の直後に起請文（きしょうもん）を提出した。同様の起請文を提出したのは徳川家康・前田利家・毛利輝元・小早川隆景の四名であり、これがいわゆる五大老の原型となった。この五名はいずれも秀頼への奉公を誓約しているが、文言を比較すると、秀家と利家のみ常時在京が義務化（「私として下国仕まじき事」）されており、秀家が秀頼を輔弼（ほひつ）する存在として期待されていたことがわかる。

さて、秀家を除く四名は当時四十～六十歳代で、戦国動乱期を生き抜いてきた経験豊かな武将であったが、秀家は弱冠二十四歳である。このような秀家の抜擢は、政権内に豊臣一族を一人は入れておく必要性があったこと、他方、秀次らとは異なり宇喜多氏の当主である秀家は秀頼のライバルとなる可能性がなかったこと、さらに、秀吉の秀家に対する信頼・寵愛を示すものである。秀吉の秀家に対する評価は、秀吉遺言覚書（『浅』）の「幼少より御取立なされ候の間、秀頼様の儀は御遁（のがれ）あるまじく候」という言葉に表れている。

子が窺える。

また先にも指摘したように、秀家の栄達は、秀吉に男子であったなら関白にしたいと言わしめたほどの愛情を浴びた豪姫の婿であったことによるところが大だったから、豪姫の実家である前田家と秀家も極めて親密な関係にあった。例えば、天正十九年閏正月十一日に千利休が催した茶事において、主客の秀家とともに、相伴として豪姫の同母兄前田利長（利家の嫡子）が参会しており、義兄弟である秀家と利長の親密な交流の様子が窺える。

一方、前田利家を除く大老（徳川家康・毛利輝元・小早川隆景・上杉景勝）と秀家との私的な交流は、秀吉死去以前には全くと言ってよいほど確認できない。天正十六年に輝元が初上洛した際には秀家に対する贈答が行われているが、家康をはじめとする他の大名並の贈答であり、特別に親密な関係があるとは思えない。毛利氏との関係は父直家の離反により悪化し、講和成立後も境界紛争という問題を抱えて良好とは言えない状況にあった。他方、両家の講和の印として秀家の姉が吉川広家に輿入れしたため、天正十九年に広家室の病気をめぐって書状が交換される（『吉』）など秀家と広家とは親密な関係にあり、そのことが広家を煙たがっていた輝元と秀家との関係をさらに疎遠なものにした可能性もあろう。

ところが、秀吉死去直後の秀家は輝元の下へ日参しており（「宇喜多事、日々殿様（毛利輝元）へ参る」、『閥』）、両者は急速に親密の度を増したものと思われる。これは、家康の勢力拡大を警戒した秀家が同様の危惧を抱いていた輝元と連携することにより、秀頼の保護という秀吉の遺言を果たすとともに、自己保身も図ろうとしたものであろう。

そして、家康を牽制（けんせい）する勢力の中核となったのが秀家の義父前田利家であり、慶長四年一月の徳川家無断縁組問題の際も、秀家は利家とともに家康と対決する姿勢を取っている。『菅利家卿語話』によると、秀家は大坂備前島の下屋敷に兵八千を置いており、秀頼の名代として利家が家康討伐に出馬する際には自分が先陣を務めると申し出て利家を喜ばせたとあるが、江戸期に成立したものであるから全面的には信用できない。結局、この騒動は軍事衝突に発展することなく収束し、二月には利家が家康を訪問、三月には家康が利家を訪問し、両者は和解した。

家康が利家を訪問する直前の三月八日、秀家は家康に宛てた起請文案（『島津家文書』）を作成した。実際には提出されなかった可能性もあるが、「貴殿（徳川家康）・利長仰せ談ぜられ、秀頼様へ御疎略なき上は、我等儀何様とも御両人同前に胸を合わせ、御奉公申すべき覚悟候事」とあり、家康が利長と相談して秀頼を大事に扱うならば、秀家も家康・利長に協力することを誓う内容となっている。三月の訪問の際には家康と利家の嫡子利長との歓談が行われており、利家の死が迫りつつある状況下において、秀家が義兄弟である利長を通して家康との和解を図ろうとしていたことを示す。これ以前には秀家のほうが家康討伐に積極的だったとも言えよう。

そして、閏三月に利家は死去し、その直後に七将による石田三成襲撃事件が起こった。この事件の際の秀家の動向を一次史料において確認することはできない。軍記類によると、三成は襲撃の情報を得た佐竹義宣の援けで大坂城から脱出し、秀家が伏見まで送っていったとされるが、この記述の真偽は定かでなく、三成や輝元の決起計画への秀家の関与も、第一章に掲げた輝元の書状からは全く窺えない。輝元書状は前田氏に関する情報にも触れておらず、利家の死を受けて前田氏やその縁戚である秀家は、すぐに軍事行動を起こす態勢になかった可能性もある。それが三成や輝元に決起を断念させたのかもしれない。

同年八月、前田利長は金沢へ帰国する。この帰国は家康の勧めによるものと言われている。父利家は秀家とともに常時在京(あるいは大坂)することとされていたから、利長にもその義務は引き継がれていたはずだが、利長を中央政務から遠ざけたい家康の思惑に領国経営を気遣っていた利長が乗じたのであろう。果たして翌九月、利長は家康暗殺を企んだとの嫌疑をかけられる。その情報を知らせたのは秀家とされるが、この点も一次史料においては確認できない。いずれにしても利長は家康に屈服する道を選んだため、秀家は有力な同盟者を事実上失うことになったのであった。

家中騒動の勃発

それでは、宇喜多氏の動向に大きな影響を与えた家中騒動について見てみよう。『鹿苑日録』慶長五年正月八日条に載っている「①中村次郎兵衛去五日夜相果てると云々、②此故は此ころ備前中納言(宇喜多秀家)長男衆を背きて恣の故と云々、③主は牢人也、④定て中納言殿以前苦しからずの間、⑤形少（大谷吉継）へ出るべくと云々、備前には不白と了松下人一両人して留守をすると云々、⑥上下七十人ほどの者共、一時にこの事を聴き分散、言語を絶す」という西笑承兌の記述が家中騒動の勃発を示す唯一の一次史料である。この記述を手掛かりに家中騒動の実態に迫ってみたい。

まず、豪姫とともに宇喜多氏家中に入り、出頭人的奉行人として秀家の信任厚かった中村次郎兵衛への襲撃が事件の発端であり、それは慶長五年一月五日の夜に発生したことがわかる（①）。しかし、次郎兵衛が殺害されたとの情報は誤報であり、実際には脱出していた（関ヶ原合戦後の前田氏家中において確認される「中村刑部」が次郎兵衛と同一人物であると考えられる）。

次に、次郎兵衛が襲撃された場所については明記されていないが、西笑承兌は一月七日の朝、京から大坂方面に向かい、同月十日に上洛の途につくまで大坂方面に滞在しているから、襲撃事件も大坂で起こったものと考えられる。前年の秋、大坂にいた秀家は輝元から秀吉の命に背いているとの抗議を受けており（二五一ページ参照）、その後、秀吉の命のとおり伏見に移る一方、大坂の宇喜多氏屋敷にも家臣団の一部が置かれていたのであろう。

襲撃勢力の構成員について、『鹿苑日録』は個人名を記載せず、「備前中納言長男衆」と表記している（②）。「長男衆」とは、大西泰正氏の指摘するとおり、「おとな衆」と読み、宇喜多氏家老層のことを指しているものと考えられる。「長男衆」とは誰のことを指すのであろうか。

最も成立時期の古い『慶長年中ト斎記』は、秀家の従兄弟宇喜多詮家、秀家治世初期における集団指導体制を形成していた三家のうち、戸川家の後継者達安（秀安の嫡子）、岡家の後継者越前守（家利の嫡子）のほかに、花房秀成を加えた四人が襲撃したとしている。戸川家の記録である『戸川記』はこの四人に加え、花房弥左衛門（秀成の嫡子幸次）、戸川助左衛門（達安の弟）、戸川又左衛門（達安の従兄弟）、角南隼人（達安の妹婿）、楢村監物、中吉与兵衛をあげている。

このうち、事件後に追放処分となった戸川達安が襲撃の首謀者だったことは間違いなかろう。関ヶ原合戦時に家康軍に加わった宇喜多詮家のほか、関ヶ原合戦時に秀家軍に加わらず、戦後、家康から知行を賜った岡越前守・花房秀成父子・楢村監物も襲撃事件に加わっていた蓋然性は高い。角南隼人の関ヶ原合戦後の動向は不明だが、隼人の兄如慶が家康から知行を賜っており、角南一族が襲撃勢力に与していたことを窺わせる。助左衛門・又左衛門の戸川一族も達安と行動をともにしたものと考えられる。中吉与兵衛については『備前軍記』によると、事件後、岡や花房と同様の処分を受けたと記述するが、その後の動向は不明で、家康からも知行を賜っていない。他方、中吉一族である平兵衛は関ヶ原合戦時には赤穂の城番を務めており、襲撃とは無関係のようである。

ここで、襲撃勢力のうち、花房秀成について説明しておこう。

『花房家史料集』所収の系図や家譜によると、生国は播磨とされる。秀成の曾祖父以前の実名には「職」の字が用いられていることから、播磨国守護赤松氏の重臣で御着城を本拠とした小寺氏の被官に出自を持つ蓋然性が高い。また、後述する花房職之の祖父職治と秀成の祖父正定は兄弟であるが、職之の家系が早い段階から美作国と関係を持っていた一方で、宇喜多氏への仕官は職之からだったのに対し、秀成家の場合、秀成の父正幸の代から宇喜多直家に仕官している。おそらく赤松家あるいは浦上家に仕えたのち、直家に服属したものと思われる。

秀成は又七と名乗っていた若年の頃、人質として羽柴秀吉の下に置かれていたものと考えられ、小牧・長久手合戦の際には、秀吉から秀家へ戦況を伝える使者の役割を果たしている。また、天正十六年の毛利輝元初上洛の際には、秀家の接待の様子について父正幸（道悦）に報告している。その後、小田原攻め・奥羽仕置に従軍、白河義親領の接収に関与し、その縁で義親から復権の愁訴を受けている。このように秀成は軍事・外交面における行動が見られる一方、領国全体の政務を担った形跡はない。つまり、長船・岡・戸川の三家とは異なる役割を果たしていたのであるが、直家期からの重臣という意味では共通しており、また、秀成の嫡子幸次の妻が戸川達安娘であるという血縁関係からも、戸川らと行動をともにしたのであろう。

再び『鹿苑日録』の記述に従い、家中騒動の経過を追ってみよう。

「備前中納言長男衆」は、彼らの助言を無視して政務を行ったという理由から、中村次郎兵衛を襲撃した（②）。一方、襲撃勢力の首謀者達は牢人であると認識されている

（③）。彼らが襲撃前に牢人となっていたのか、襲撃後に牢人となったのかは明確ではないが、秀家の「以前苦しからず」（④）という対応から、襲撃時にはすでに家中から追放されていたことが窺える。いずれにしても、襲撃勢力への支持は広がらず、結局、彼らは単身大谷吉継に庇護を求め（⑤）、襲撃勢力の被官達は主人を失い分散していったのである（⑥）。

家中騒動の原因

家中騒動の原因に関する通説は宗派対立が根底にあったとするものであるが、中村次郎兵衛襲撃事件が宗派対立に起因することを示す一次史料は確認できない。そこで、まず、通説の根拠となった軍記類の記述を見直してみよう。

まず、江戸期初頭に成立したものと考えられる『戸川記』は次のように記述している。豪姫が重い病に罹った折、日蓮宗の僧に祈禱させたが全く効果がなかったため、秀家が怒り日蓮宗を迫害するようになった一方で、明石掃部頭の勧誘によってキリスト教が広まった。これに対して敬虔な日蓮宗徒であった戸川達安は日蓮宗の信仰を続け、宇喜多詮家や岡越前守・花房秀成・花房職之と連携し、長船紀伊守・中村次郎兵衛・浮田太郎左衛門・延原（浮田）土佐守らと対立した。明石掃部頭はキリスト教徒であったが中立を保った。その後、長船紀伊守は死去したが、中村次郎兵衛による悪政が続いたため、戸川らは宇喜多氏領国を立て直すため、中村次郎兵衛を排斥すべく襲撃に及び、家中騒動が勃発した。以上を家中騒動にいたる顛末(てんまつ)としている。『戸川記』の記述を全面的に信じることはできないが、宗派が明示されているのは戸川のみ（対立に加わらなかった明石を除く）であり、他の者はただ二つの党派に分かれて争ったとするに過ぎない点に注目しておきたい。

次に、江戸中期に成立した『備前軍記』によると、長船紀伊守・中村次郎兵衛・浮田太郎左衛門らの一派をすべてキリスト教徒、戸川達安のほか宇喜多詮家・岡越前守・花房秀成を日蓮宗徒としており、ここでは宗派対立が家中騒動の背景にあることを示唆している。この『備前軍記』の記述が通説になっていったのである。

ところが、それぞれの信教を一次史料で確認していくと、このような宗派対立図式が誤りであることが判明する。キリスト教徒とされた者のうち、イエズス会の書簡などから真にキリスト教徒であったことがわかるのは明石掃部頭のみである。長船紀伊守・中村次郎兵衛・浮田太郎左衛門・延原土佐守については不明である。また、家中騒動の際には登場しないが、出頭人的奉行人として活躍している浮田（遠藤）河内守は日蓮宗不受不施派(ふじゅふせは)の熱心な信者で入道にまでなっている（『不受不施遺芳』）。

一方、日蓮宗徒とされた者のうち、戸川達安・岡・花房秀成は日蓮宗の寺院に葬られており、少なくとも死去時には日蓮宗を信仰していたものと考えられる。このうち、豊臣期の戸川一族は浮田河内守と同様に日蓮宗不受不施派の信者である。また、岡・花房秀成が家中騒動の当時日蓮宗徒であったと確定することはできない。不受不施派の史料には宇喜多氏家中の日蓮宗徒が再三登場するが、浮田河内守・戸川一族のほか、楢村監物・角南如慶らが確認されるのに対して、花房はまったく出てこない。

岡越前守については文禄二年、日蓮宗不受不施派妙覚寺貫主日奥との接触が確認される（「先度岡越前守殿対顔せしめ候」「岡越へ音信として、今月二十日の夜はしめて聚楽まで罷出で候」、『不受不施遺芳』）。しかし、越前守は明石行雄（掃部頭の父）の娘婿とされ、イエズス会の記録によると、明石掃部頭の姉妹と結婚した「備前の重立った首長の一人」が掃部頭の影響を受けて受洗したとある。この人物の妻、つまり、掃部頭の姉妹もキリスト教徒であり、下僕の大部分もキリスト教徒だったとされるこの家の当主は岡越前守であろう。すなわち、岡越前守は慶長四年頃には日蓮宗徒ではなく、キリスト教徒だったのである。

そうすると、前記の日奥との接触は私的な交流ではなく、宇喜多氏領国の政務を掌る人物としての接触だったものと考えられる。越前守の嫡子平内もキリスト教徒であり、のちの大坂の陣において母方の伯父明石掃部頭に属して大坂に入城したため、戦後、その責任をとって越前守は自害する。この時点における越前守はおそらく改宗していたものと考えられるが、家中騒動当時にもキリスト教徒だった蓋然性が極めて高い。

もう一人イエズス会の記録において敬虔なキリスト教徒として頻繁に登場するのが、宇喜多秀家の従兄弟とされるパウロ左京である。宇喜多詮家は直家の弟忠家の子であるから秀家には従兄弟にあたるのであり、その官途は左京亮である。すなわち、襲撃事件の首謀者格である詮家は日蓮宗徒ではなく、キリスト教徒だったと考えられる（この点について、大西氏も同様の見解を示されている）。その妻もキリスト教徒だが、彼女は戸川達安の妹である。

このように、宗派対立を家中騒動の原因とする説はまったくの誤りである。では、何が原因なのであろうか。大西氏は、騒動の以前から宇喜多氏家中には検地をめぐっての混乱があり、その最終段階として、諸般の不満を抱え込んだ家臣たちの武装蜂起・大量退去が招来されたとする。ここでは、襲撃勢力の主要な構成員を見直すことによって、家中騒動の原因に迫ってみたい。

秀家治世初期における集団指導体制を形成していた三家のうち、石田三成ら豊臣奉行人と親密な関係にあった長船家を除く岡家の越前守と戸川家の達安、朝鮮侵略戦争以前には軍事・外交面で活躍していた花房秀成、直家の死後秀家の後見役として上方においても秀吉や千利休をはじめとする豊臣政権中枢部と交流を持っていた宇喜多忠家の子詮家の四名が襲撃勢力の中核であったものと評価できる。彼らの共通点は、秀家治世初期には宇喜多氏領国における中央政務や外交の担い手であり、若年の秀家に代わって実質的には宇喜多氏領国の権力を握っていたことと、秀吉から直接朱印状を与えられるか、あるいは秀家からの知行宛行に秀吉の袖判を必要とするなど、豊臣政権からも準独立大名的な扱いを受けていたことである。

ところが、文禄末年以降、彼らは宇喜多氏領国の中央政務からは遠ざけられ、豊臣政権からの特別扱いもなくなっていく。石高は高いが、その権限は縮小し、地位も実質的には低下していく状況下にあった。秀家は中村次郎兵衛ら出頭人的奉行人を登用して、専制的な領国運営へと転換しつつあったのである。

その最中に、秀家を寵愛していた秀吉の死、さらには秀家と親密な関係にあり、行政実務能力に優れるという共通性から宇喜多氏家中における出頭人的奉行人の登用を後押ししたであろう石田三成が失脚した。そこで、詮家・達安・岡・花房といった旧勢力が、秀家の専制的な領国運営を再転換させ、旧勢力の権限・地位の回復をもくろんだのがこの家中騒動だったのではなかろうか。中村次郎兵衛は秀家専制体制を支える出頭人的奉行集団の象徴的存在だったために襲撃の標的とされたのであろう。

家康の介入

『鹿苑日録』の情報は、襲撃勢力が宇喜多氏家中から追放され、大谷吉継に庇護を求めたところで終わっている。その後、襲撃勢力はどのような処分を受けたのであろうか。この点に関する一次史料もほとんど残されていない。次郎兵衛襲撃五日後の『時慶記』慶長五年正月十日条には、「伏見宇喜多中納言家中昨日磔由候」という記述があり、磔（はりつけ）にされた人物を特定することはできないが、伏見にいた襲撃勢力の仲間が処罰されたことが窺える。磔という厳罰であることから、身分の低い家臣が処罰されたものであり、達安や詮家など首謀者の処分はこの段階では決まっていなかったのだろう。

襲撃勢力の処分はいつ決定したのだろうか。五月二十二日付け前田利長書状（『武家手鑑(てかがみ)』）を見ると「びぜん（宇喜多秀家）中なごん殿おとなども出入の儀も、大方すみ申し候由、めでたく存じ候」とあることから、五月半ばにはほぼ決定している状況が窺える。ちょうどこの頃、家康は会津征討を決定しようとしており（第四章参照）、家康の会津下向前に、処分を決める必要性があったことを示している。つまり、襲撃勢力の処分決定は家康が主導していたものと考えられる。

次に、軍記類などの記す家中騒動の結末について検討してみよう。

『備前軍記』においては秀家が戸川達安を大谷吉継邸に呼び出して謀殺しようとしたが、その情報を聞いた詮家が大谷邸に駆けつけて達安を連れ帰り、玉造の自邸に匿(かくま)ったとしている。その後、岡・花房・角南・楢村・中吉らもそこに合流し、二百五十人以上の兵が詮家邸に立て籠(こも)ったが、大谷吉継や徳川氏家臣榊原康政の仲介により武装解除し、家康の裁断の結果、達安は常陸（佐竹義宣領）、花房は大和郡山（増田長盛領）に蟄居(ちっきょ)、詮家・岡・角南・楢村は備前に帰国となり、家中騒動は終結したとする。

一方、『慶長年中卜斎記』においては、詮家邸に詮家・達安・岡・花房の四名が立て籠り、大谷吉継・榊原康政・津田秀正の三名が仲介に入ろうとしたが、康政は家康から叱責(しっせき)されて関東に追い返され、吉継と家康の仲もこの一件を契機に悪化したとする。

『戸川記』は『備前軍記』とほぼ同様だが、襲撃勢力は一旦(いったん)全員岩槻（徳川家康領）に蟄居となり、しばらくして達安以外は備前に帰国したとする点が異なる。「花房家系譜」

において は詮家・達安・岡・花房は宇喜多氏家中から退去したが、花房は家康の仲介により大和郡山の増田長盛領に潜居したとする。

これらの記述は一致しない点もあり全面的には信用できないが、事実を反映している点もあるように思える。まず、大谷吉継の果たした役割である。襲撃勢力が吉継に庇護を求めたのは事実である（『鹿苑日録』慶長五年正月八日条の⑤）。その後の処分が最高でも配流にとどまっていることから推測すると、吉継は引き渡しを要求したであろう秀家を宥めて公儀の裁断に委ねるよう説得したのではなかろうか。家中の処分権は秀家にあるが、上級家臣の大量処分は宇喜多氏家中の弱体化を招くだけでなく、秀家自身も責任を問われる可能性があった。吉継は穏便な解決を図ることにより、反徳川闘争決起の際の有力な仲間である秀家を守ろうとしたものと考えられる。

しかし、吉継はこの当時五奉行ではなく、公儀の処分を決定できる立場にはない。三成も失脚しており、さらに前年の前田利長屈伏後の豊臣政権における裁断はほとんど家康の意のままになっていたものと考えられる。五大老のうち、前田と当事者である秀家を除く三名が決定権を持っていたが、上杉景勝は帰国しており、毛利輝元もこの事件に関与した形跡は全くない。五奉行のうち失脚した三成と浅野長政を除く三名も家康の裁断に異を唱える力はなかった。

すなわち、宇喜多氏家中騒動の決着は公儀に持ち込まれた時点で家康の手に委ねられたのである。豊臣家擁護の意が強く、反徳川の姿勢が顕著な秀家を牽制し、その力を弱体化させるには絶好の機会であった。そこで、家康は襲撃勢力の中心的存在であった達安を最も重い配流としたが、後述する関ヶ原合戦時の達安の行動から推測すると、その配流先は『戸川記』の記す岩槻と考えられる。つまり、家康は自領への配流処分とすることにより、達安を事実上家臣化したのである。

襲撃勢力の他の者のうち、詮家は会津討伐に秀家の名代として従軍しており、宇喜多氏家中に復帰している。一方、岡と花房については軍記類の多くが復帰説を採っている（『備前軍記』、『戸川記』、『浦上宇喜多両家記』など）のに対し、家譜類は郡山への蟄居としている（「花房家系譜」、『寛政重修諸家譜』など）。大西氏は、前記の前田利長書状の「おとなども」を岡・花房らに比定した。岡・花房らの動向については、次項において関ヶ原合戦時の対応と絡めて検討したい。

結局、この家中騒動は宇喜多氏の権力構造にどのような影響を与えたのであろうか。秀家にとって、次郎兵衛襲撃事件はある程度予期していたものであり、むしろその事件を利用して家中の反秀家勢力を一掃し、自らの専制体制を強固なものとする目論見もあった。ところが、家康の裁断により、襲撃勢力の処分は不徹底なものとなり、家中内に獅子身中の虫を抱えたまま関ヶ原合戦を迎えることとなった。また、処分の不徹底の結果、家中騒動が勃発したという事実のみがクローズアップされることとなったため、秀家の権威は大きく傷つき、家中統制にも苦慮する状況となっていたものと考えられるのである。

三　関ヶ原へ

秀家は何を祈ったのか

家中騒動の後も秀家は伏見にいたようであり、慶長五年四月十七日には家康に続いて小早川秀秋・佐竹義宣らとともに参内している（『時慶記』）。ちょうどこの頃、第四章で見たように上杉景勝の上洛問題が持ち上がっているが、秀家の意見は定かではない。毛利輝元と同様に消極的に賛同したものと考えられるが、家康が会津征討に出立する直前には一旦帰国している。秀家の帰国時期ははっきりしないが、『義演准后日記』によると六月八日・十一日には在国が確認される。この時期にはもう一人の大老毛利輝元も帰国しており、輝元は七月半ばまでは在国しているから、家康が会津征討に出立すると大老不在となる。三奉行はいるものの大老不在というわけにはいかなかったものと考えられるから、家康出立時には秀家は上方に戻っていたはずである。その時期を特定することはできないが、七月五日には豊国社に参詣（さんけい）しており（『舜旧記』）、上方にいたことが確認できる。

この豊国社への参詣は武運を祈るものと考えられるが、大老不在を避けるためには会津征討への秀家自身の出陣はありえない。一方で、会津征討は公儀の決定に基づくものであり、大老といえどもこれに逆らうことはできない。第二章で見たように毛利氏の場合、輝元は出陣しないものの、吉川広家と安国寺恵瓊の派遣を決めていた。宇喜多氏の場合も毛利氏と同様に秀家の代理にふさわしい人物を派遣する必要があり、そこで選ばれたのが宇喜多詮家であった。先に見た軍記類のほとんどにおいて、詮家は家中騒動後も引き続き宇喜多氏家中に残り、備前に帰国していたとされる。中でも『戸川記』は詮家が秀家の名代として奥州へ赴いたとしている。名代であったことを明確に示す一次史料は確認できないが、詮家が家康に従軍していることは一次史料において確認できる。この時点で宇喜多氏家中に残っていた詮家が秀家の意向を無視して独断で家康に従軍することは不可能であるから、詮家の派遣は秀家の意思に基づくものと評価できる。

では、なぜ秀家は家中騒動に加担した詮家を選んだのであろうか。これを解く鍵となるのが、先の七月五日の豊国社参詣である。この参詣が会津征討の武運を祈るものだとすると、出陣前に執り行うはずである。しかしながら、家康が出立したのは前月の十八日であり、詮家が七月五日以降に出陣したのでは遅きに過ぎるのではないか。確かに出陣の遅れた大名は多いから、詮家も遅延した可能性はあるが、その場合でも、出陣する当人である詮家が豊国社への参詣に同道した形跡がないのは不審である。つまり、豊国社への参詣は別の祈願であった蓋然性が高いのではないか。その後の秀家の行動を見れば、その祈願とは反徳川闘争の成功だったのではなかろうか。

この企みが秀家独自のものなのか、石田三成・大谷吉継や毛利輝元と連携したものなのかは不明であるが、反徳川闘争成功のための最低条件は宇喜多氏家中が秀家の指揮の下一丸となって行動することである。ところが、家中騒動の際に家康から恩を受けた詮家が家康支持の姿勢を取ることは明白であり、上方あるいは国元に詮家を残した場合、家中の結束を乱すことにつながることは必定であった。そこで、秀家は公儀の戦争への協力という大義名分のもと、詮家を事実上家中から放逐したのである。この処置は、協力姿勢を見せることで家康を油断させる効果もあり一石二鳥であった。詮家軍を失うというデメリットはあるが、内部で反抗行動を取られるほうが悪影響は大きい。また、詮家軍に多くの宇喜多氏家臣が同行した形跡はないから、兵力の損失は大きくなかったものと考えられる。

このような準備を整えたうえで秀家は反徳川闘争決起に踏み切った。七月二十一日の細川忠興書状（「松」）に「石治部（石田三成）・輝元申し談じ色立ち候」とあるように、反徳川闘争決起の張本人は三成と輝元であると東軍方は認識していたが、七月十五日の上杉景勝宛島津義弘書状（「旧記雑録」後編）に「今度、内府（徳川家康）貴国へ出張に付き、輝元・秀家を始め、大坂御老衆・小西（行長）・大刑少（大谷吉継）・治部少（石田三成）仰せ談ぜられ」とあるように、輝元と並び秀家も決起の主役だったのである。

七月五日という早い段階で家康打倒の決意を固めていたことと、秀家と大谷吉継の親密な関係から推測すると、秀家の決意が吉継を動かし、三成・恵瓊との謀議を経て、輝元の決起につながった可能性も考えられよう。輝元が家康との直接対決に逡巡（しゅんじゅん）する一方で、秀家は一貫して好戦的な姿勢を保ち、伏見城攻撃、伊勢方面への派兵、大垣への転戦、そして関ヶ原での奮闘など常に最前線で戦い続けた。形式的には輝元が西軍の大将格とされたが、軍事的には秀家が指揮官の役割を果たしており、このことは秀家こそが反徳川闘争決起の火付け役だったことを示しているのではなかろうか。

戸川達安による明石掃部頭への調略

慶長五年一月の家中騒動の首謀者とされた戸川達安は家康領（岩槻の蓋然性が高い）に配流となったが、事実上家康の庇護を受けていたのであり、反徳川闘争決起の報に接して、東軍の先鋒部隊に加わり西上した。その兵力は手廻りのみのわずかなものだったと考えられるが、達安にとっては復権の絶好の機会であり、何とか手柄を立てようと燃えていたに相違ない。そこで、達安は武力だけでなく調略も行った。福島正則らとともに清須まで西上した達安は、伊勢方面へ転戦してきた宇喜多氏家臣明石掃部頭に対して、八月十八日、次のような書状（「水原氏所蔵文書」）を発した。長文であるが、非常に興味深い内容であるため、全文を掲げる。

　この表近々に御在陣の由候条、御ゆかしく存じ、一書申し入れ候
一　このたびは不慮の御立て別かり是非なき次第に存じ候事
一　その表貴殿御一人御陣取の由承り候、いか様なる仕合せにてお越し候哉、承りたく候、秀家いずれに御在陣候哉、貴殿おそばにこれ無き儀不審に存じ候事

一　この表の儀、上方御手遣いとして諸勢清須あたり御在陣に候、井ノ兵部少輔（井伊直政）・本田中書（本多忠勝）・松平下野殿（松平忠吉）そのほか先手衆一両日中にこの表着陣に候、石川左衛門大夫（康通）・松平玄蕃（家清）先勢として頓に清須罷り着かれ候、①内府様（徳川家康）去十六日に江戸御立ち候、二十五、六日には必ず清須御着きあるべくとの追々御左右の事候

一　②我等儀、この表先手衆に相加わり罷り越し候、③左京（宇喜多詮家）儀は富田信濃守（知信）縁者に付いて加勢としてあの（安濃）の津へ渡海仕る分にて、この表へは参らず候事

一　④御弓箭の儀、内府様（徳川家康）御勝手に罷り成るべく事、程あるまじく候、さてさて秀家御身上の儀、この時滅亡と存ず事候、貴殿いかが思し召し候哉、侍従殿（宇喜多秀高）御事、幸い内府様（徳川家康）むこにさせられ候御事に候間、御家相続き候様には貴殿御分別にて如何ようとも罷り成るべく事に候、この時是非なく当家相果て候段、我等式まで本意なく存ず事にて候間、その御心得尤もに候、⑤惣別秀家御仕置にては国家相立たずとは天下悉く知りふらし申す事に候、その上侍従殿（宇喜多秀高）御取立候えば、貴殿など筋目少しも相替わらず候間、この刻の御分別専一に存ずまでに候、我等事、貴殿に対し少しも如在を存ぜず候間、思し召し寄る儀御心底残らず御返事に詳しく仰せ越さるべく候、然れば誰そ御存知の者一人これを進ぜ候て、尚以て申し承るべく候事

一　⑥我等事、今度身上に付いて、内府様（徳川家康）御厚恩を蒙り申し候、⑦その上関東においても重々御懇ろに御意ともに候間、⑧女子母何れもその方にこれ有ると雖も、内府様（徳川家康）へ無二に御奉公を仕り、とにもかくにも御下にて相果てるべき覚悟に候、⑨くれぐ

れ善悪御返事待ち奉り候、恐々不宣

［こちら方面へ近いうちに在陣されるとのことで懐かしく思い、一筆申し入れます。一、今度は思いがけず敵味方に分かれてしまったことはやむを得ない次第だと思います。一、そちらへ貴殿一人が陣取されたと聞きました。どのようないきさつでお越しになったのですか。お聞きしたいと思います。宇喜多秀家はどこに在陣しているのですか。貴殿の側にいないこと不審に思います。一、こちら方面のこと、上方との戦闘のため、東軍の諸勢が清須周辺に在陣しております。井伊直政・本多忠勝や松平忠吉殿その他の徳川軍先鋒隊は一両日中にこちらに着陣します。石川康通や松平家清はその先頭部隊として早くも清須に到着されました。徳川家康様も去る十六日には江戸を出発されました。二十五、六日には必ず清須へ到着されるとの情報です。一、私も先鋒隊に加わりこちら方面へ来ました。宇喜多詮家は富田知信の縁者なので加勢のため安濃津へ渡海するとのことでこちらへは来ていません。一、戦闘が家康様の大勝利で決着する日は近いでしょう。そうすると、秀家の身は滅亡することと思います。貴殿はどのように思われますか。秀家の嫡子秀高殿は幸いにも娘婿にされるとの家康様のお考えですので、宇喜多氏の存続は貴殿の御分別でどのようにでもなることです。このたび宇喜多氏が断絶してしまうことは私の本意ではありませんのでわかってください。秀家の政治では宇喜多氏領国は成り立たないと天下の誰もが知っており噂しています。その上、秀高殿を擁立しても貴殿の筋目は全く変わらないのですから、今そのことを理解されることが重要だと思います。私は貴殿に対して疎(おろそ)かにする気持ちを全く持っていませんので、貴殿もお考えを包み隠さず御返事に詳しく書いてください。そこで、貴殿もご存じの者を使者としますのでこの書状を読んで御返事をください。一、私はこのたびの家中騒動の処

分の際、家康様に大きな恩を受けました。その上配流先の関東においても親切にしていただきましたので、妻子がそちらにおりましても家康様に無二の奉公をし、どのようなことがあっても家康様のために死ぬ覚悟です。くれぐれも秀高擁立の是非について御返事をお待ちしております。」

これに対する明石掃部頭の返答が八月十九日の次の書状（「水原氏所蔵文書」）である。

清須までお上りに付き御使札本望に存じ候
一 仰せ越さる如く、今度は不慮の御立ち別り、互いに是非無き御事候
一 ⑩拙子事、伊勢表御仕置等承るべきため、十日以前よりこの地罷り越し候てこれ有る事候、⑪秀家事、伏見落城の後は大坂罷り下られ候、又このころは草津表罷り出られ、在陣の事候
一 内府（徳川家康）御先手衆清須に至り御着岸の由、尤も左様たるべくと存ず事候、それに付き貴様御事、先手衆に御加わり候て其元御出で候由、この度善悪にお目に懸るべくと存じ候事
一 内府公去十六日江戸御立ちなさるの由、このたびの儀、御上りなされ候わで相叶わざる儀候条、尤も左様たるべく候、内々存じ候は、只今まで御上りなき事不審存じ候き
一 御弓箭の儀、内府（徳川家康）御勝手程あるまじきの由仰せ越され候、其方にては左様に思し

召す事尤も候、此方衆中仰せられ候は、秀頼様御勝手に仰せ付けらるべき事は案中候、併せて内府(徳川家康)御上りに於いては兎角防戦に及ばるべく候の間、その上にての御事候

一　⑫秀家御家中儀仰せ越され候、誠におのおの御覚悟なき故、外実悪しく罷り成り候、然れども御聞き及びもこれ有るべく候、⑬上方に於いて人の存じたる衆余多相抱えられ候、存外丈夫にこれ有る事候間、その段においては御心安かるべく候

一　⑭浮左京(宇喜多詮家)殿、あの(安濃)の津表へ加勢として御出勢の由候哉、津より迎え致し候を途中にて打ち果たされ候条、いまだ津へは御越し有るまじくと存じ候、津の城儀、きっと御取り詰めにて候、定めて程有るべからず候と存じ候

一　⑮御両人事、たびたび此方にて申し出候、このころ御左右承らず候つ、御書中預かり満足この事候

一　貴殿御事、内府(徳川家康)御厚恩の由候間、とにもかくにも御下にて御果て有るべくとの御内存尤も候、然れば⑯貴所御妻子事、只今和州郡山に御在宅事候、秀頼様御勝手たるべく候間、右の衆中少しも如在存ずべからず候間、御心安かるべく候

一　善悪の返事申し越すべきの由承り候、⑰只今の御書中にては様子相聞こえず候間、御内意承るべくため、一人相副えこれを進ぜ候、恐々謹言

［清須まで西上され、書状をいただいたこと本望に思います。一、仰るように今度思いがけなく敵味方に分かれたことは仕方がないことです。一、私は伊勢方面の仕置などを命じられ、十日以

前からこの地へ来ております。秀家は伏見落城後、大坂に戻り、また最近草津方面へ来て、在陣しております。一、家康の先鋒隊が清須に到着したとのこと、当然そうだと思います。そこで、あなたも先鋒隊に加わり、そちらまで来られたとのこと、このたび戦場でお目にかかるでしょう。一、家康公も去る十六日に江戸を出立されたとのこと、このたびのことは（家康が）西上しないといけない状況ですので、当然そうでしょう。内心、今まで来なかったことのほうが不審だと思っていました。一、戦闘のこと、家康の大勝利が近いと言って来られました。そちらではそのように思っているのでしょうが、こちらでは秀頼様の大勝利は間違いないと言っています。攻めのぼってきた家康を防いだうえでのことです。一、秀家家中のことについて言って来られましたが、誠に貴殿らの覚悟がないため、このような恥ずべき事態となりました。しかし、お聞きになっているでしょうが、上方において有名な武将を多く召し抱えました。全く問題ありませんのでご安心ください。一、宇喜多詮家殿が安濃津方面へ加勢として出陣されたとのことですか。安濃津から出された迎えの軍は途中で討ち果たされたようですので、詮家はまだ安濃津へは来られていないと思います。安濃津城は必ず落城するでしょう。おそらく近日中だと思います。一、御両人（達安と詮家）のことはたびたびこちらでも話しておりました。最近は御様子を聞いていなかったので、書状を頂き満足しています。一、あなたは家康に大きな恩があるのでどんなことがあっても家康に従い戦死も厭(いと)わないとのお気持ち、尤(もっと)もだと思います。あなたの妻子は現在大和の郡山に居られます。秀頼様の一存次第ですので、妻子については疎かにはされませんから、ご安心ください。一、お申し入れの件について返事を出せとのことですが、先日の書状では様子がよくわかりませんので、あなたの真意をお聞きするため書状とともに使者を一人遣わします。」

達安は東軍の先鋒隊に加わり尾張国清須に到着した（②）後、伊勢国の東軍方諸城の攻略のため清須と目と鼻の先まで来ていた宇喜多重臣明石掃部頭（⑩）への調略を開始した。一方、会津征討に従軍していた詮家はそのまま家康に従ったが、清須に集結した先鋒隊とは別行動を取っていた。東軍に属したため包囲された伊勢国の安濃津城の救援に向かったからである。安濃津城主富田知信の妻は詮家の姉だった（③）。なお、安濃津城は完全に包囲されていたため詮家の救援は叶わず、結局安濃津城は開城に追い込まれた（⑭）。

また、達安は家康本隊がすでに西上しているとの偽情報を伝え（①）、このままでは宇喜多氏は滅亡してしまうから、家康が娘婿にして取り立てると約束している秀家の嫡子秀高を擁立して宇喜多氏の存続を図るよう、明石掃部頭に働きかけている（④）。一月の家中騒動の際には表面化していないが、達安ら中村次郎兵衛を襲撃した勢力が、秀家を引退させ、秀高を擁立することまで視野に入れていた可能性も示唆している。すなわち、達安や詮家らの理想とする領国とは、若年者を当主として自分たちが実質的な権限を掌握するという秀家治世初期と同様の姿だったのではなかろうか。達安は秀家による領国経営を痛烈に批判しており（⑤）、家中騒動の原因が秀家専制体制にあったとする先の推測が裏づけられる。

さらに、この書状から、家中騒動の際の達安の処分が家康の介入により軽減されたこと（⑥）、配流先でも家康の庇護を受けたこと（⑦）が判明する。このような恩義から達安は人質を犠牲にしてでも家康のために働く決意を示し⑧、明石掃部頭に決断を迫っている⑨。

調略の標的となった明石掃部頭は浦上宗景の重臣明石景親の嫡子であり、前述のように熱心なキリスト教徒である。浦上宗景家中からの新参であることから領国経営には携わっていなかったため、家中騒動の際も中立的な位置にあったが、達安・詮家ら従来多数の軍役を負担していた家臣が抜けた後の宇喜多軍においては中核的な存在となっていた。伊勢方面への派兵軍も明石が指揮しており、この明石を調略すれば宇喜多軍の力が大きく減退することは明らかであった。

一方、宇喜多秀家は伏見城攻略後、一旦大坂に戻り、八月半ば頃再び近江国草津あたりまで出陣している⑪。その秀家への達安の批判に対して明石は宇喜多氏の評判を落とした原因は達安らにあるとしており⑫、直接言及していないが、秀高擁立に賛同する意思はなさそうである。また、達安・詮家らの離脱が宇喜多氏の軍事力に一時的な打撃を与えたことは窺えるが、上方の高名な牢人衆を新たに召し抱えることで軍事力の減少を補った⑬とも言っている。この折に誰が召し抱えられたかは定かではないが、毛利氏の場合でも紀伊根来衆の岩室坊勢意(いわむろぼうせい い)を関ヶ原直前に召し抱えているように、上方には多くの牢人衆が存在し、自らの腕を振るえる機会の到来に喜んで仕官していったものと推測される。文末において明石は調略を明確に断らず使者を派遣しているが、これは東軍の情報を聞き出す意図であると考えられる⑰。

このように、分裂した宇喜多氏家臣たちは戦場において敵味方として相対し、お互いに調略の罠を掛け合いつつ、関ヶ原本戦で直接激突することになるのである。

東軍に参加した宇喜多氏旧臣、花房職之

戸川達安・宇喜多詮家と同様に、宇喜多氏旧臣でありながら東軍として戦闘に参加したことが史料上明らかな武将が、もう一人いる。花房職之である。ところが、職之は達安らとは異なり、慶長五年一月の中村次郎兵衛襲撃には参加していない。なぜであろうか。すでに宇喜多氏家中から離れ、関東に居住していたからである。

まず、花房職之が宇喜多氏家中から離れたことに関する軍記類の記述を確認しておく。職之が離れた年は『寛政重修諸家譜』・『備前軍記』が文禄三年、『佐竹家譜』が文禄四年、その後の居住先は『寛政重修諸家譜』・『佐竹家譜』・『備前軍記』が常陸国（佐竹義宣領）、『戸川記』・『浦上宇喜多両家記』が上野国（徳川家康領。なお『戸川記』は上州岩付とするが、岩付〈岩槻〉は武蔵国の誤り）としている。また、離れた原因については、『寛政重修諸家譜』は長船紀伊守の讒言により、秀家と石田三成によって死罪になるところだったが、豊臣秀吉が流罪に減刑したとし、『戸川記』や『浦上宇喜多両家記』は長船と対立し、自ら退去したのち、家康の庇護を受け関東に蟄居したとする。一方、『佐竹家譜』は豊臣秀次失脚事件に連座したとするが、文禄四年より前の可能性もあるとしており、その場合は秀次事件とは無関係ということになる。

次に、配流後関ヶ原合戦までの間のものである職之（道恵を名乗っている）の書状（四月五日付け吉川広家宛、『吉』）を見てみよう。

先度は御札を預かり候き、片便に付いて①御報延引申し候、よって②拙者事、不慮に爰元罷り下り、遠国の住居仕り候、③罷り退き候節の仕合せ定めて聞し召し及ばるべく候、更に存命仕り候ても所詮無き躰に候えども是非なく候、去りながら④上様御慈悲をもって少々堪忍料仰せ付けられ、忝き次第に候、哀々今一度御目に懸りたき念願まで候、（中略）自然の御次いでには隆景様然るべき様御取り成し頼み存じ奉り候、⑤道三も爰元逗留候、⑥拙者居住の地いかにも人倫絶えざる山中に候えば、折々道三など参会、かなし物語御察しなさるべく候、⑦せがれ事も召しつれ一所に居り申し候、恐れながら相心得申し上ぐべきの由候、猶後慶の時を期し候、恐惶謹言

［先頃は書状を頂きましたが、片便（書状を届けた使者が返報を持ち帰らないこと）なので御返事が遅くなりました。さて、私は思いがけないことでこちらへ下向することになり、遠国に住んでおります。宇喜多氏家中から退去した際のいきさつについてはきっとお聞きになっているでしょう。今さら生きていても仕方がないのですがやむを得ないことです。しかしながら、上様（豊臣秀吉）の御慈悲で少々の堪忍料を賜り、ありがたいことです。もう一度お目にかかることが念願です。（中略）もし、よい機会がありましたら、（小早川）隆景様に復権のお取り成しをお願い申し上げます。（曲直瀬）道三もこちらに逗留（とうりゅう）しています。私が住んでいる場所は人がほとんど

いない山の中ですので、しばしば道三と会って嘆き合っていることをお察しください。せがれ（花房職則）も連れて来て同居しています。恐縮ですが、こちらの様子を知っていただきたくて申し上げました。いつかお会いできることを期待しています。」

年欠書状であるが、小早川隆景の没する前であり、曲直瀬道三（玄朔）の配流後であるから、文禄五年あるいは慶長二年のものである（第二次朝鮮侵略の話題が出ていないことから文禄五年の蓋然性が高い）。

曲直瀬道三（玄朔）は毛利家とも縁の深い医師であったが、豊臣秀次の側近としての役割も果たしていたため、秀次失脚事件に連座して文禄四年七月以降に常陸へ配流された。その道三と同じ場所に職之も配流されている⑤から、職之の配流先は常陸に確定できる。次に、常陸居住②の経緯について、職之は「罷り退き」としており、宇喜多氏家中から自らの意思で退去したのであり③、追放処分になったのではない。退去の原因については明確に述べていないが、秀吉の配慮で堪忍料を与えられている④から、秀吉に関連する事件が要因ではなく、直接の主君秀家との対立が高じた結果と考えられる。よって、職之も秀次失脚事件に連座したとする『佐竹家譜』の記述は誤りである。

ここで一旦、職之が宇喜多氏家中から退去した経緯を整理しておこう。

この広家宛書状を記したのは、職之が常陸へ移住した時から相当期間経過した後であることが窺える(①)ため、宇喜多氏家中から退去した時期は文禄三～四年頃であると考えられる。退去に至った原因は秀家との対立であり、宇喜多氏家中から退去した職之に対して、秀家は厳しい処分で臨もうとしたが、秀吉が秀家を宥めて一命を助け、堪忍料を与えて常陸に蟄居させた。蟄居とは言うものの、その居住地は人里離れた山奥であったから(⑥)、事実上の配流処分であった。また、職之は「せがれ」を同道したとしているが(⑦)、むしろ父とともに配流されたと考えるべきであろう。

職之と秀家の対立原因について、軍記類では長船紀伊守の専横に対する直言を秀家が無視したためとする説が多いが、前述のように紀伊守は長船・岡・戸川の三家による集団指導体制を守ろうとしていた蓋然性が高く、宇喜多氏領国経営を専横したという事実はない。一方、職之は宇喜多直家が浦上宗景から離反した天正二年頃から美作方面の軍事行動において中心的な役割を果たすとともに、宇喜多氏の支配下に入った美作の国人領主の指揮や取次を行うなど、美作の地域支配を任されていた。

なぜ、職之が美作において力を発揮しえたのか。職之に関する覚書類(「花房職利書状」など)において、職之は若年時には備前の山口に居住しており、湯原氏や明石氏に仕えた後、永禄年間半ば頃に宇喜多氏へ仕官し、直家の美作進出時に活躍、宇喜多氏の美作における拠点である荒神山城主となったとしている。しかし、職之の「職」の字は父祖が播磨国守護赤松氏の家臣小寺氏の偏諱(へんき)を受けていたことに由来するものと考えられる。

小寺氏と美作の関係については、赤松政則の美作進出後、小寺頼職・英職・康職と代々岩屋城主を務めたが、永正十七年（一五二〇）の浦上氏との戦闘において祐職が敗れて岩屋城を失ったとの伝承がある（『作陽誌』）。頼職・英職・康職については実在が疑問視され、祐職については『備前軍記』においては加賀守範職、『陰徳太平記』においては加賀守則職とするなどの混乱が見られ、いずれも信用できない。

しかし、小寺加賀守則職が天文年間頃に赤松氏の重臣として尼子氏の南下（備中・美作・備前方面）に対応していることを示す史料（「小寺家文書」）が確認されることと、元亀年間頃に岩屋城主となった宇喜多氏家臣浜口家職も「職」の字を名乗っていることから、小寺氏が美作国南部に影響力を持っていたのは事実であり、花房職之家は小寺氏とともに美作へ進出した後にそのまま土着して在地領主化した蓋然性が高い。職之の生まれた頃にはすでに美作を追われていた可能性もあるが、いずれにしても、職之は美作に地縁のある人物として、直家の美作支配に重要な役割を果たしたのであろう。

このような職之を中心とする美作の地域支配体制が一変したのが朝鮮侵略を目前に控えた天正十九年である。美作の農村に発布された掟の署名者は秀家側近の出頭人的奉行人浮田官兵衛であり、この段階で職之は直家期から有していた美作支配の統括的な地位を失ったものと考えられる。この処置に対する職之の不満は想像に難くない。専制化を強めていく秀家に対して、既得権を奪われた直家期からの重臣の反抗の先駆けが職之の退去だったと言えよう。

さて、常陸に蟄居していた職之が関ヶ原に向けた東軍の西上に加わったことは、(慶長五年)八月八日の黒田長政宛本多正純書状(『黒』)に「花房助兵衛殿、頓にその地へ御上りあるべく候事」とあることから判明する。

職之がいつの時点で常陸から出国したのかは不明であるが、おそらく次男職直(もとなお)を庇護する榊原康政を通じて早い段階から家康と親密な関係にあり、会津征討への参加を認められていたのではなかろうか。復権を狙う職之にとってまさに絶好の機会であった。このようにして職之は関ヶ原へと向かい、旧主秀家と戦場でまみえることとなるのである。

山岡道阿弥の調略

八月八日の本多正純書状にはもう一つ興味深い記述がある。それは「備前衆の事、別紙に道阿弥かたへも備前衆へも書状進ぜ候事」という箇所であり、家康からの指示が山岡道阿弥(やまおかどうあみ)(景友(かげとも))を通じて備前衆に伝えられていることを示している。八月一日の田中吉政宛家康書状(「徳川記念財団蔵文書」)には「山岡道阿弥備前衆差し添え、あのの津(安濃)へ遣わし候の間、そこもと船丈夫に申し付けられ、渡海せらるべく候、委細道阿弥申すべく候」とあり、黒田長政・福島正則・田中吉政ら先発隊より少し遅れて、山岡道阿弥は備前衆とともに西上していた。道阿弥の目的は、第一に、安濃津城の富田知信ら伊勢における東軍方を援護することだった。道阿弥に従軍した「備前衆」とは戸川達安・宇喜多詮家のことであろう(花房職之は個別名で記載されているから、「備前衆」には含まれていないものと考えられる)。

　ところで、山岡道阿弥は秀吉の御伽衆だったが、秀吉死後は家康に接近し、会津征討にも従軍していた。甲賀衆を指揮していたとされ、諜報活動に秀でた能力を有していたようであり、山崎家盛・宮木豊盛(七月二十三日付け家康書状)、桑山重晴・一晴(七月二十九日付け家康書状)、脇坂安治(八月一日付け家康宛書状、以上はいずれも『徳川家康文書の研究』)といった西軍諸将との交渉に携わっている。

　脇坂が関ヶ原本戦において小早川秀秋とともに裏切ったほか、交渉の対象となった諸将はいずれも最終的に家康に寝返っており、道阿弥西上の第二の目的は西軍内に潜む親家康勢力への調略活動だったものと考えられる。小早川秀秋の調略にも道阿弥は主導的な役割を果たしたとされており、調略対象は広範にわたっていたと想定される。その道阿弥には達安や詮家が従軍しており、彼らを通じて宇喜多氏家臣団にも調略の手は伸びていたのではなかろうか。具体的に言うと、岡越前守・花房秀成・楢村監物・角南如慶・隼人らが調略対象だったものと推測する。

　東軍に参加した宇喜多氏旧臣は、早くに家中から離脱した花房職之を除くと、達安・詮家の「両名」であるから(前記の明石掃部頭書状⑮)、岡・花房秀成らが東国への配流処分になっていたとは考え難い。軍記類などによると、彼らは中村次郎兵衛襲撃に参加したものの、許されて宇喜多氏家中に復帰したが、反徳川闘争決起に当たり、その動向を疑われて国元に残されたことを不満として宇喜多氏家中を退去し、大和へ蟄居したとされている（「花房家系譜」は花房秀成の動向を、増田長盛領に蟄居していたが、長盛の西軍参加を受けて高野山赤松院に入ったと記す）。これらの記述を裏づける一次史料は確認できないが、達安の妻子は大和に置かれており（前記の明石掃部頭書状⑯）、岡・花房秀成らの大和への蟄居という記述との関連性を窺わせる。

一方、関ヶ原合戦後、岡越前守・花房職之や戸川達安・宇喜多詮家がすぐに大名・旗本として処遇されたのに対し、岡越前守・花房秀成・楢村監物・角南如慶はいずれも二〜四年後に旗本（御家人）として復権している。彼ら以外の宇喜多氏家臣の場合、他大名に仕官した者はいるが、家康によって大名・旗本に取り立てられた者はいない（後述する進藤正次が例外である）。このような処遇の相違は、東軍として戦闘に参加した者、戦闘に参加しなかった者、西軍として戦闘に参加した者という相違に応じたものだったと考えられないだろうか。

岡・花房秀成らは家康の裁断により厳罰を免れ、宇喜多氏家中へ復帰できたことから、家康への恩義を感じていたが、詮家とは異なり、会津征討に従軍できなかったため、反徳川闘争決起当時、上方にとどまっていた（後述する国元の守備にも入っていない）。そこへ道阿弥による調略の手が伸び、結局、岡・花房秀成らは秀家への非協力・宇喜多氏家中からの退去という消極的行動で勧誘に応じたのではなかろうか。

あるいは、達安のような遠国への配流ではなく、大和への蟄居という軽い処分を下された可能性や、最終的な処分未定のまま（前記利長書状には「大かたすみ」とある）、大和の増田長盛へお預けになっていた可能性もあるが、処分内容は異なるものの、同様に処分された達安と、戦後の処遇に相違が生じた点については説明が付き難い。一方で、五月頃に退去したとする大西氏の見解も否定できない。

いずれにしても、岡・花房秀成ら大身家臣の退去は、東軍にとって兵力の増加はないが、西軍の軍事力を低下させる効果があった。前記の明石掃部頭書状にあった新規家臣の召し抱えが、戸川達安・宇喜多詮家らの離脱に対応したものか、岡・花房秀成らの離脱も含めた対応なのかは明確ではないが、関ヶ原合戦を目前に控えながら、新たに家臣を召し抱えて軍事力を補塡（ほてん）しなければならない状況にあったという点に、秀家の弱点が見られる。

秀家の敗因

専制化を強める秀家にとって、直家期からの重臣やその後継者のような旧来の支配体制を守ろうとする勢力は家中から排除する必要があり、彼らを失うこと自体は計算通りだった。しかしながら、反抗勢力を排除するにあたって厳罰で臨むことにより自らの権威をより高め、求心力を増そうと考えていた秀家の目論見（もくろみ）は、家中騒動の際の家康の介入によって失敗に終わった。つまり、処分は軽減され、ある者は家康の影響下に、ある者はそのまま家中に抱えざるをえなかった。家中に復帰した者は厳罰を実施できなかった秀家を軽んじ、結局、関ヶ原合戦を目前に家中から退去し、秀家に大きな打撃を与えた。

また、中村次郎兵衛襲撃に参加しなかった家臣が全面的に秀家に服従していたとも言えない。慶長五年九月十日の秀家書状（「新出沼元家文書」）には「其元番等の儀、この刻肝用の候間、油断あるべからず、然ればおのおの手前疑い候て申し遣わすにてはなく候えども、外聞のために候間、其方面々人質の儀差し越され尤もに候」とあり、国元において城番を務める家臣から人質を徴収している。対象となったのは岡山城の宍甘四郎左衛門・同太郎兵衛、常山城の川端丹後、小串城の沼元新右衛門、虎倉城の長田右衛門丞（以上は備前）、広瀬城の宍甘太郎右衛門・牧藤左衛門、赤穂城の中吉平兵衛・延原六右衛門（以上は播磨）、高田城の小瀬中務正、倉敷城の明石四郎兵衛（以上は美作）である。

このうち、沼元や長田・牧・小瀬・明石はすでに人質を提出していたにもかかわらず、もう一名の提出を要求されている。彼らはいずれも、直家期に宇喜多氏に臣従した国人領主であり、「疑い候て申し遣わすにてはなく候えども」という弁明とは裏腹に、秀家がその向背を疑っていた状況が窺える。また、それぞれに人質の提出を命ずる文言には「一刻も差し急ぎ」とか「早々」という語句が付されており、緊急を要する状況だったことも窺える。推測になるが、前述の岡や花房秀成の動向を踏まえた対応だった可能性が考えられよう。

さらに、秀家は「おのおの人質取り候えば、家来よきには及ばず事に候えども、おのおの内にて知行かたを取り申す者の人質の儀、これまた家中よきを取り集め、岡山、四郎・太郎兵衛両人ところへ相渡し尤もに候、女房と娘とは出す事無用候、息子又は兄弟又親にても差し出し尤も候、この通り堅く申し付けらるべく候」と命じており、前記の城番主だけでなく、城番の管轄する地域の給人からも人質を徴収することとしている。一方で「小給の者は入らざる事候」とあり、石高の低い家臣については原則、人質の提出は不要としている。

人質徴収の理由については「悪心をたくみ候てもいかがと存じ候ものを取り集め候て、岡山へ差し越し尤もに候」としており、それが国元での反乱防止にあったことを如実に示している。逆に言うと、反乱の起こる危険性を秀家は感じていたと考えられる。

秀家は朝鮮侵略戦争の頃から専制化を強め、側近の出頭人的奉行人を登用して、検地を実施し、国人領主の伝統的な権益を否定していこうとしていた。この政策は国人領主連合体的性格の強かった宇喜多氏領国の社会構造を根本から変革する大事業であった。その過程で軋轢（あつれき）が起こることは覚悟の上であったが、秀吉の権威や石田三成ら豊臣奉行人との連携によって乗り越えることができるはずであった。ところが、秀吉の死や三成の失脚によって後ろ盾がなくなったにもかかわらず、秀家は大変革を強行してしまった。

若年時から秀吉の庇護を受けて成長した秀家は、父直家とは異なり人心を巧みに操り掌握していく術（すべ）を身に付ける必要がなかった。また、豊臣政権の権威を借りてきた秀家には独自のカリスマもなかった。にもかかわらず大変革を強行したため、家中には混乱と疑心暗鬼が渦巻いていた。その状況を克服できないまま反徳川闘争決起に踏み切った秀家であったが、関ヶ原合戦直前には軍事力の低下や家中統制の乱れを露呈し、その軍事的能力を十分に発揮できる環境になかった。そのような宇喜多軍を中核とせざるをえなかった西軍が関ヶ原合戦において敗れ去ったのは、必然だったとも言えよう。

第五章追記

近年、宇喜多氏研究は格段に深化した。なかでも、豊臣期の宇喜多氏に関する研究を主導している研究者として、大西泰正氏・森脇崇文氏をあげることができる。

大西氏は数多くの著書・論稿を発表され、本書に関するご批判もいただいた。それに対して、著者は大西氏著書の新刊紹介において次のようにお答えしている。引用したい（一部を追記の形態にあわせて改稿）。

一次史料以外の援用についての本書の記述に関して反論をいただいたが、著者に大西の手法を全否定する意図はない。著者が一次史料に依拠しつつ、そこから推測していくという手法を用いたことを強調したものである。史料解釈についてもご批判をいただいたが、前記の手法の相違によって生じた解釈の違いであり、大西著書の刊行を契機に、宇喜多氏研究がますます盛んになり、未発見の一次史料が発掘されることによって、実態の解明につながることを期待したい。

大西氏の手法についても新刊紹介において「大西著書の魅力は、体系立った同時代史料を残していないため、実態解明が困難視されていた宇喜多氏の動向が、一次史料の博捜に加え、綿密な史料批判のうえで援用された二次・三次史料を駆使することによって、鮮やかに描き出された点にある。」として評価しており、単行本において「大西氏の研究も『戸川記』や『慶長年中卜斎記』、『慶長見聞書』など後年に成立した史料を用いているという問題点がある。」と記したことは、誤解を招く表現であった。このため、本書においては関連する箇所も含め削除・訂正した。

大西氏によって研究が深化した宇喜多氏家中騒動に関連して、石畑匡基氏は、体調の回復した大谷吉継が政権復帰を果たし、石田三成・浅野長政が抜けた「五奉行」の業務を分担していたが、宇喜多氏家中騒動に対する家康の裁定に強い嫌悪感を覚え、そのことが反徳川闘争決起につながったとした。さらに石畑氏は、二四八ページに引用した『鹿苑日録』を詳細に検討して、騒動の真相や仲裁者である吉継の関わり方について再考している。

大西氏や石畑氏の解釈と本書の解釈とは異なる点も多いが、現時点では明確な私見に達していない。今後の課題としたい。

森脇崇文氏も宇喜多氏家中騒動について考察している。著者の見解について、軍事面などでの一門・宿老の役割を過小評価している点で疑問を覚えるとし、戸川を除く面々の帰参は分国経営の混乱を最小限にとどめるという意味で、秀家にとっても望ましい結果であったとみるべきとした。的確な視点に基づく指摘であり、今後の研究に役立てたい。

さらに森脇氏は豊臣期宇喜多氏権力の構造的特質や変容過程について考察し、庶流名字「浮田」の創出により、一門衆の統御と新たな分国運営層（直属奉行人）の編成を両立させたこと、宇喜多氏家中騒動が家中再編の画期となり、結果として当主秀家への集権が進展したことを明らかにした。森脇氏が考察に当たって、宇喜多氏分限帳の史料的価値を解明した点についても高く評価される。

大西氏や森脇氏の研究は、本書第五章をより精緻（せいち）に考察したものであるとともに、豊臣期の宇喜多氏を理解するうえで欠かせないものである。代表的なものを参考文献に掲げた。ぜひ一読いただきたい。

森脇氏が分析対象とした「慶長初年宇喜多秀家士帳」(「加越能文庫」)については寺尾克成氏も分析を行い、朝鮮から帰還後の宇喜多氏重臣が軍事的中核としての機能は維持しつつも、領国経営の中枢への参画という比重は低下したこと、重臣に代わって直属奉行人が領国経営の中枢に参画するとともに、秀家の意志決定を、郷村を単位とした在地へ直接伝達、施行する小編成組の整備を行うことにより、集権化を推進したことを論証している。また、豊臣期を含む宇喜多氏権力の実像に迫った渡邊大門氏の著書のほか、右記の各氏と並ぶ宇喜多氏研究の中心的存在である森俊弘氏・畑和良氏の論稿、戸川達安について考察した小川雄氏の論稿についても参照いただきたい。

第六章　島津義弘、起死回生の大勝負

この章のテーマ

第五章までは、関ヶ原合戦において西軍に参加した大名のうち、石田三成ら豊臣系大名を除く外様系大名の代表例として、五大老であった毛利輝元、上杉景勝、宇喜多秀家について見てきた。この章では、五大老以外の西軍大名の中で最大級の大名である島津氏を取り上げる。

島津氏は、豊臣秀吉の九州征討に敗れて降伏したという経緯から、五大老には任ぜられなかったものの、石田三成から「まず国持ちの大名は毛利殿、家康、その次には島津にて候」（天正十七年四月十九日付け鎌田政近〈義久奉行人〉宛島津義弘書状）と評されており、五大老に匹敵する存在だったと言えよう。また、九州征討直前には九州全土をほぼ手中に収めていた島津軍の強さは天下に知れ渡っており、とりわけ、朝鮮侵略戦争最末期の泗川の戦いにおいて、明・朝鮮連合軍を寡兵で破るという戦功をあげた島津四兄弟の次男義弘（長男義久、三男歳久、四男家久）の勇猛さは、朝鮮半島や中国大陸にまで響き渡るほどだったといわれる。

関ヶ原合戦においても、強兵で知られる島津氏の動向は注目されていたものと考えられるが、義弘が少数の兵を率いて参加したにとどまり、在国していた義久や義久の養子忠恒（義弘の実子、後に家久と改名）は動かなかった。

関ヶ原での島津氏といえば、島津義弘の「島津の退き口」があまりにも有名である。

だが、ここに至る過程において、例えば、なぜ、島津氏は西軍参加に向けて一丸となれなかったのかなど、明らかにすべき問題は数多い。そこでその原因を探るため、まず、豊臣政権服属後の島津氏家中の権力構造について、義久と義弘の関係を中心に考察する。次に、慶長四年三月の島津氏老中伊集院忠棟(いじゅういんただむね)殺害事件、及び忠棟殺害後に勃発(ぼっぱつ)した忠棟の子伊集院忠真(ただざね)の反乱（庄内の乱）に着目し、この騒動の起きた原因、関ヶ原合戦に与えた影響について考える。最後に、義弘の西軍参加に至る経緯やその後の島津氏の動向を分析し、西軍に参加した義弘の真意を明らかにしたい。通説では、義弘は家康に親近感を抱いていたものの、反徳川闘争決起に際して伏見城に籠城(ろうじょう)した徳川氏家臣鳥居元忠らに入城を拒否され、やむをえず西軍に参加したとされるが、真実であろうか。この章では、以上のような通説を再検討することにより、新たな義弘像を提示したい。

一　戦国大名島津氏の変革

豊臣政権への服属

天正十五年五月八日、前年に大友氏領国を蹂躙(じゅうりん)し、九州の覇者となっていた島津義久は、薩摩国川内(せんだい)まで進攻してきていた豊臣秀吉の前に島津氏老中伊集院忠棟とともに剃髪(ていはつ)して赴き、降伏を申し出た。その直前の五月七日付け島津義弘（義久次弟）書状（「旧記雑録」後編、以下、この章の史料の典拠は特記しない限り同書）に「忠棟(伊集院)の事、日州(日向)よ

島津家系図

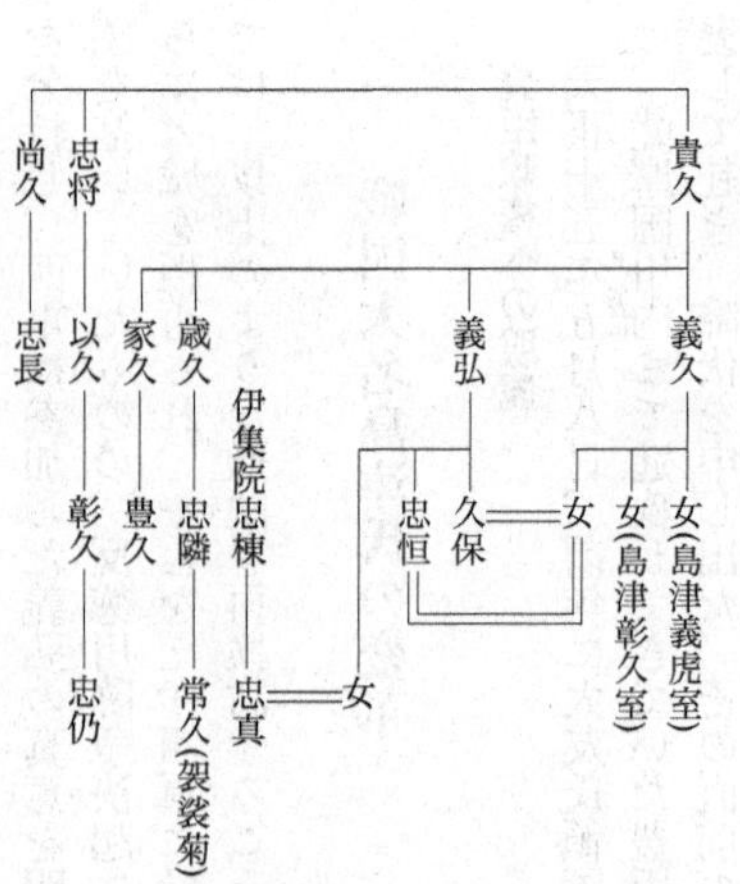

り出船の由爰元へ到来候、今ほどは其元へ堪忍候哉」とあり、義久の降伏が、日向口において豊臣秀長の大軍に敗れ、鹿児島に退却した伊集院忠棟の助言に基づくものであったことを窺（うかが）わせる。

また、五月八日の豊臣秀長家臣桑山重晴書状には「鹿児島の儀御渡しなさるべきの旨伊右太（伊集院忠棟）御請状申し上げられ候」とあり、鹿児島城を明け渡すという講和条件を提示した（この条件は秀吉によってその必要はないとされた）のも忠棟経由である。

講和後も忠棟は抵抗を続ける島津歳久領の祁答院（けどういん）などへ石田三成と同道して赴いている。

忠棟が従来から上方との外交交渉を担っていた一方、三成も島津氏と豊臣政権との接触当初から窓口を務めており、また、秀吉への取りなしも期待されていた（「諸篇御指南加えらるべき事頼み入り候」、天正十四年九月二十七日付け三成宛義久書状）。このため、両者の接触はこれ以前にもあった蓋然性（がいぜん）は高いが、これ以降、忠棟と三成の関係はより密接になっていくのである。

一方、義弘は病気を理由に秀吉の下へ当分の間伺候しなかったが、秀長家臣桑山重晴らの説得により五月下旬には降伏し、嫡子久保を人質として差し出した。義弘同様に抵抗の姿勢を示していた歳久が冷遇されたうえ、その後、朝鮮侵略戦争時の梅北一揆への関与を疑われ、殺害されたのとは異なり、義弘は大隅国一国を与えられた。義久には薩摩国一国を与えるとされていたから、島津氏の当主は義久であるものの、豊臣政権からは義弘もほぼ同格の大名として扱われたのである。このような義弘への厚遇は、最後まで抵抗の姿勢を見せた義弘を恐れ、その一方で気骨のある武士として評価する秀吉の心情を反映したものと考えられるが、その底意には義久を牽制する存在として義弘を豊臣政権寄りに取り込もうとする狙いもあったものと推測される。なお、義久の異母弟家久はいち早く豊臣秀長に降伏したことによって、本宗家から独立した大名として扱われ、日向国佐土原城を与えられたが、六月五日に急死し、その遺領は嫡子豊久に引き継がれた。

また、忠棟も大隅国のうちで一郡を与える旨秀吉から指示されている。忠棟同様に秀吉がその処遇を直接指示したのは義弘・忠棟のほか、久保・家久及び島津家一門の以久・北郷氏である。しかし、以久や北郷氏は本知を安堵されたのみであり、一郡を与えられた忠棟の処遇は群を抜いていた。これは島津氏を全面的な降伏に導いた功績を評価されたものであろう。かつ、豊臣政権が自らの意向に即した島津氏領国の経営を担える人物として忠棟に期待し、そのような行動を取るための経済基盤を忠棟に与えたものとも言えよう。

日本一の遅陣

豊臣政権への服属後、義久は忠棟らとともに上京した。一方、義弘は国元へ残り、この後、義久・義弘は交互に在京することになるが、忠棟は義久の老中という地位にもかかわらず、必ずしも義久と行動を共にしていない。これは豊臣政権の意向を理解し、それを実行できる島津氏家臣が忠棟のみだったと言っても過言ではない状況を反映したものと考えられる。そのような役割を果たしたがゆえに、島津氏家中における忠棟の存在感は内外ともに高まっていった。例えば、佐々成政（さっさなりまさ）入国直後に勃発した肥後国人一揆に対応するため忠棟は帰国したが、その際の働きを秀吉から賞賛されている（「旧冬幸侃（こうかん）（伊集院忠棟）下向已来関白様（豊臣秀吉）御気色一段然るべく候」〈天正十六年〉一月十三日付け新納忠元（にいろただもと）宛義久書状）。

一方、国元に残っていた義弘は、忠棟を除く義久老中など旧弊にしがみつく家臣の抵抗にあい苦闘していた。天正十六年、義久と交代で上京する準備を進めていた義弘の四月十四日付け書状には「此元の様子諸篇成り難き事推量あるべく候、殊に老中一人も供あるまじき由候」とあり、老中衆の非協力が窺える。また、同書状によると上京費用を調達するための段銭徴収を命じたにもかかわらずほとんど徴収できていない状況が見られ、国人領主層に対する島津氏権力の弱さも窺える。

この年の十月に義弘と交代で帰国した義久とともに忠棟も帰国した。豊臣政権は帰国した忠棟が島津氏領国を変革することに期待していた。しかしながら、存在感を増したとはいえ、島津氏家中における忠棟は老中衆の一人に過ぎない。天正十七年一月の大仏殿材木調達に関する秀吉の書状も忠棟と島津忠長（ただなが）（義久老中、島津家一門）宛となっており、忠棟の独断で決定できる事項は限られていたものと考えられる。このため、領国の変革は遅々として進まず、取次役石田三成の怒りを買うことになった。同年四月十九日付け鎌田政近宛義弘書状の一部を引用する。

> 存じの如く、旧冬当春に到り、石治少（石田三成）懇切一段時宜よく候のところ、このころ何たる事を聞き付けられ候哉、はたと相替わられ、島津家滅亡程あるまじきの由候て、取次なども公儀むきまでをと承り候、（中略）竜伯様（島津義久）御下向已前、（細川）幽斎にて御国元の置目をはじめ屋形作りの始末等、条々治少（石田三成）御入魂なされ候、然れどもその内へも今に首尾なく候、①ひとえに竜様（島津義久）御得心に参らず故に候哉、徒事（いたずらごと）を仰せられたる後悔是非無きの由治少（石田三成）覚され候間、御取次の事内儀までに立ち入り候ての熟談は入らざるの由一途に覚し定められ候と聞こえ候、とにもかくにも島津家連続は有り難きの由見究められたる由くり立ちくり立ち治少（石田三成）仰せらる事は筆にも及び難き由安三兵（安宅秀安）物語候、（中略）②京儀に精を入れ候者は惣別国元衆の気に外れ、③竜様も我等どもも国元衆に同意候て京儀を題目と存じ寄らずの由治少（石田三成）聞き付けらるの由聞きて候

［ご存じのように昨年の冬・今年の春から石田三成には懇切にしていただいていたのですが、こ

の頃は何をお聞きになったのか突然態度が変わられ、島津家の滅亡は遠くないので取次も公式のものに限るとのことだ。（中略）義久の下向以前に細川幽斎を通じて領国の法や屋形普請のやり方についていろいろと三成が相談に乗ったのに、いまだ成果があがっていない。これは義久にやる気がないからではないのか。無駄なことを言ったものだと三成は後悔して、今後の取次は内々まで立ち入らないことにしようと考えられているとのことだ。とにかく、島津家が存続することは難しいと判断したと繰り返し三成はおっしゃった、と（三成家臣の）安宅秀安（あたぎひでやす）は言っている。（中略）豊臣政権の用務に精を入れる者は国元の家臣から非難され、義久も義弘も国元の家臣に同意して豊臣政権の用務をないがしろにしていると三成は聞いているとのことだ。」

自分の指導を無視されたことに怒って、島津氏の滅亡は遠くないから、今後は島津氏の取次を表面的なものに限るとする三成の言を伝えることによって、義弘は兄義久に何を求めたのであろうか。三成の批判の対象に義弘も含まれるとしているが（③）、それはおそらく兄への配慮であり、現実には三成もまた義弘も島津氏の変革が進まないのは家臣団の意識が戦国期から変わっていないことにあり（②）、それを容認している義久が元凶であると認識していた（①）。

戦国期島津氏領国は、毛利氏や上杉氏など他の戦国大名領国以上に、有力家臣の一揆結合的な性格が色濃く、その結合体を統合する象徴的な存在が島津本宗家の当主だった。ゆえに、有力家臣の自律性は強く、義久といえども彼らの所領の統治に介入することは困難であった。豊臣政権の公役負担を果たすためには家臣団にも強制的に負担を賦課する必要があったのだが、旧来の一揆結合によって支えられている義久にはそれができなかった。

一方、義弘は秀吉の九州征討時には最後まで抵抗を試みたが、豊臣政権服属後には島津氏が豊臣政権下で存続するためにはどうする必要があるか考え、また、上京により島津氏領国の保守性を克服する必要性を悟ったものと思われる。そこで、三成の言を伝えることにより義久に危機感を抱かせ、改革の断行を迫ったのである。②の「京儀に精を入れ候者」は特定されていないが、おそらく伊集院忠棟を指しているのではなかろうか。義久とともに帰国した忠棟は家臣団の強い反発を買い、孤立していたものと考えられる。

義弘の訴えにもかかわらず義久は改革に乗り出さず、義弘の苦悩は続く。天正十九年には朝鮮侵略戦争に先立ち諸大名に命じられた御前帳の提出が遅れている件を「今日まで一所一郷の差出も上着無き段何としたる事候哉」と細川幽斎らから追及され、老中(平田歳宗・本田親貞・伊集院忠棟・町田久倍)に「精に入らるべき事肝要に候」との書状を送っている(八月五日付け義弘書状)。また、天正二十年(三月二十六日付け忠棟宛義弘書状)には朝鮮への渡海を前に、義久の養子(義弘の実子)久保の正室(義久娘)を人質として提出する件や、義久が名護屋へ在陣する件が実現していないことを憂慮し、忠棟へ尽力を要請している。

天正十九年に叱責された老中には忠棟も含まれているが、天正二十年の書状には

「幸侃（伊集院忠棟）とりわけ同心に申され候つる事今によく相当たり候、以来の御ためを申され候事、近頃頼もしき儀候」とあり、島津氏が豊臣政権下において生き延びていくための方策を提案する忠棟を義弘は高く評価し、忠棟と協力して改革を進めようとしていた。

また、同書状には「我等打ち立ち候ての後は国元の様子何たる分別にて参陣候哉と皆々申しなし候て、唐入の事には構わずゆるりとこれある由」とあり、島津氏家臣団の多くは、所領を留守にし難いことを理由に朝鮮への渡海を遅延していた。さらに、渡海用の船もなかなか用意できなかったため、義弘自身も「日本一の遅陣に罷りなり、自他の面目を失う」（五月五日付け川上忠智宛義弘書状）という事態に陥った。

島津氏の失態はこれにとどまらず、六月には朝鮮渡海のため出陣途中の島津氏家臣梅北国兼が肥後国佐敷城を占拠するという反乱を起こした。義久はこの反乱の原因を、渡海に遅延した梅北が処分されることを恐れたため（「渡海遅れの儀迷惑せしめ」、六月十八日付け書状）と認識していたが、秀吉は豊臣政権に対する組織的な反逆行為と考えた。そして、九州征討時に強い抵抗を示し、また、今回の渡海にも出陣していなかった義久の弟歳久が反逆行為の中心人物であるとして、義久に処分を命じた。結局、歳久は義久によって殺害され、この一件は落着したが、豊臣政権への非協力的な姿勢は梅北や歳久に限らず、多くの島津氏家臣に共通し、義久も同様であった。そこで、「置目改」や「検地」を行うために、細川幽斎が派遣されることになった。

幽斎仕置の失敗

細川幽斎は天正十三年の九州惣無事令の際に副状を発給しており、豊臣政権における島津氏との当初の交渉窓口を務めた人物である。島津氏の豊臣政権への服属後も三成とともに取次役を務めており、三成が朝鮮に渡海している状況下においては、島津氏の内情にも精通した唯一と言ってもよい存在であり、島津氏領国への介入を行うのに最適の人物であった。

いわゆる幽斎仕置の内容は、天正二十年八月十四日付け義久・幽斎宛秀吉朱印状に示される、①近年売却した田畠を取り戻し、義久・義弘の直轄地とする、②寺社から取り戻した土地の検地を行い、義久直轄地とする、③代官の算用を改めるの三項目である。幽斎仕置の実態については、山本博文氏や中野等氏らの詳しい論考に譲るが、その内容をまとめると、①については義久の直轄地あるいは義久家臣の給地とされ、義弘・久保にはほとんど配当されなかった、②については有力寺社を上知免除とするなど不徹底であり、かつ、検地自体も厳格に行われた形跡がない、③については代官に新知を与えるなど逆に新たな利権を認める結果となった、というように全く不十分なものだったとされる。

このような結果を招いた要因はどこにあったのか。

文禄二年一月二十八日付け伊勢貞真（義弘家臣）宛麻植長通（幽斎家臣）書状に「何道にも御検地無く御座無く候わば、御蔵入もでき申すまじく候、又、諸奉公衆御軍役已下も相調い申すまじきかと憚りながら相知り候、石田殿へよくよく御入魂なされ然るべく存じ候、①左様段、幸侃（伊集院忠棟）まで愚存通り申し越し候条、御次も御座候わば聞こし召さるべく候、（中略）憚り多き申し事に御座候えども、②常々緩みに仰せ付けらる故候哉、今度在国中諸侍衆御気違い申す儀、遠慮無くよろず申し談じ候えども、何とも事行かざる様に御座候」とあり、義久が家臣団（特に国人領主層であろう）の自律性を容認してきたこと（②）を失敗の要因としている。また、豊臣政権の意向を反映すべく家臣団を説得する役割を果たすべき伊集院忠棟が義弘とともに渡海しており、不在だったことも要因だったことを示唆している（①）。

一方、朝鮮在陣中の義弘は彼自身及び久保の直轄地となるべき勘落地の配当について国元へ指示しておくよう三成家臣安宅秀安から指南されたが、「幸侃（伊集院忠棟）帰朝までは右の趣相究めず」（八月十六日付け義弘・久保宛秀安書状）と、帰国する予定の忠棟に処理を委ねようと考えていた。ところが、在国の義久やその老中らが前述のように勘落地をほとんど義久領としていることを耳にし、その実態を豊臣奉行人長束正家へ「高麗へも出陣致さざる在国の者ども、幷に京都より当時罷り下り候猿楽、或いは町人、或いは他所より罷り越し候て奉公をも仕らざる牢人どもに新知出され候、（中略）代官申し付けらる故辛労分と候て、諸代官に新地出され、又その上惣並の新知出され候、代官の者どもは二重に新知出され候」と訴えた。

この実態を知った秀安は、秀吉の指示に義久が背いていることを「右御朱印を相背かれ、知行配分の儀、恣の仕立て然るべからず候」と非難し、三成への提訴によって、義久らに配分された知行を取り戻すよう義弘と久保に勧めた（八月二十一日付け義弘・久保宛安宅秀安書状）。

ところが、義弘は兄義久を非難する訴えを公式に提起することを躊躇した。これに対して、秀安は同月二十七日、義弘・久保へ次のような内容の書状を送った。

> 幽斎今度のごとくなる御仕置は前代未聞これ無き事に候、御家中の者ども主人の知行をも一往の御届をも申さず悉く恣分け取りにして、あまつさえ出陣も仕らず候事、扨も扨もかくの如く候えども、無念にも思し召さず候えば、善悪を御存じ無く候間、御馳走申し候ても更に入らざる事に候、（中略）一段一段御急ぎ候て、御使者上げ置かるべく候

そして、公式に訴えなければ取次を止めるとの強硬姿勢で迫った。また、二十八日にも書状を送り、「惣別御心弱く候事を御家中衆も存じ候故」と、家臣団に対して弱腰な島津氏の旧弊を批判した。

結局、この件は義弘が国元へ家臣を派遣して直接取り戻すという手段により解決し、義久との直接対決は回避されたが、義久と義弘の見解が相違する事案として、三成に検地を依頼するか否かという問題が残された。

三成検地への抵抗

七月八日付け義久宛義弘書状に「連々石田殿頼み存じ候て検地仕るべきの由申し合わせ候、当国においてもたびたび御内談申す分に候、然る時は治少(石田三成)御帰朝の折節、右の首尾をもって頼み存ずべく候覚悟に候」とあり、帰朝後に検地を行ってもらうよう三成と相談している旨、義弘は報告している。これに対して、義久は同月二十八日、「石田殿へ申し談じ候など御侘びは罷りなるまじきかと存じ候」と返答し、三成への依頼には消極的だった。自己の給地の実態を把握され、検出分を収公される可能性のある検地を避けたいと考える家臣団の一揆結合をその権力基盤とする義久にとって、家臣団の利益を害する政策を実行することは自己の地位を危うくするものであった。当然、三成による厳格な検地の実施は歓迎すべからざるものだった。一方の義弘は、豊臣政権の公役を果たして島津氏が存続するためには、検地の実施によって経済的基盤を確立し、また、島津本宗家の権力を強化することが必要だと考えていた。

この検地問題は三成と忠棟が帰国したことによって進展する。宛所が欠けているが忠棟宛と考えられる九月二十五日付け三成書状には「最前熊河にて申し談ず如く、御国の御仕置も御諚なされ候、巨細は其方へ御申し聞かせあるべきと最前上意候つる条かたがた御上洛肝要候」とあり、秀吉の決定した島津氏領国の仕置方針が、忠棟を通じて伝達されることとなった。その内容は明記されていないが、三成の主導による検地の実施を指すものと考えられる。また、以上の経緯から、秀吉の決定は義弘や忠棟の思惑に沿ったものであったことが窺える。

ところが、文禄三年の四月七日付け相良五郎左衛門尉宛忠棟書状に「安宅殿煩い今に然々無く候、快気無く候わば、検地には成り難き由申され候」とあり、安宅秀安の病気により検地の開始は遅れ、忠棟が検地の「惣奉行」として帰国した七月、三成からも検地奉行が派遣され、ようやく島津氏領国における惣検地は開始された。この報に接した義弘は「類年の本望この事に候」と喜んだが、当主でありながら頭越しに豊臣政権の介入を決められた義久には不満が残った。

三成検地は文禄四年三月頃には終了し、三成から派遣された検地奉行も四月には帰京していった。四月六日の義弘宛安宅秀安書状によると、検地によって三十万石もの検出が得られている。これらは義久・義弘・忠恒（久保の死後、義久の養子となった義弘の子）の直轄地とされ、島津氏中枢の権力基盤を強化できるはずだったが、秀安は検地上の数値がそのまま年貢収納高に結び付かない実態を「去年分漸米大豆ともに四万石ばかり相納め候由申し候」と指摘している。その要因は、義久や義弘が国人領主層などに融和的であるため（「義久・貴殿連々諸事緩かしに仰せ付けらる故」）、家臣団の自律性を否定できなかったこと（「御家中衆気任せ故に候」）にあると秀安は述べ、このような状態では今後の取次は不要だろうと、義弘を半ば脅迫している。

実際には義弘はずっと朝鮮在陣中であり、国元の統治に関与することは困難だったから、秀安の非難は義久に向けられたものであろう。義弘に対する厳しい言葉は帰国後の義弘の働きへの期待の表れと言えよう。また、同書状には、三成が島津氏領国の検地について秀吉に報告した際、義弘の帰国を願い出て了承されたとある。このことは、検地の終了と義弘の帰国が偶然同時期になったものではなく、この検地を契機に島津氏領国の社会構造を変革するという仕上げのためには、義弘の帰国が不可欠だと三成らが判断していたことを示している。秀安の言を借りると、「御検地は事よく相調い候ても、御国諸侍・百姓・町人以下まで少しも得心無く候、竜伯様(島津義久)御得心無く候」という状況にあったのである。つまり、検地は終了したものの、その結果を今後の領国経営に生かすべき当主義久が、検地に不満を持つ家臣団や町人・百姓層に迎合して検地結果を無視する構えを見せ、島津氏領国の保守的な体質を温存しようとしていたのである。

義弘と義久

義弘は五月十日に朝鮮から帰国の途につき、六月十二日には上洛(じょうらく)している。よって、六月十七日に出された安宅秀安覚は義弘と話し合った上のものであると推測される。一部を引用する。

一 竜伯様(島津義久)御ためと申しながら、竜伯様もさして御心入れられず、幷に重代の御家来衆も国家の御為にも相構えられず候て、面々の勝手次第に候て、何事も三成幷に我等式にふり懸けられ候段、分別能わず候事、三成に対し難しき事仰せ懸けられ候とも、御家中の衆悉の儀仕り候をまず堅く仰せ付けられ、その後三成幷に我等式にも仰せ聞かさるべき段尤も候、但し、重代の御家来衆に仰せ達せられず候わば、此方へ一切承り及ばず候事、（中略）

一　専用〳〵は御家来衆の無沙汰を堅固に御法度仰せ達せられ、その上をもって三成御入魂尤も候、御家中衆気任せ悉の族御用捨なされ、三成に対し御老中役その外御まかない以下の事まで御頼みなさる事分別能わず候、左様に候て御家中衆何かと申す時、竜伯様幷に老中又悪しき覚悟候者御同心候えば、皆悉く三成ため然るべからず候、この一ヶ条に相究まり候

［一、島津義久のために尽力しているにもかかわらず、義久自身は不熱心で、また、家臣団も国の公役を疎かにし、自分勝手にふるまって、何事も三成や私（秀安）に頼ってくることは理解できません。三成に対して難しい案件を相談される場合、家臣団の勝手な行動をまず厳しく指導した後、三成や私に言ってこられるのが妥当です。そうされない時には相談に応じません。（中略）

一、重要なのは家臣団の勝手な行為を処罰し、その上で三成に相談されることです。家臣団の自分勝手な行為を放置して、三成に対して島津氏の老中の役目まで果たすよう頼まれることは理解できません。そうしておいて、家臣団から不満が出た際、義久や老中、また心がけのよくない家臣がそれに同意することは、すべて三成のためにもよくないことです。この一ヶ条に尽きます。」

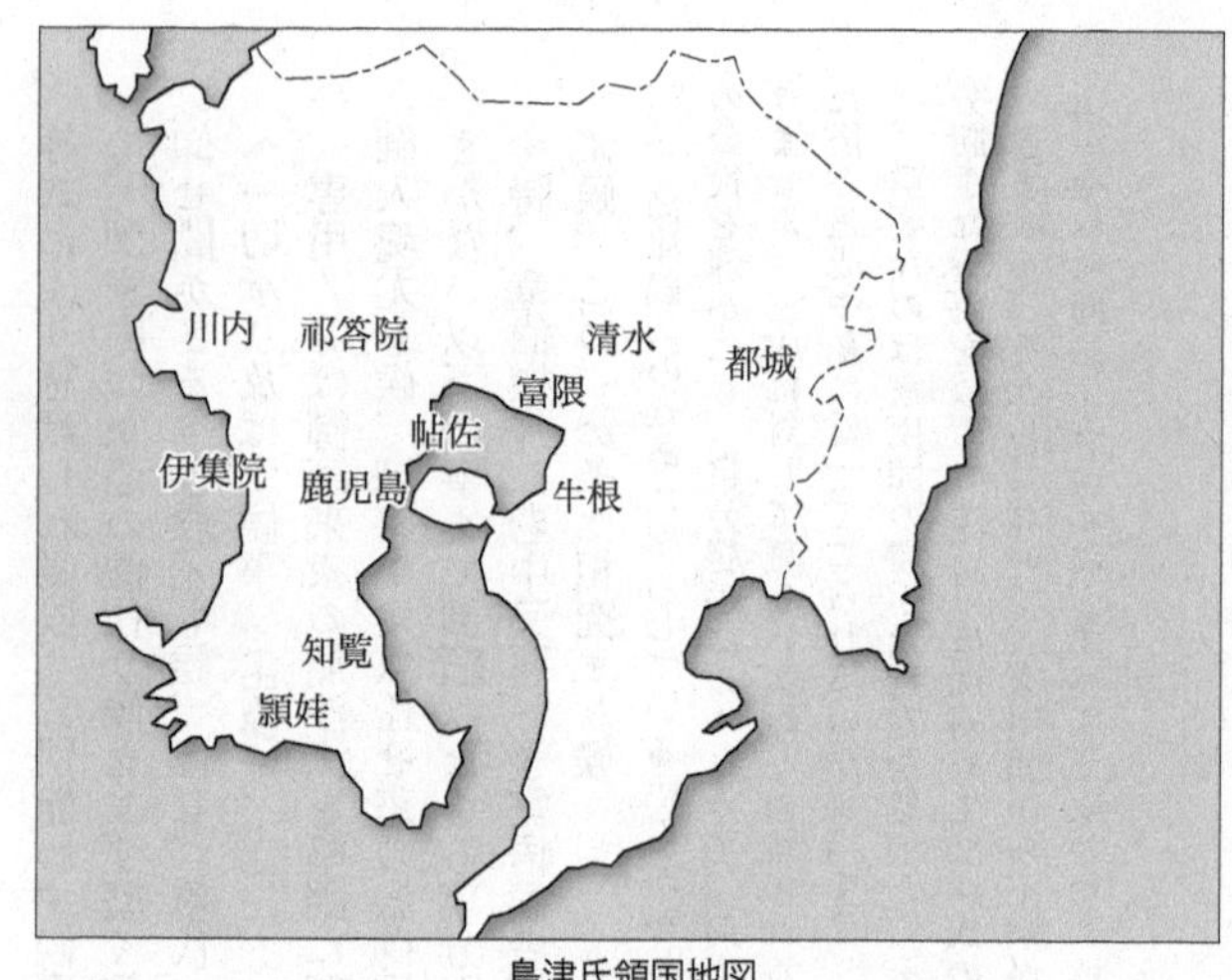

島津氏領国地図

この覚の宛所は伊集院忠棟・町田久倍らになっているが、実質的には義久に宛てたものである。内容的には秀安が従来から義弘に言っていたこととほぼ同様であるが、義弘への私信ではなく、公式的な覚という形式で示されたことにより、豊臣政権の行政指導のような性格を帯びた文書と言えよう。

このような義久に対する厳しい評価は、検地後の給地配当に如実に表れた。山本博文氏の考察によると、義久の直轄地は二万七千石から十万石、義弘の直轄地は一万二千石から十万石に増えており、義弘の増加分をより多くすることによって二人を石高上は同格としたのである。また、給地替えによって、島津氏の本拠鹿児島は義弘に与えられ（実際には義弘は帖佐に居住し、鹿児島へは忠恒が入った）、義久は大隅国の富隈に移った。島津氏への領地宛行朱印状も義弘宛に発給されており、豊臣政権は義弘を当主として扱ったのである。

その上、検地後の給地配分など領国統治を行うため、義弘とともに帰国しようとした義久は、関白秀次失脚事件を理由に京への残留を命じられ、義弘のみ伊集院忠棟とともに帰国した。この措置は、帰国した義久が検地に不満を抱く勢力に同心して、改革を骨抜きにすることを阻止するためのものであろう。兄義久に対して非情になれない義弘の弱点を知りぬいた、三成らの配慮であった。

さて、検地の実施は義久・義弘らの直轄地の飛躍的な増加をもたらしたが、それは家臣団の給地替えとセットになることによって実現できたのである。すなわち、従来の給地のままで検地による石高の増加分を収公しようとすれば、一部を召し上げることとなり、家臣団の反発は非常に大きいが、給地替えした場合、数値上の石高は同じであるから反発を低減することができ、また、在地と結び付いた反抗行為を防止することもできる。

そこで、島津以久は大隅国清水から種子島・屋久島などへ、北郷氏は日向国庄内から薩摩国祁答院へ、種子島氏は薩摩国知覧へというように大規模な給地替えが実施された。つまり、この給地替えは義久・義弘ら島津氏中枢の権力強化を実現する一方で、在地との関係を切断された家臣団の自律性を否定する政策だったのであり、島津氏領国に大変革をもたらすものであった。

ところで、義弘とともに朝鮮に渡海した義久の養子久保は文禄二年九月、朝鮮において病没し、島津氏は後継者を失ったが、翌文禄三年三月、久保の弟忠恒が三成の取次によって秀吉の下へ伺候し、後継者として認められた。その後、同年十月に忠恒は朝鮮へ渡海したのであるが、この軍には有力家臣の島津以久・島津忠長・種子島久時・北郷三久・入来院重時、義久奉行人の伊集院久治・比志島国貞・鎌田政近のほか忠棟の息子の忠真らが加わっている。

彼らの多くは当初の義弘渡海時には従軍せず、国元にあって幽斎仕置を骨抜きにし、また、検地の実施に抵抗した勢力であった。故に、三成検地の実施にあたって激しい反発が予想される面々であったから、島津氏後継者忠恒への従軍という拒否し難い理由によって、国元から引き離したのである。このような措置を命じたのは三成であることが、三月十日付け忠棟宛義弘書状に「ことに鎌雲（鎌田政近）・抱節（伊集院久治）・比紀（比志島国貞）なども又八郎（島津忠恒）供たるべきの由国へ仰せ下さるの旨候、これまた、治少（石田三成）様御念を入れられ忝き次第に候」とあることからわかる。義弘は彼らが従軍してくれれば安心して忠恒を渡海させることができるとしているが、その真意は変革を妨げる勢力の隔離も果たせるという一石二鳥の想いだったのであろう。また、この指示は三成が一人で思いついたものではなく、在京していた忠棟と相談したうえでのものと考えられる。

忠恒の不満

話を三成検地に戻そう。検地後の知行配当は義弘と忠棟が三成や秀安と協議しながら進められた。三成については、「員数以て遣わすべき旨、京都において石治少（石田三成）様御談合相定め候」（文禄四年九月三日付け根占重虎宛本田親貞・伊集院忠棟知行目録、「禰寝（ねじめ）氏正統世録系譜」）とある。また、秀安については、「我等事、国の置目に付き下向申すべき由仰せ出され候間、図らず去月十七日京都を罷り立ち、（中略）安宅三郎兵衛尉（秀安）殿・幸侃（伊集院忠棟）も追っ付け跡より下向あるべき由相定め候」（八月三日付け忠恒宛義弘書状）とある。

一方、文禄四年十月に帰国を許された当主義久は、「まず惣所替えにてあるべきにて、図書（島津忠長）・幸侃（伊集院忠棟）ばかり替えあるまじきにて候、典廏（島津以久）なども何方へ替え候するかとの気遣いとこそ聞え候え、何事も幸侃へ御談合と見え候、又、安宅（秀安）殿へいろいろ手回し候ように申し候」（八月二十一日付け義久書状）と言っており、義久の意向はほとんど反映されなかった。

文禄五年のものと推測される三月二十一日付け袈裟菊（けさぎく）（島津常久）乳母宛義久書状（「旧記雑録」附録）に「このころは武庫（島津義弘）指南にて候、ことさらこのたびは何事も幸侃（伊集院忠棟）を頼み、京儀を調え候と聞こえ候、幸侃（伊集院忠棟）の事京儀の案内者の事にて候ほどに、定めてよく調おり候べく候、我らは一向承らず候間、存ぜず候」とある。この書状は秀吉の命により殺害された島津歳久の孫常久（つねひさ）への給地宛行について愁訴された義久の返答であるが、義久はこの決定に全く関与できず、義弘が「指南」していること、義弘も豊臣政権との窓口となっている忠棟を頼りにしていることを示すものであり、この時期の領国経営の主導権は義弘・忠棟が握っていたのである。

このようにして、三成検地は比較的順調に実施できたのであるが、留守中に給地替えを決められ、あるいは加増されなかった朝鮮在陣衆の不満は想像に難くない。彼らはその不満を忠恒にぶつけ、朝鮮でともに苦闘しているという連帯感を感じていた忠恒は彼らの要求に応（こた）えようとする。例えば、文禄五年の一月十四日には伊集院久治に対して「今度国本改易に就き、諸侍知行支配等の儀一切案内無きの条、始末の首尾万端不審の至候、（中略）たとえ御両殿（義久・義弘）御同心なされずと雖も、頻に申し調い、別して知行宛がうべく候」との書状を発給し、義久・義弘に逆らってでも、朝鮮在陣衆に加増すると約束したのである。

そして、忠恒は約束を実現すべく義久や義弘に申し入れを行うが、「このたびはまず近年諸侍公役へ打ち替えを遣わされ候て、加増の儀ともは重ねての儀たるべき由候」（一月二十六日付け書状）と、義弘には加増は次の機会にすると拒絶される。他方義久は、「このたびの配当の儀は、（中略）京都より幸侃（伊集院忠棟）へ仰せ付けられ召し遣わされ候間、其方へ差し越し候て諸曖これあるにおいては、必定京都へ悪しく申しなさるべく候」（二月六日付け書状）と、今回の配当が豊臣政権の意向を受けて忠棟が差配したものであるから、これを覆すことはできないとしている。ただ、ちょうどその頃に義弘が上洛したため、ある程度の巻き返しが可能となったのであろうか、島津忠長には七千石の加増、その他の衆にも後日加増すると約束している。同書状において義久は、義弘家臣には加増が行われていることを述べており、義弘一派を優遇する今回の配当に不満を持ち、巻き返しを狙っている様子が窺える。

しかしながら、忠棟が引き続き在国し、配当の差配を行っていたため、義久の独断で加増を行うことはできず、朝鮮在陣衆に迫られた忠恒は六月、鎌田政近や伊集院久治に対して独断で三千石の加増を約束し、さらに十月には安宅秀安へ書状を送り、朝鮮在陣衆への加増を直接要請した。これに対して秀安は、翌慶長二年の一月二十日、「御家中加増の儀、治部少（石田三成）にたびたび御内談なされ候と雖も、御国の儀、一度秋配分候て支配に以ての外出入候間、治部少（石田三成）も惣別配分は仕り直し成り難き題目に心得、助言申す段斟（しん）酌（しゃく）申し候」と返答した。すなわち、秋に実施した配分について訴訟（「出入」）があったため、三成も介入することを控えているとして、忠恒の要請を拒絶したのである。

一方で、一月十九日の忠恒宛義久書状には次のようにある。

> ①図書頭（島津忠長）帰朝候間、彼是談合にて候、然れば加増支配の儀、早々仕るべきの由京都より承り候間、義弘へ談合致し、申し付け候処、其元よりの心付けも忖度致し候事、
> （中略）軍役始末の儀に付き、②惣支配改めらるべきの由出合い候つれども、浮地帳など然々究めずの故、この節は成り難き由候、③去年の割付恣に致したる在所ばかり仕り直すべき由候

すなわち、忠恒から加増問題処理のため帰国させられた島津忠長と義久が談合していたところ、豊臣政権からも加増の件は早々に実施するように命じられたので、義弘とも協議して実施することにした（①）。そのうえで、忠恒から要望のあった給地配分の白紙からの見直し（②）については困難であるから、昨年の配分が不公正であったもののみを見直す（③）としている。

島津氏取次である三成の頭越しに豊臣政権が加増の指示をすることは考え難く、また、三成の決定を秀安が知らないことも考えられない。とすれば、「早々仕るべきの由京都より承り候」との義久の言は、忠恒を宥めるための方便であり、実際には③のような限定的な対応を予定していたに過ぎないのではなかろうか。その後、朝鮮在陣衆に対する加増が行われた形跡はなく、痺れを切らした忠恒は二月二十九日、在陣中の比志島国貞・伊集院久治連署の加増宛行を発給しているが、正式な手続きを経たものとは考えられないから、空手形に終わった蓋然性が高い。

加増を巡る島津氏内部の闘争が続く中、朝鮮への再侵略が計画され、慶長二年四月、義弘は再び渡海する。渡海した義弘に代わって忠棟は急ぎ上京するよう命じられ、続いて義久も上京したうえ、朝鮮における戦闘が激化していったため、結局、加増問題は抜本的な解決を見ないまま放置された。

この間の慶長二年八月、在京中の義久は三成から伊集院久治・鎌田政近のことについて、次のように尋問されている（十月十日付け本田正親宛義久書状、「旧記雑録」附録）。

八月二十七日・八日伏見にて治少老(石田三成)へ参会申し候、包節(伊集院久治)・鎌雲(鎌田政近)が事、別儀ある仁かと尋ねられ候、少しも別儀無き者どもにて候由巨細所詳しく申し分け候、得心と見え候き、其方・紀伊(比志島国貞)などか事は出合わず候間、此方より申し出せば却(かえ)って如何と存じ遠慮せしめ候

三成と連携して島津氏領国の経営を主導する義弘・忠棟に抵抗する勢力として、かつての義久奉行人らを三成が注視していたものと考えられる。このような対立構造が慶長四年の庄内の乱や慶長五年の関ヶ原合戦時の義久や義弘・忠恒の行動につながっていくのである。

二　庄内の乱

拡大する伊集院忠棟の権力

島津氏一門である伊集院家（島津氏本宗家第二代当主忠時の孫俊忠が初代とされる）は多くの家系に分かれており、福島金治氏によると、忠棟の家系は相州家(そうしゅうけ)（島津氏本宗家第九代当主忠国(ただくに)の子友久(ともひさ)が初代とされる）の宿老であった。義久・義弘の祖父忠良(ただよし)が相州家の家督を継承する際にも伊集院家の貢献は大きく、さらに義久・義弘の父貴久(たかひさ)が本宗

家の家督を継承すると、忠棟の祖父忠朗が本宗家の老中に任じられ、その後も代々老中の筆頭格として島津氏家中において重要な地位を占めてきた。忠棟は忠金と名乗っていた永禄九年頃から老中としての活動が見られ、ほとんどすべての老中連署状に署判するなど、他の老中より格上とも言える扱いを受けてきたが、豊臣政権への服属によって、その権限がさらに拡大していったことについては、すでに見たとおりである。

また、上方から琉球・ルソンに至るまでの広範囲な海上活動を行っていた領国内の商人的被官竹下宗怡や山川港を拠点とする商人的被官大迫新左衛門との関係が確認され、特に、前者については自領内の重要港津高須浜の役人に任じているなど、島津氏領国における交通・流通組織を統括する地位にあったものと推測される。そのような人的関係を通じて、忠棟は早くから上方の情報にも精通し、時代の潮流にも敏感な人物だったのではなかろうか。

江戸期に作成された薩摩藩の編纂物において、忠棟は「佞人」などと批判され、島津氏からの独立を図った不義の人物とみなされているが、そのような忠棟像は幕藩体制下で形成されたものでしかない蓋然性が高い。そこで、同時代の島津氏家中や豊臣政権から忠棟がどのように見られていたのか、また、義久・義弘・忠恒との関係などについて、豊臣政権服属後の一次史料から再考してみよう。

天正十九年五月、起請文を提出した忠棟に対する島津久保の返書の起請文案には次のようにある。

> ①龍伯（島津義久）様・義弘御前に自然不慮の邪説出合うべく刻は、我々進退に似合わずながら、応時の子細に懇ろ入魂致すべき事、（中略）②縁重の儀、天下様より御曖、かくの如く候の上は、向後互いに遺恨あるまじき事、（中略）③其方の儀に就き、万一讒言の仁これあるべき時は、委しく申すべき通り、又、下々において、左様の沙汰聞き付け次第承り候わば、忽ち糺明の儀談合遂ぐべく、殊更④代々（ママ）の忠節の佳名他に異なるの条、私に到るも別して指南の儀希む所也、なかんずく在洛而已の砌候間、京都共に偏に頼み入るべき事

①の「邪説」や③の「讒言（ざんげん）」とは、忠棟への非難を指すものと考えられ、この段階では三成検地は行われていないが、すでに豊臣政権への降伏を主導した忠棟への島津氏家臣団の怨嗟（えんさ）が窺われる。また、②は義弘娘（久保妹）と忠棟の嫡子忠真の婚姻のことを指すものと考えられる。義弘のもう一人の娘は当初北郷相久と婚姻し、その後豊州島津家の朝久と婚姻しているが、この娘の母北郷氏と義弘は離縁しているから、忠真室は実質的には一人娘とも言える女性であり、島津本宗家、あるいは、義弘個人が姻戚（いんせき）関係によって忠棟との結び付きを強固にしておこうとしたことがわかる。このように、島津本宗家が忠棟との結び付きを深めようとしたのは、島津氏が豊臣政権下において存続するためには、取次役石田三成との緊密な関係を持つ忠棟に「頼み入り」、その「指南」を

仰ぐことが不可欠だったからである（④）。

久保の死後、秀吉の下へ初めて伺候した忠恒も義弘から「幸侃定めて在京たるべく候の条、内外とも意見を得候て肝要に候」と諭されており（十一月十一日付け忠恒宛義弘書状）、義弘渡海中の島津氏家中において、内政外政ともに忠棟の権力がさらに拡大している状況が窺える。忠棟の権力の源泉が三成との関係にあったことは、文禄三年四月の忠恒渡海前に婚儀を済ますよう、三成の内意を隠密に受けていることからもわかる。忠棟は、豊臣政権の真意を聞き出すことができる唯一の人物だったのだ。そのような忠棟と三成の関係は「治少様（石田三成）御一人をいよいよ押し立てられ、京儀を別儀無く御念入れらるべき事尤も候、別に一人も御頼みあるべき人これなく候」（五月二日付け忠棟書状）という忠棟の三成に対する絶対的な信頼感から生まれたのではなかろうか。

しかしながら、豊臣政権を後ろ盾にした忠棟の権力拡大は、検地の進行とともに島津氏家中における忠棟への怨嗟をさらに増大させていった。忠棟への悪評は、義弘家臣の伊勢貞成からも「佞人」「彼大坊主（忠棟）」と呼ばれるほどであった。また、ともに検地に携わった長寿院盛淳との仲は「幸・長（盛淳）の間悪き由世上物沙汰候」（〈文禄三年〉六月二十日付け忠恒宛義久書状）とされ、忠棟は家中で孤立するとともに、検地責任者のうち忠棟のみに怨嗟が集まることとなったのである。

その上、三成検地の結果、忠棟の知行は二万千石から八万石へと増加し、さらに北郷氏を移動させた後の庄内を与えられた。義久・義弘の十万石に匹敵し、一門筆頭格の島津以久の一万石を遥かに凌駕する経済的基盤も獲得した忠棟に対し、前述したように加増を与えられなかった朝鮮在陣衆の恨みは募り、朝鮮半島で彼らと一緒に苦闘している忠恒も、朝鮮在陣衆に共感していったのではなかろうか。

江戸期の軍記類や編纂物が記すような独立志向があった形跡はなく、忠棟は豊臣政権下において島津氏が存続するために必要な施策を家中の恨みを買ってでも実行しようとしたに過ぎない。義弘も忠棟と同じ見解を持ち、忠棟の施策を支援したが、義久は不満を抱く家臣団のほうへ理解を示し、朝鮮へ渡海した奉行人らを通じて忠恒の反忠棟感情を増大させていく。このように、朝鮮侵略戦争期の島津氏家中は、義久・忠恒派と義弘・忠棟派に分裂する兆候を見せていたのである。

義久の家康邸訪問

朝鮮への再侵略に伴う義弘の再渡海は、島津氏家中の権力構造に大きな影響を与えた。朝鮮には義弘と文禄三年に渡海した忠恒が在陣した一方、義久と忠棟が上方にあったため、長寿院盛惇と上井里兼が中心となって国元の政務を執り行っていたが、忠棟が三成に相談したうえで義久の了解を得た内容を上方から国元へ指示していたものと考えられ、また、義久が三成の意向に逆らうことは困難であったから、実質的には忠棟が主導していたと言えよう。

また、朝鮮侵略軍への軍勢の補充についても忠棟が差配していたようであり、忠恒から「重ねの人数油断なく申し付けらるべく候旨仰せ付けられ」た忠棟は、これ以上の軍役を課すことは不可能であるとして、「成り難き儀お察したるべく候」と忠恒の要請に応じていない（〈慶長二年〉七月十三日付け伊勢貞昌宛忠棟書状）。このため、忠恒は「この方捨てもちにて候、（中略）あまり無念さに申すこと候」（〈慶長二年〉二月十一日付け義弘宛忠恒書状）と留守居衆への不満を募らせ、とりわけ忠棟への反感を増大させていったものと考えられる。

軍勢の補充が進まなかったのは、実際には、島津氏領国の保守的体質が招いた事態であり、その変革を図ろうとしていたのが忠棟だったのだが、若年の忠恒にはそれが理解できなかった。一方、忠恒同様に渡海した義弘の書状には、留守居衆への怨嗟は窺えない。朝鮮に在陣しながらも、領国の変革に対する義弘の決意は変わらなかった。

慶長三年に義久に宛てたものと推測される九月二十二日付け義弘書状には「①惣別御家中（の儀）、下々別して申し合わせ、神文など取り替わすべき儀停止たるべきと御法度仰せ出さるべく候哉、（中略）②別して御奉公仕るべき由申されたる仁など候つれども、とかく③傍輩中申し組む儀は御所好無き由候て、仰せ留められたる儀とも御座候、かくの如く④余儀無き御奉公に就き、申し上げ候をさえ御同心無く候間、その外においては是非に及ばず候、⑤御意の旨又八郎（島津忠恒）へも談合申し候」とある。

①と③は、起請文を交換するなどの家臣団の一揆結合的な体質を改めようとしたことを示している。他方、②と④は、主君に対して個別に起請文を提出することも禁止する

ものであり、人的結合関係に基づく支配体制を変革しようとしたことを示している。慶長三年二月頃、島津以久が家督に決まった忠恒への奉公を誓う起請文を提出したことを問題視したものと考えられ⑤、これについては、忠恒を牽制するためもあるのだろうか、日頃は変革に不熱心な義久が積極的に推進している。

このような三者（義久、義弘、忠恒）三様の思惑に加え、豊臣政権、とりわけ三成との連携を深める忠棟の力は次第に大きくなり、島津氏内部の権力構造は混沌（こんとん）としていたが、秀吉の死によって情勢は一変する。秀吉という後ろ盾を失った三成の権力に陰りが見え始める一方、天下を狙う家康が多数派工作を開始し、在京していた義久がその対象となったのである。

三成と義弘・忠棟の連携を軸とした領国支配体制下において当主としての地位を脅かされていた義久にとっても、家康との連携は自己の地位の維持回復に有効であり、「徒党立つべからず」とした秀吉の命に背いてでも家康の誘いに応じたのであろう。しかし、慶長三年十二月に帰朝した義弘・忠恒からその行動を咎（とが）められることとなった。この経緯は慶長四年一月三日付け忠恒・義弘宛義久書状に記されている。

一　内府様（徳川家康）へ参り候事、十一月十日、使は流干と申す仁にて承り候、たびたび斟酌申し候えども、強いて仰せられ候間、柏原殿へ尋ね申し参り候、別条の儀あえて申し入れず、また承らず候事

一　大納言殿(前田利家)へ参り候事、十月二十八日、これは治少様(石田三成)博多へ御下向前に、幸侃(伊集院忠棟)を以て御意を得、参り候事

一　家康私宅へ入御の事、最前流干を以てたびたび承り候、斟酌申し候といえども、その後十二月朔日に御家門様(近衛前久)・道阿弥(山岡)御両所にてまたまた仰せられ候間、力及ばず十二月六日に入御候事、（後略）

［一、徳川家康を訪問したことについて、流干という使者から家康邸を訪問するよう申し入れられ、何度も断ったが、強引な要請があったので、石田三成家臣柏原の了解を得て、十一月十日に訪問した。訪問時に特にこちらからお願いしたことも、家康からお願いされたこともない。一、前田利家を訪問したことについて、石田三成の博多下向前に、伊集院忠棟が（三成の）了解を得て、十月二十八日に訪問した。一、家康が義久邸を訪問したことについて、以前より流干から申し入れられていたが、断っていたところ、十二月一日には近衛前久と山岡道阿弥から申し入れられたので、断り切れず、十二月六日に家康訪問となったのだ。］

一条目と三条目において家康との交流が問題となっており、二条目の利家訪問は家康にのみ接近したわけではないとの弁解としてあげたものであろう。また、三成との連携を重視する義弘に対する弁明として、最初の家康邸訪問の際にも三成家臣の了解を得たことを記している。しかしながら、利家邸訪問の際は忠棟が三成の了解を得たとしながら、家康邸の際には忠棟の関与を記しておらず、家康との交流に忠棟が批判的であった

ことが窺える。なお、関ヶ原合戦の際、宇喜多氏家臣団の離反工作を行った山岡道阿弥がここでも姿を現し、家康の義久邸訪問を勧めている点にも注目しておきたい。道阿弥は秀吉死去直後から家康の多数派工作に携わっていたのである。

この書状からは、忠恒も実父義弘とともに義久の家康接近には批判的であったことがわかるが、忠恒の場合、三成との連携というより、家督を正式に譲ろうとしない義久に対する圧力の意味が強かったものと考えられる。結局、義久は義弘・忠恒に「別心無き」旨を誓う起請文を提出し、さらに、二月二十日には島津家家督を象徴する重物を忠恒に譲るという事態に追い込まれた。つまり、この段階では義久（家康）対義弘・忠恒・忠棟（三成）という図式に変わったのである。

伊集院忠棟の殺害

ところが、三月九日、忠恒は伏見において忠棟を自ら殺害するという変事に及んだ。忠恒の行動の原因については諸説がある。

江戸期に成立した『庄内陣記』においては、家康への対抗上、島津氏を味方にするために三成が忠棟の逆意を密告し、義久・義弘・忠恒が協議の上、忠棟を殺害したとするが、忠棟と三成の強い信頼関係を考えればこの説は成り立たない。山本博文氏は、義久や、加増問題で不満を持つ義久に近い家臣団から朝鮮在陣の苦闘の原因は忠棟にあると吹き込まれた忠恒が、義久の同意を得て殺害に及んだとする。また小宮木代良氏は、義

島津忠恒（家久）（尚古集成館蔵）

久対義弘・忠恒の権力闘争の一環として、義弘父子が独断で行ったものとする。一方、重永卓爾氏は、忠恒の家督相続問題を巡って義久と対立した義弘が忠棟殺害の仕掛け人とする。

まず、前節で見たように、義久と義弘・忠恒は対立状況にあり、忠棟殺害も義久の帰国後に起こっているから、殺害直前に忠恒が義久の同意を得たとは考え難い。山本氏の指摘されるように、朝鮮在陣時の加増問題をめぐる家臣団の不満に共感した忠恒が、忠棟に反感を抱いていたことは事実であろう。しかし、忠棟殺害の直前（三月五日）には、島津以久が種子島から大隅国垂水（たるみず）へ給地替えされたうえ加増を与えられ、島津忠長も大隅国肝付郡（きもつきぐん）において加増を与えられている。これらは三成検地による検出収公分を返還されたものであり、不満を抱えていた朝鮮在陣衆もある程度納得したものと考えられる。よって、加増問題をめぐる対立が直接の殺害原因ではなかろう。

また、これらの加増は三成や忠棟も了解していたものと考えられる。忠棟に関する一次史料は確認できないが、三成については、二月一日付け義久・義弘・忠恒宛三成書状に「御同図書殿（島津以久）差し上され候口上書物拝覧候、愚意彼口上に返答候、迚（とて）もやがて我等罷り下るの間、諸事直談せしめ」とあり、以久の加増問題に関する指南を行ったことが窺える。また、以久の給地だった種子島へのかつての領主種子島氏の復帰についても、「治少老(石田三成)へ御意を得候えば、両方の間を遣わし候えと承り候き、左様に候えば、七千石に仕り候て遣わすべく候」(三月二十五日付け忠恒宛義久書状)とあり、三成の指示に従い、石高を決定している。

三成や忠棟は三成検地後の配当を主導した立場にあったが、その際の狙いは、島津本宗家直轄地の増加による経済基盤の強化と、家臣団と在地の切断であったから、朝鮮侵略時の戦功により島津氏へ五万石の加増があった慶長四年末以降、家臣団への加増も可能になっており、もはや加増に反対する理由はなくなっていた。旧領への復帰については変革に逆行する面もあるが、朝鮮侵略時に不満を高めた家臣団を懐柔し、家中を統一する必要性に迫られていたのではなかろうか。この点は義弘も同意見であったものと考えられ、加増問題をめぐる対立は解消していたと推測される。

義久黒幕説や三成密告説は次の閏(うるう)三月一日付け三成宛義久書状からも否定される。

> 三月十五日の御状、同二十九日に拝見せしめ候、然れば幸侃(伊集院忠棟)生害の儀、今度御意を得、急に仕出し候歟と存じ候処に、又八郎(忠恒)短慮の仕立て言語道断是非に及ばず候、かつて以て拙者へも談合これ無く候、曲事深重に候、兵庫入(義弘)も不会致すの由申し候歟、以て同心たるべく候、誠に御腹立ち尤も至極に存じ候、(後略)

「三月十五日の書状を二十九日に受け取りました。さて、伊集院忠棟を殺害した件について、あなたの了解を得て行ったものと思っていましたが、実際には忠恒の短慮によるものであり、言語道断で残念なことです。前もって私に相談はありませんでした。非常にけしからぬことです。義弘も怒って忠恒に面会しないとのことでしょうか。あなたの立腹は当然のことです。」

義久が黒幕でありながら、忠恒に責任を転嫁した可能性もあるが、前述した家督相続をめぐる対立を考えると、義久の意見を忠恒が聞いた蓋然性は低く、この書状のとおり、義久はまったく関与していなかったものと考えられる。

三成の立腹も表面的なものではなく、真意であろう。在国家臣は「今度幸侃(伊集院忠棟)御成敗の砌、御届無き故候哉、石治少(石田三成)様御腹立ち由候欤、その子細により長谷寺へ御動座の由その聞こえ候、おのおの驚き入り候、去りながら、幸侃(伊集院忠棟)罪科の事はつれづれ治少(石田三成)様御存じの儀に候間、定めてきっと聞こし召し分けられ、物よく罷りなるべく候」(閏三月一日付け在国家臣連署書状)と認識しているが、三成が忠棟の罪科をよく知っているというのは忠棟と三成の親密な関係を示唆するものであり、それ故に三成の怒りも収まるだろうというのは希望的観測に過ぎない。実際には、第一章で見たように、閏三月三日以降、三成は襲撃事件に遭遇したため、この事件にも関与できなくなった。一方、忠恒は閏三月六日以前に高雄から伏見に帰宅している。

この帰宅の経緯については、四月十五日付け種子島久時宛義弘書状(「種子島家譜」)

に「又八郎殿(島津忠恒)御近辺において幸侃(伊集院忠棟)成敗候の間、その恐れのため一節高雄へ堪忍候、然ると雖も、徳善院(前田玄以)・増田殿・長束殿御談合を以て、寺沢殿・小西殿・立花殿迎え御越し候て、又八郎殿(島津忠恒)伏見へ帰宅候」とある。

これによると、五奉行のうち、失脚した三成は当然のこととして、家康と親しかった浅野長政を除く前田・増田・長束の三人の裁定によって、忠恒の責任が不問とされたこと、帰宅の迎えに寺沢正成・小西行長・立花宗茂という三成と親しかった者が選ばれていることがわかる。つまり、忠恒の謹慎解除に関与した顔ぶれは、三成失脚事件の際に、反徳川派に属した人物ばかりであり、忠恒の謹慎解除は家康の尽力であるとする通説は否定される。

では、なぜ三人の奉行らは忠恒の謹慎解除に動いたのか。おそらく、彼らとも親しかった義弘の働きかけによるものと考えられよう。島津氏領国の変革に向けて義弘と忠棟は連携していたこと、事件時に義弘は大坂にあり、伏見の忠恒と事前協議した形跡がないこと、事件後に義弘が忠恒との面会を拒否していることなどから考えると、義弘も殺害計画を知らなかった蓋然性が高く、忠棟の殺害自体は島津氏領国の将来を考えると賛成できないものであったが、父として忠恒を救いたいという想いが義弘を動かしたのではないだろうか。

また、前記の家臣団連署書状にあるとおり、忠恒が謹慎しなければならなくなったのは、三成の許可を得ずに忠棟殺害を行ったためであり、正当な理由があるのであれば事前に許可を得たうえで処分すればよかったのである。忠棟と三成の関係を考えれば三成が同意しない可能性もあるが、家康や利家などの許可を得るという手段もあり、公儀の許可を得れば問題視されることはなかったにもかかわらず、その許可を得ていない。さらに、忠棟は三月三日、近衛家へ進物に訪れており(『三藐院記』)、殺害される直前まで老中としての活動に携わっていた。つまり、忠棟の殺害は忠恒が衝動的に行ったと結論づけられる。その根底には朝鮮在陣時の苦労から生じた忠棟への反感や、若年の忠恒を軽視する忠棟の言動があったのかもしれないが、若さゆえの突発的な行動だったものと考えたい。

伊集院忠真の反乱

忠棟殺害の情報が国元へ伝わったのは三月二十日前後と考えられる。二月二十七日に大坂を出港し、三月十四日に帰国した義久は、忠棟殺害の情報に接し、すぐに在国していた忠棟の嫡子忠真に対して城を明け渡すよう命じたが、忠真は拒否した。その理由について忠真は、忠棟殺害の情報に接した後すぐに義久の意向を伺い、また、義弘・忠恒の考えに従う旨申し出たが、納得してもらえなかったためとしている(「幸侃(伊集院忠棟)生害仰せ付けられ候由相聞こえ候えば、則浜の市へ上意伺い候、幸侃御成敗に付き、武庫様(島津義弘)・又八様(島津忠恒)へ我等身上の儀御意を得、いかようにも分別仕るべきのとおり申し上げ候と雖も、終に御納得無く候」、六月十八日付け川上忠智宛忠真書状)。ここで「納得」しなかったのは義久のこと考えられ、恭順の意を示した忠真に対して義久は強硬な姿勢で臨んだのであろう。

義久はこの理由について、「源二郎（伊集院忠真）下城の儀申し付け候、最前は我等分別任す由申し候つれども、在所動天なく耕作等申し付くべきの由、貴老（石田三成）より仰せ下さるの段、只今申し来り候間、遠慮せしめ候」（閏三月一日付け三成宛義久書状）と、忠真が三成から在所（都城）に留まるよう指示を受けたとして開城を拒否したことをあげている。

双方の言い分を総合して推測すると、忠真が義久の意向のみでなく、義弘・忠恒・三成の意向や彼らによる自己の身命の保証を得たうえでの開城を主張したのに対して、義久は無条件開城を主張したものと考えられる。つまり、在国していた義久は、義弘と連携していた伊集院家の処分を独断で決めることにより、家康訪問問題を契機に義弘・忠恒父子に奪われた領国支配の主導権を奪回することを目論んだと考えられるのである。

一方、忠恒は家康から庄内（伊集院家領）問題解決のため帰国することを許され、四月、帰国の途に就いた。その忠恒に対して義弘は四月十四日、「庄内の儀未だ相済まざるの由候間、御才覚の儀申すに及ばず候」との書状を送っている。「御才覚」という表現から、義弘は義久のような強硬路線ではなく、穏便な解決を望んでいたことが窺える。忠真は娘婿であり、また、義久への対抗上も伊集院家の滅亡は避けたかったのである。義弘は忠真に対しても書状を送った。その書状は現存しないが、受領した忠真によると「我等進退の儀御心に及ばれ、御懇意加えらるべく由」（六月十八日付け川上忠智宛忠真書状）という内容であり、忠真は義弘の尽力により伊集院家が存続する形で決着することに期待をかけていた。

ところが、ちょうど忠恒の帰国直前頃、義久は庄内への攻撃を開始した(「廻りの城取り昨日より打ち立ち候」、四月二十五日付け忠恒宛義久書状)。この行動は、帰国した忠恒の主導による庄内処分を恐れた義久が、開戦という既成事実を作ろうとして起こした蓋然性が高い。

それでも、忠恒は義弘の意見に従い、「庄内の儀まず使者を差し越し、下城の儀申し聞かせ候、承引無きにおいては発向に及ぶべく地躰に候」(五月八日付け伊集院久治宛書状)と、平和裏に解決する道を探った。そのような忠恒の姿勢に業を煮やした義久は、独断で軍事行動を指示する一方、忠恒を厳しく非難し、次のように言っている(五月二十三日付け忠恒宛義久書状)。

明日は吉日にて候間、市成の城取り構えべきに打ち立たせ候、(中略)其方へ御遣わし候てはいずれの談合も事延べ候、二十八、九日ころには当所へお越し候て、諸篇差し寄せ御分別候えかしと存じ候

[明日は吉日なので、市成の城(伊集院家領に隣接する島津氏方の城)の普請のため派兵する。(中略)あなた(忠恒)に使者を送っていたのでは、すべての談合が遅れてしまう。二十八、九日頃にはこちらに来て、庄内への攻撃について納得していただきたい。]

このようにして、庄内問題の解決は義久の推す強硬路線が採られることとなり、追い込まれた忠真は六月十八日、その心情を義弘に訴えた。その書状には、「①今にも諸口往来御停止なされ、拙子事も幸侃（伊集院忠棟）同科になさるべき御あつかいと相見え候て、堺目堺目も放火ども候、何とも迷惑の式御賢推過ぐべからず候、それに就き、②拙子身上落着の儀、義弘様より仰せ下されざる間は相済み難く存じ候、然る間一着の始末頼み奉り候」とある。義久主導で忠棟同様に成敗されることとなり、追討軍が迫りくる状況を伝えるとともに（傍線部①）、この状況を打開できるのは義弘だけであるとして、義弘の仲裁を哀願している（傍線部②）。

しかしながら、国元における義久の力は強大であり、また、忠棟に対する怨嗟から伊集院家を処分すべきとの声は家臣団には強かったものと考えられる。このため、三成という後ろ盾を失い、上方で孤立状態にある義弘には如何（いかん）ともし難く、「庄内の儀種々御あつかいこれあると雖も、承引致さず今に楯籠り居るの由、この上は力及ばざる儀候条、いかようにも仰せ付けられるべき儀勿論に候」（七月五日付け忠恒宛義弘書状）と、庄内攻撃を容認せざるをえなかったものと思われる。

さらに、義久の強硬路線を家康が後押しした可能性を指摘できる。五月九日付け忠恒宛義弘書状に「庄内の儀、聞こしめされたきの由切々内府様（徳川家康）仰せられ候」とあり、家康は庄内問題に介入しようとしていた。この段階における家康の意向は定かではないが、七月五日付け忠恒宛義弘書状には「源二郎（伊集院忠真）事、今に相支え楯籠り居り候由、内府様（徳川家康）より曲事に思し召し候、今分に相随わざるにおいては御成敗仰せ付けらるべきの由候」とあり、家康が忠真の成敗を迫っていたことがわかる。このような内外の状況を踏まえ、攻撃を逡巡していた忠恒も、結局、自ら兵を率いて庄内攻撃にあたることとし、六月下旬、本格的な戦闘が勃発したのである。

家康の介入

伊集院軍は忠真の居城都城を中心に、十二外城と呼ばれる伊集院氏領内周辺部の城の防備を固めて、忠恒らの攻撃を迎え撃った。緒戦においては忠恒軍が優勢で、十二外城のうち山田城・恒吉城を攻略したが、その後は伊集院軍の激しい抵抗にあって、末吉・志和地・野々美谷などの外城の攻略には失敗し、戦線は膠着状態に陥った。そこで、家康は豊臣政権の最高指導者として、寺沢正成を使者として派遣し、調停にあたらせることとした。

これに合わせるように、八月六日、義弘も忠真に書状を送った。前述の六月十八日付け忠真書状への返答である。長文であるため、その内容を要約すると、①忠棟の成敗は悪心が明白であったため仕方がないことだ、②義久・忠恒が開城すれば引き続き召し抱えるとしているのに対して、忠真は自己の生命の保証がないことを理由に拒否しており、どちらの言い分が正しいか判断できないが、たとえ開城後に成敗されたとしても恥辱にはならないが、籠城のまま討ち果たされたのでは嘲笑される、③忠真の兄弟は加藤清正や前田玄以、さらには榊原康政を通じて家康へも仕官を申し出たがいずれも拒否され、関東（佐竹義宣領）へ流罪と決まった、④開城すればどれほどの知行を確保できるかわからないが、家を維持できるだけの知行が与えられるように（義弘が）尽力する、⑤忠真の真意は義久に伝えるから、また返事を寄こすこと、というものであった。

　この書状には、家康の介入前に家中で解決しようとする義弘の決意が秘められていた。八月六日の伊東祐兵宛書状にも「（家康が）天下の見せしめ御治世の上に候条、御人数をも指し下され、きっと仰せ付けらるべきの由、切々御諚めなされ候と雖も、竜伯（義久）・少将（忠恒）在国候間、その儀に及び申すまじきの由、まずまず申し延（述）べ候」とあり、家康が「天下の見せしめ」のために追討軍を派遣するとしたのに対して、義弘はそれを断っている。

　家康は四月二日、義弘・忠恒に宛てて起請文を提出するなど、義久だけでなく、義弘・忠恒にも急接近していた。これ以前には、家康と島津氏との関係は疎遠であったが、三成と親密な関係にあった大名の筆頭格とも言える島津氏を自陣営に取り込むことは、天下を狙う家康にとって他大名の動向にも有利な影響を与えることができる。このため、庄内問題の解決に向けても再三協力の姿勢を見せるのであるが、義弘は家康と良好な関係を保ちつつ、完全に徳川方に取り込まれることを嫌い、直接的な介入を避けようとした。

　七月に見舞いの使者として下向した徳川氏家臣山口直友は、実際には調停も行ったが、失敗に終わっている。山口とは別に八月に下向することとなった寺沢正成は、家康による私的な調停だった山口とは異なり、公儀の使者であった。よって、この調停を拒絶することは公儀への反乱となるため、家康は島津氏領国近隣の秋月、高橋、伊東、相良らに出陣の準備をさせるなど、直接的な軍事介入に踏み切る構えも見せていたが、義弘や忠恒と親密な関係にあった正成は下向前に兵を連れて行かないと義弘に約束し、平和裏の解決を図ろうとした。これは、家康による軍事介入を阻止しようとする義弘の意向をくんだものであろう。

一方、九月一日の忠恒宛義弘書状に「庄内表の儀、御着陣の御行(てだて)に及び候わば、肥筑の雑説も事実に罷り成り、指し寄せ申すべき歟と存じ候、自然左様に成り立ち候わば、双方に分別の入る事に候間、その時の覚悟専一に存じ候」とある。「御着陣」とは庄内へ家康自らが討伐に下向すること、「肥筑の雑説」とは、家康下向後、背後の肥後(加藤・小西氏ら)や筑前・筑後(小早川・立花氏ら)において、反家康の挙兵があるとの噂を指しているものと推測される。その噂が「事実」になった場合、島津氏はどのように行動するかは、「分別の入る」ことであり、その時の準備をしておくよう義弘は忠恒に言っている。傍線部は、義弘が家康に同心しない可能性を示唆したものと考えられ、庄内問題は単なる島津氏領国の内乱にとどまらず、九州における大乱につながる兆しを見せていた。

寺沢正成の調停は成功寸前まで行った。しかし、「一篇に薩州へ奉公仕りたく候と雖も、右の如く何事も正儀に非ず候えば、今より以後の儀、毛頭頼みこれ無く候、（中略）志摩守（寺沢正成）殿御分別を以て、何方へなりとも召し出され候ように頼み奉り候」（十一月六日付け寺沢氏家臣宛忠真書状）と、忠真が義久や忠恒への不信感から島津氏家中に残ることを拒否し、正成に他家への仕官の仲介を要請したため、これを容認できない島津氏との間で条件が整わず、正成は十二月に大坂へ引き揚げた。

正成の調停が続いていた十一月、家康は再度、山口直友を下向させることを決め、直友は十二月に下向した。このような家康の対応は、何としてでも自らの手で庄内問題を解決し、天下に自己の力を見せつけるとともに、島津氏を取り込もうとする意気込みの表れであろう。家康の強い決意を上方で感じた義弘は慶長五年二月四日、忠恒に「十分の御あつかいにて候わずとも、七・八分にてなりとも、まずまず山勘兵（山口直友）殿儀に任せられ候わば、内府様（徳川家康）御前も然るべく候わん歟と存ず事に候」として、不本意でも直友の調停を受け入れるよう命じた。前田利長をも屈服させた家康の機嫌を損ねることは島津氏の危機を意味していたからである。

その頃になると、伊集院軍の抵抗も弱まり、二月上旬には志和地城、同月下旬から三月上旬には、高城・野々美谷など六城が攻略された。ここにいたり、忠真は都城の開城を決意して、ようやく講和が成立した。家康の調停案に基づき忠真はその身命を保証され、三月十四日に都城から退城し、薩摩国頴娃に二万石を与えられた。このようにして、ようやく庄内の乱は終結したのである。

さて、この庄内の乱は島津氏領国にどのような効果をもたらしたのであろうか。

第一に、島津氏領国の変革を推進してきたとは言え、豊臣政権に過度に接近し、島津本宗家に並ぶ権力を保持していた伊集院家の力を削ぐとともに、庄内の乱に際して家臣団から島津本宗家への忠節を誓う起請文を提出させたため、島津本宗家による中央集権的な領国支配体制の確立に前進した面もある。しかしながら、島津本宗家の内部において義久・義弘・忠恒という三頭体制は続いており、頂点が一元化していない中央集権化には限界があった。

第二に、変革を推進してきた忠棟が殺害され、庄内の乱への対応をめぐって義久が主導権を握った結果、忠恒を補弼する家老となっていた義久に近い有力家臣（鎌田政近・比志島国貞・島津忠長ら）が領国内の政務を執行するようになった一方で、忠棟の指揮の下、在国奉行衆として活躍していた上井里兼は失脚したため、中央集権に逆行する動きも出てきた。例えば、伊集院家減封後の庄内にはかつての領主北郷氏が復帰している（実際に移動するのは関ヶ原合戦直後）。

第三に、一旦は家督を譲られた忠恒は実権を義久に奪回され（家督を象徴する重物も慶長四年四月に義久が取り戻している）、庄内の乱前後は一貫して上方にいた義弘は、領国の経営から疎外された状態に置かれることとなった。

最後に、島津氏と家康の関係について、従来は庄内の乱の解決に尽力したことを通じて、両者は良好な関係にあったとする説が有力であったが、家康の介入は島津氏にとって歓迎すべきものではなく、強引に介入されたことは心外なことであったと考えられる。家康への評価は義久・義弘・忠恒の三者で微妙に異なるが、家康への警戒感を最も感じていたのは義弘である。このことが関ヶ原における島津氏の動向に大きく影響したのではなかろうか。

三　義弘と関ヶ原

義弘の決意

庄内の乱終結後の島津氏と家康の関係は表面上良好であった。しかし、四月八日付け忠恒宛義弘書状には「伏見へは西国衆御番たるべき由御諚仰せ出され候処に、何ほどの儀候哉、諸大名悉く大坂へ家居以下引っ越され候、我等事とかく承らず候間、伏見へ御番致し候」とあり、多くの大名が前年に伏見から大坂に移動した家康に倣って大坂に移ったのに対し、義弘は伏見に残っており、家康に媚びる姿勢は見せていない。

ところが、四月二十七日に庄内の乱解決の礼を述べるため家康を訪問した義弘は、会津征討を計画していた家康から「伏見の御城御留守番致すべきの由、御面を以て拙者へ仰せ付けられ候」（四月二十七日付け義久宛義弘書状）という要請を受けた。島津氏に豊臣政権の象徴の一つである伏見城を預けるという家康の言葉の真意は、どこにあったのであろうか。

徳川政権の実現に向けて確信的に与同していた黒田長政や、庄内の乱の処理を通じて急速に家康に接近した寺沢正成を除く九州大名は結局、会津征討に同行していないから、庄内の乱を終えたばかりの島津氏の場合、従軍は当初から免除されていたものと考えられる。そうすると、伏見にいた数少ない大名である義弘が伏見在番を命じられるのは自然なことであり、島津氏を徳川方に取り込むための戦略だったと断定することはできない。

一方、家康の要請を受けた義弘は対応に迷っている。二十七日の書状には「①当座言上候はいずれも御意の段承り候、②様子においては御間の使いまで申し上ぐべく申し候て、御前を罷り立ち候、然れば③爰元御知人中へも尋ね申し候、おのおの仰せられ候は、④いずれの道にても公儀候条、御下知次第に仕り候て然るべき候わん由仰せらる事に候」とある。その場では承諾したものの（①）、委細は後ほどとして（②）、「知人」に相談し（③）、「公儀」の役であるから拒絶できないという消極的な理由（④）から正式に承諾しようとしている。このような対応は、義弘が家康の真意を疑ったことを示している。

義弘が相談した「知人」が誰なのか不明だが、上方にいる大名で義弘と親しい人物の筆頭は三成であり、密（ひそ）かにその意向を聞いた可能性もあろう。

前年の三成失脚事件の際、三成の隠居が決まる前日の閏三月八日、義弘・忠恒は立花宗茂、寺沢正成と起請文を交わしており、その文言には「今度談合に就き、心底残らず申し出で奉り候の儀、聊（いささ）か以て他言申すまじき事」とある。何について談合したのか定かではないが、第一章で触れたように、寺沢正成はこの事件にあたり、反徳川闘争決起の企てに三成と連携して加担していたから、三成失脚後の政局において連携していこうという趣旨だったものと推測される。また、立花宗茂も家康と三成らとの対立に際して常に三成と行動をともにしているから、彼らの連携は三成とも連動していくことを想定していたのではなかろうか。

話を義弘に対する家康の伏見城在番要請に戻そう。

家康の要請の背景には、徳川軍のほとんどを会津征討に従軍させた場合（「御満様（おまんさま）（松平信吉）御役人一人幷に人数少々召し置かれ、その外内府様（徳川家康）御手の衆は惣別召し連れられ、東国へ御下向あるべき御内存と相聞こえ候」）、伏見城に残す兵力は家康五男の松平（武田）信吉のみとなり、本丸以外の曲輪（くるわ）に在番する兵力を確保できない（「伏見御城本丸の儀は御満様（松平信吉）御在番なされ、自余の御城は我等へ御頼みあるべき由候」）点にあった（以上、二十七日義弘書状）。

この打診を受けた義弘は、多くの曲輪を預かるには現在の兵力では足りないとして、義久に対し兵力の増強を要請しており、この時点の義弘は家康の要請を真に受けて、積極的に協力しようとする姿勢を示している。六月十三日付け義弘宛近衛前久書状（「旧記雑録」附録）にも「貴所の儀は伏見の城御預かるの由候き、いよいよその趣候歟」とあり、家康が会津へ発（た）つ直前になっても、義弘は伏見城に入城する予定だったようである。

　ところが、家康から在国を許可され、上京を取り止めた忠恒に対して、重ねて軍勢の派遣を要請した五月二十五日の義弘書状には伏見在番のためという理由は示されていない。この頃には会津征討も現実化しており、伏見城在番体制もほぼ決定していたのではないかと考えられるが、五月五日の忠恒宛義弘書状を最後に、伏見在番の件は話題となっていない。義弘は家康の出立に際しても伏見城在番の件を確認しようとしたが、家康は何も言わずに出立している。年月日未詳の生駒親正宛と推測される義弘書状には、「当地御番致すべきの由、内府様(徳川家康)より仰せ付けられ候間、御発足の砌、誰然々御人衆仰せ付けられ候わば、その御下に参り候て御番仕るべきの由申し上げ候と雖も、一途の書立条々を以て御意を得候うち、御返事これ無く東国へ御下向候」とある。

　このような家康の対応は、四月二十七日の義弘に対する要請が島津氏の反応を探るためのものだったことを窺わせる。伏見城在番を承諾した義弘の対応に安心した家康は会津征討を決意したものの、全面的に島津氏を信用することはできなかったため、伏見城に義弘が入城することを避けようとしたのではないか。かつ、島津氏の兵力増強につながる忠恒の上京も延期させたのであろう。最終的に、伏見城には鳥居元忠ら徳川氏家臣が在番しており、会津征討に従軍する兵力を削減してでも、伏見城には徳川軍を残し、義弘を締め出すこととしたのだ。

　江戸期に成立した軍記類や覚書の中には義弘が伏見城への入城を申し出たにもかかわらず、鳥居元忠らが拒絶したとするものも多いが、伏見城の在番体制は公儀の決定によるものであり、仮に義弘も在番することとされていたのであれば、元忠らが拒絶することはありえないし、逆に、在番しないことになっていたにもかかわらず、在番を申し出たとしても、拒絶されるのは当然であろう。

三成らの決起が行われたのは、結局、家康下向後も伏見城に在番できず、義弘が伏見の屋敷内にとどまっていた時である。義弘は三成らの決起にどのように対応したのか。

七月十四日付け忠恒宛書状（同日の義久宛書状もほぼ同内容）に「爰元乱劇に罷りなり、是非無き次第に候、左候えば、手前無人にて何を申し候ても罷りなるまじくと迷惑この時に候、これにより在京の人数幷に船・加子以下、丈夫に仰せ付けらるべきの由、節々申し越し候と雖も、御合点無く候哉、その首尾無く笑止の至候」とある。三成と大谷吉継・安国寺恵瓊の密談を経て、三奉行も加えた反徳川闘争決起が表面化したのは七月十二日であるから、その直後のものである。この書状において義弘は西軍参加を明確に述べていない。よって、傍線部を字義どおりに解釈し、少ない兵力で孤立したため、やむをえず西軍に参加したとの見解もある。

ところが、七月十五日には上杉景勝に対して「今度内府（徳川家康）貴国へ出張に付き、輝元（毛利）・秀家（宇喜多）を始め、大坂御老衆・小西・大刑少（大谷吉継）・治部少（石田三成）仰せ談ぜられ、秀頼様御為に候条、貴老御手前同意然るべきの由承り候間、拙者もその通り候」との書状を送っている。傍線部から、三成・輝元・秀家らの決起に景勝が同意していると聞かされた義弘が、西軍参加を決めたとも解釈できるが、消極的に西軍参加を決めた人物が、今までほとんど親交のなかった景勝にこのような書状を送るのは不自然ではなかろうか。

また、七月十五日に毛利輝元が広島を出立する際、忠恒に上洛を促した書状にも「武庫（島津義弘）御無事の由候条、御心安かるべく候」とあり、義弘が反徳川闘争決起当初から輝元あるいは三成や三奉行らと連絡を取っていた状況が窺える。毛利氏と島津氏は戦国期から反大友氏という立場上、良好な関係にあった。さらに、慶長四年あるいは五年の六月六日付け輝元宛義弘書状（『毛』）に「又八郎（島津忠恒）事兄弟同前に思しめさるべき由、誠に畏悦極み無く候、向後御同懐希む所候」とあり、連携関係を確認している。

以上のことから、義弘が反徳川闘争決起について輝元や三成から事前に打ち明けられていた可能性も否定できず、そうすると、伏見城在番のための国元への軍勢派遣要請は、島津氏を全面的に西軍に参加させるための義弘の方便であったとも考えられる。

その後の義弘の反徳川闘争への積極的参加を示す史料として、七月二十六日付け中川秀成宛前田玄以・増田長盛・長束正家書状（『中』）と、七月三十日付け真田昌幸宛大谷吉継書状（『真』）をあげておこう。

前者には「内府（徳川家康）、上様（豊臣秀吉）御置目に背かれ、上巻誓帋の筈を違われ、ほしいままの働きに付いて、輝元（毛利）・秀家（宇喜多）・羽兵庫（島津義弘）・年寄中申し談じ、秀頼様馳走申され、取り立て申すべくに相究まり、楯鉾に及び候」とある。後者には「内府（徳川家康）去々年以来御仕置、太閤様（豊臣秀吉）御定相背かれ、秀頼様御成り立ち難くなる由候て、年寄衆・輝（毛利輝元）・備前中納言殿（宇喜多秀家）・島津（義弘）、この外関西の諸侍一統を以て御仕置改め申し候事」とある。反徳川闘争決起の中心人物はいずれも毛利輝元・宇喜多秀家・島津義弘と豊臣奉行人（三奉行や三成、吉継）としており、いつの段階から義弘が謀議に参加していたかは不明であるが、少なくとも決起後は主導的立場にあったことを示している。

伏見城在番を務めようとしていた義弘が西軍参加を決意したのはなぜか。

前記の生駒親正宛と推測される義弘書状には「此方も雑説さまざま申し候に付いて、御奉行衆まではたびたび申し入れ候」とあり、義弘が三奉行と連絡を取っていたことがわかるとともに、家康から伏見城在番の件を反故にされたことを述べた後、「愚老事、秀頼様御奉公一偏に存じ奉るほか別儀無く候」と記されており、家康から疑われたので、秀頼に奉公するしかないと決意したと解釈できる。つまり、家康の疑念が義弘を西軍に走らせた可能性もあろう。

一方で、前述のような決起直後の義弘の行動は、やむをえず西軍に参加したとは言い難いほど積極的であり、そもそも伏見城在番を受諾したこと自体が、家康の懸念したように反徳川闘争決起の戦略の一環だった可能性もある。

いずれにしても、西軍への参加を独断で決意した義弘の行動は、島津氏内部の権力闘争にも関係していたものと考えられる。そこで、次に、国元の動向を見てみよう。

義弘への疑念

西軍への参加を決めた義弘は伏見城攻撃において華々しい活躍を見せたが、兵力不足に悩まされ、忠恒や義久へ再三にわたり軍勢の派遣を要請している。輝元や秀家からも忠恒に対し上洛要請が行われたが、結局、忠恒や義久は上洛せず、組織的な軍勢の派遣も実現しなかった。この要因を探ってみよう。

七月二十九日、義弘は忠恒に対し、重ねて軍勢の派遣を要請するとともに、「手前人数これ無く候て、何たる忠節も罷りならず面目を失い果て候、このたび馳走致すにおいては、御家の為に罷り成るべき儀と取沙汰候、委しくは重ねて申すべく候、右の趣諸神も御照覧、偽りにあらず候」という書状を送った。西軍への参加が島津家のためであることを神に誓うとする内容であり、国元においては、義弘の行動が島津家を危機に陥れるものだとする意見が強かったことを窺わせる。

特に傍線部は、義弘の行動は彼自身の野望に基づくものだとの意見が国元において生じていたことを窺わせる。その後の忠恒宛書状においても、「秀頼様への御忠節、かつ、御家の御為かたがた以て御分別この時候、必ず拙者へ御見次と申す事にてはかつて以てこれ無く候」（八月十九日付け書状）、「聊か以て身のために申す儀にてはこれ無く候」（九月七日付け書状）と、義弘は今回の行動が自己の利益を図るものではないと弁明している。

しかし、国元における義弘への疑念は根強かった。

その意見は義久周辺から出たものであろう。つまり、忠棟殺害事件や庄内の乱を通じて領国支配の実権を義久に奪い返された義弘が、西軍への参加を主導することによって、実権を再び奪おうとしているのではないかと疑ったのではなかろうか。義弘からの軍勢派遣要請が忠恒へは七月十四日以降七回にも及んだのに対し、義久へは七月十四日の一回のみであることが、義弘と義久の関係が必ずしも良好でなかったことを示している。

このような意見は義久周辺の邪推に過ぎなかったのであろうか。八月十九日付け忠恒宛義弘書状には「龍伯様（島津義久）御上洛の儀聞こし召し合わさるの由、御尤もに存ずる事候、然れば御上洛なされ、かみ様へ御替候わん哉と申し越し候も、世上静謐の時分、内府公（徳川家康）御意候条、右の分申し越し候つ、当時は上方の成り立ち、諸式改易なされ候条、今には龍伯様（島津義久）御上洛の儀入らざる儀候」とある。すなわち、家康下向前に人質として在京していた忠恒室（義久娘）の替わりに義久が上洛することとされていたが、今となってはその必要はないとする義弘の見解を伝えたものである。七月二十二日のものと推測される義久書状には「委曲は上洛の時を期し候」とあり、義久の上洛は具体化していた。この書状は義弘宛と推測され、それに対する返答が先の十九日の書状である。この見解は義久の身を案じたものとも受け取れるが、義久が上洛することにより、西軍への参加の主導権を義久に奪われることを恐れた面もあるのではないか。

つまり、義弘の西軍への積極的な参加について、それが、領国経営の実権を奪取しようとする一種のクーデターであった可能性を指摘しておきたい。親密な関係にあった三成の失脚、ともに領国の変革を進めていた忠棟の殺害によって、事実上領国経営から疎外されていた義弘の乾坤一擲（けんこんいってき）の策が、反徳川闘争決起に賭（か）けることだったのだ。仮に、関ヶ原合戦が西軍勝利に終わっていたならば、三成らを中心とする政権運営が復活し、それと同時に、島津氏の実権は西軍勝利の立役者の一人である義弘に移っていたことは間違いなかろう。

義久もこのような義弘の野望を感じたからこそ、組織的な軍勢の派遣を認めなかったのではないだろうか。実権を奪われていた忠恒は実父義弘を援(たす)けたくとも、義久の意向を無視して独断で派兵することは困難であり、義弘の再三の要請にも応えられなかったのであろう。

とは言え、義久・忠恒ともに義弘を見殺しにするには忍びなかったため、また、西軍勝利の際の保険の意味も込めて、各家臣の自主的な上洛については容認したが、その数は限られており、兵力不足のまま義弘は関ヶ原へと向かわざるをえなかったのである。

関ヶ原へ、そして敵中突破

伏見城在番の鳥居元忠らは、反徳川闘争決起が明らかになると、七月十八日の夜、城麓の長束正家・前田玄以の屋敷に放火して、対決姿勢を示した。翌十九日から西軍の攻撃が始まったが、伏見にいた島津軍は当初から攻撃に参加していたものと考えられる。伏見城守備軍の抵抗は激しく、攻撃は長引いたが、八月一日、ようやく落城させることに成功した。この際の島津軍の戦功を記した九月一日付け長井利貢(ながいとしみつ)書状に、「(七月)晦日の夜、松の丸より心合わせの者ども候哉、此方(島津軍)の人衆・筑前中納言(小早川秀秋)手の衆へ引き入れ申し候て、漸くその暁乗っ取られ候事、同日、石田殿城よりも心合わせ申し候者候つるか、人衆少々引き入れ申し候と聞こえ候、翌日朔日巳の刻、石田殿屋形に責め入り候まま、本丸も中の刻に落去にて候事」とあり、落城のきっかけを作ったのは松の丸を攻略した島津軍と小早川軍であったことがわかる。

このような戦功を上げた島津軍であったが、この攻撃の際にかなりの死傷者を出し、もともと少ない兵力がさらに減少した。そこで、再三忠恒に軍勢の派遣を要請していたのであるが、援軍は到着せず、義弘は自らの意思のみで徴発可能な義弘家臣団に頼るほかなくなる。ところが、伏見城攻撃時の島津軍は義弘家臣が大半を占めていたものと考えられ（「帖佐方の分は在京の人数過ぎ上り候」、七月二十九日付け本田正親・伊勢貞成宛義弘書状）、義弘家臣にこれ以上の軍役を課すことは困難であり、各家臣の自発的な上洛に期待するしかなくなっていた（「心あるべき人は分限に寄らず自由に罷り上るべき事この時候」）。

島津義弘（尚古集成館蔵）

伏見城落城後、一旦大坂へ帰った義弘は、八月十五日に佐和山に至り、翌十六日に美濃国垂井に着陣した。この頃の島津軍はわずか千人程度であり、島津氏より石高の低い長宗我部氏が五千、立花氏が四千の兵力を率いて着陣しており、義弘は「面目次第も無い」状況であった（八月二十日付け本田正親宛義弘書状）。この書状によると、規定の兵力は長宗我部氏が二千、立花氏が千三百とされているから、軍役賦課基準は百石に一人役であり、島津氏の場合、六千ということになる。つまり、他大名が規定の倍以上の兵力を徴発していたのに対し、島津氏は規定の六分の一だったのであるから、義弘の無念さは想像に余りある。

九月七日になると義弘は大垣に在城している。同日の伊達政宗宛家康書状（『伊』）には、「濃州大柿城へ備前中納言（宇喜多秀家）・島津兵庫（義弘）・石田治部（三成）・小西摂津守（行長）逃げ入り候」とあり、小勢ながら義弘は西軍の中心人物の一人とみなされていたことがわかる。西軍内部における処遇も同様であり、「当手無人にて候えども、一口相渡され候間、請け取り申し候」（九月七日付け忠恒宛義弘書状）とあるように、大垣城の一つの口の守備を任されていた。このような処遇に応えるべく、義弘はさまざまな戦略を練るが、小勢ゆえに思うようにならない状況に、「一手の働きに相応の行（てだて）も余多見立ち候えども、無人ゆえ心中に任せず、口惜しき次第に候事」と、苛立（いらだ）ちを隠せないでいた。

義弘の援軍要請数は当初七千であったが、実現が困難だったため、三千五百に減らし、他大名が多くの兵力を率いてきたことを受けて、再び増やして五千を要求した。現兵力の千と合わせると六千になり、規定の軍役数を満たす。長宗我部氏や立花氏には劣るが、せめて規定どおりの兵力は揃えないと体面が保てないとの思いが義弘にはあったのであろう。しかしながら、九月五日に到着したのは、富隈（義久家臣）から四十五人、鹿児島（忠恒）から二十二人のほか、あわせて二百八十七人とあるから、差の二百二十人は帖佐の義弘家臣であり、相変わらず義弘家臣団頼みの状況であった。

このため、義弘は忠恒に「老中衆の内、一人差し上さるべきの由重々申し渡し候」と島津忠長ら老中衆の上洛を督促するが、その頃、老中衆は知行配当を行っており、義弘の苦闘は無視されていた。このような状況のままで関ヶ原へ移動した義弘は九月十五日、天下分け目の決戦に突入した。

軍記類において、義弘は伏見城へ入城し東軍に参加したかったにもかかわらず、やむをえず西軍に参加したという経緯から、あるいは赤坂において家康陣を夜襲するという戦略を三成に否定されたため、関ヶ原においては戦意がなく、近づく敵を追い散らすことしかしなかったとされる。

関ヶ原合戦に参加した島津氏家臣の覚書類においても、三成家臣八十島助左衛門（やそじますけざえもん）が三成軍は敵陣へ突撃するので後に続くようにと馬上から要請したところ、島津氏家臣は無礼であるとして激怒したことや、その後、三成自身が要請に来たが、島津豊久が独自に行動するとして三成の要請を断ったなど、三成との疎遠さを描く記述が見られる（「山田晏斎覚書」、「新納忠元勲功記」など）。一方で、詳細な記述が見られる「神戸久五郎覚書」には前述のような三成の要請を拒否したことは記されていない。

いずれも、江戸期に作成された覚書類であり、真実を記していない蓋然性が高いものであるが、幕藩体制下の武士の作成した覚書類が総じて家康を敬い、三成を小人物として描く傾向が強いことから推測すると、「山田晏斎覚書」や「新納忠元勲功記」などのほうがより脚色しているのではなかろうか。

覚書類の中で注目されるのは、「神戸久五郎覚書」や「神戸五兵衛覚書」の中に島津軍が「二番備え」だったとする記述があることである。大軍が襲来する最前列に小勢の島津軍を配置することは戦略上合理的ではなく、むしろ、勇猛な島津軍を後陣に控えさせ、一列目の激突で敵が消耗したところに遊軍の島津軍が突撃して敵陣を攪乱するという作戦だったのではなかろうか。そうすると、島津軍に戦意がなかったとする軍記類の記述は正確でないと言えよう。

しかし、この作戦は小早川秀秋らの裏切りにより西軍が混乱状態に陥ったため、実行する前に潰えてしまったのであろう。敗走する友軍とともに後方へ退却する危険性を悟った義弘は、前方の敵中を突破することで壊滅を避ける作戦に出たのだ。

敵中突破の状況を物語る一次史料は確認できないが、この戦闘により、島津豊久や長寿院盛惇らが戦死したことは確かである。また、十月七日付け島津忠長ほか宛近衛信尹書状（「旧記雑録」附録）に「敗軍の時の衆数人、我々所にて置き候」とあり、義弘とはぐれた家臣の一部は島津家と親交の深い近衛信尹によって匿われていたことがわかる。

義弘は豊久や盛惇らの犠牲によって命を取り留め、伊勢から近江・伊賀・大和・河内を抜けて、和泉に至り、九月二十二日に堺から出船し、二十九日、日向の細島津に無事帰着している。しかしながら、九月十五日付け政宗宛家康書状（『伊』）に「今十五日午刻、濃州山中において一戦に及び、備前中納言（宇喜多秀家）・島津（義弘）・小西（行長）・石治部（石田三成）人衆悉く討ち取り候」とあるように、義弘は関ヶ原合戦における西軍軍事指揮者の一人とみなされており、家の存続の危機を迎えた島津氏の外交戦争は、この後も続くのである。

第六章追記

豊臣期島津氏領国の権力構造、関ヶ原合戦時の島津の動向に関する研究が進展している。

前者の代表的な研究を紹介する。

畑山周平氏は幽斎仕置について再検討し、幽斎が自身の仕置におおむね満足していたこと、仕置では特定の勢力だけが利益を独占することはなかったこと、朝鮮に在陣していたため仕置に関与できず、不利益ばかりを蒙（こうむ）った島津義弘・久保父子が不満を抱いたことを指摘した。関ヶ原合戦時の義弘や義久の動向に直接結びつくものではないが、両者の複雑な関係を示す一例といえるのではなかろうか。戦国期が主たる考察対象であるが、義弘と義久との関係に着目した松迫知広氏・久下沼譲氏の論稿も参照いただきたい。

また桐山浩一氏は、豊臣政権下における島津氏の財政構造について考察するとともに、石田三成らによる干渉が豊臣政権の要求する軍役等を島津氏が満足に果たすことができない状況を梃子（てこ）にして開始されたこと、三成は島津氏にとって有益な情報を伝える存在でもあったことを指摘した。

後者の代表的な研究を紹介する。

白峰旬氏は、反徳川闘争決起の時点では義弘が中心メンバーの一人であったこと、合戦後になると義弘の参戦意志は積極的なものではなく、かなり消極的であったかのように偽装して伝えられていること、義弘が大坂奉行衆からの下知によりやむをえず参戦したという虚偽のストーリーを捏造することが、島津家存続のために都合のよい方便であったことを指摘した。

桐野作人氏は、義久の娘で忠恒の夫人となっていた亀寿に着目して、家督を継いだ忠恒がその地位を守るためには、亀寿の安全を確保する必要があったため西軍に加担したとしている。なお、亀寿の存在に着目した研究として林匡氏の論稿もあげられる。

石畑匡基氏は、庄内の乱の解決に向けても、政権に復帰を果たした大谷吉継が関与し、義弘は吉継の発言を重要視していたとした。石畑の見解を参考にすると、義弘の反徳川闘争決起への加担には、吉継の存在も大きかったと考えられる。

黒島敏氏は、義弘がわずかな手勢のみで関ヶ原に赴いたことの潜在的理由を、戦国期以来保持していた義久の外交権を豊臣政権が必要としたために、義弘が不完全な当主でしかなかったことに求めている。

軍記類からアプローチした直近の研究としては、目黒政史氏の論稿があげられる。

付論――敗者たちのその後

毛利輝元、防長減封

輝元の予想に反し、関ヶ原における戦闘は一日で決着が付いた。南宮山に陣取った毛利軍は傍観したまま西軍の敗北を見届けた後、戦場から退却した。

九月十七日に吉川広家が記したとされる書状案（『吉』）によると、毛利軍は、関ヶ原合戦の前日（十四日）に家康との講和を仲介した黒田長政・福島正則と談合の上、黒田・福島軍が進軍する近江筋を堀尾忠氏の案内者に従って無事退却したという。また、堀尾から案内者を出すことは家康の命によるものと広家は記している。この書状案は結局出された形跡がないため、実際に関ヶ原合戦直後に記されたものか疑問も残るが、九月十八日付け黒田長政・福島正則宛家康書状（「福島文書」）に「吉川・宍戸相留めらるの由尤も候、福原相残る衆中明日大坂へ遣わすべく候事尤も候」とあり、広家や宍戸元次、福原広俊らは家康の指示に従い、行動していたことがわかる。

一方、江戸期に成立した記録類のうち、元就七男の天野元政家の「譜録」においては、毛利秀元らは南宮山から伊吹山に入った後、十七日に伊吹山を発ち、東軍が攻撃中の佐和山城の麓を通過し、その夜は近江の八幡山に宿陣、十八日に瀬田を通過して大坂に帰陣したとする。瀬田においては黒田・福島から東軍に加わるよう勧誘されたが、秀元は講和の件を聞いていないとして拒否したとも記している。毛利氏家臣佐々部一斎の覚書である「佐々部一斎留書」においては、瀬田方面へ向かう途中、東軍が後方から迫ってきたため、秀元は山上に上がり、東軍が通過した後、瀬田を渡ったとする。黒田らの勧誘の件は「譜録」と共通している。

毛利本宗家の記録類においては、広家の働きを過小に記する傾向があるため、広家の書状案を否定するものではないが、秀元や毛利元政らは広家らとは別行動だった蓋然性が高い。また、大津城を攻撃していた毛利元康らの部隊も別行動であるから、関ヶ原合戦後の毛利軍は統一した行動が取れない状況だったのである。

いずれの部隊にも共通しているのは、退却中に東軍との戦闘が起こっていない点である。これは広家・福原広俊が人質を提出して成立した講和を、起請文を書いた黒田・福島や徳川氏（起請文は本多忠勝・井伊直政が提出）が戦後も守ったことを示すとともに、関ヶ原の戦闘で激戦を繰り広げた東軍には、無傷で退却する毛利軍を攻撃する余力がなかったことをも窺わせる。

こうして大坂に引き上げた毛利軍は輝元の居た大坂城西の丸に入ったのではなく、大坂の町中に駐屯していたようである。その輝元に対して、東軍は甘言をもって大坂城からの退去を働きかけた。

九月十七日付け黒田長政・福島正則書状（『毛』）には、「今度奉行ども逆心の相構えに付いて、内府公（徳川家康）濃州表御出馬に付いて、吉川殿・福原、輝元御家御大切に存ぜらるるに付き、両人まで御内存、則、内府公（徳川家康）へ申し上げ候処、輝元に対し少しも御如在無きの儀候間、御忠節においてはいよいよこれ以後も仰せ談ぜらるべきの旨、両人より申し入るべきの御意候」とあり、長政・正則は輝元との良好な関係を望む家康の意向を伝えている。これに対して輝元は、十九日に返書を認めた（『毛』）。そこには「殊に分国相違あるべからずの通り、御誓帋預かり安堵この事候」とあり、所領安堵の件が最も重要な話題となっている。大坂城退去については触れていないが、九月二十二日付け井伊直政・本多忠勝宛起請文（『毛』）には所領安堵に加え、「この上においては西丸の儀渡し申すべく候」とあるから、大坂城西の丸退去の交渉も行われていたものと考えられる。

　近年、笠谷和比古氏が主張されているように、関ヶ原合戦直後の政権構造は家康が最大の権力者とはいえ、関ヶ原における勝利に貢献した東軍参加の豊臣系大名の発言権も大きく、連立政権的な性格も有していた。ゆえに、この講和も毛利氏と徳川氏の講和ではなく、毛利氏と東軍の講和であったとみなされよう。その証拠として、九月二十五日、藤堂高虎・浅野幸長・黒田長政・福島正則・池田輝政が連署して輝元に起請文を提出し、所領安堵を約束した直政・忠勝起請文が偽りでないことなどを誓っている。このように二重三重の保証を得たうえで、輝元は二十五日頃、大坂城を退去し、木津の毛利屋敷に入ったのである。

　ところが、十月十日、家康は毛利氏に対して周防・長門二国への減封を言い渡した。この間の経緯について、岩国藩（吉川家）が編纂した「吉川家譜」や「吉川家什書」に三通の文書（①十月二日付け広家宛長政起請文、②十月三日付け広家宛長政書状、③十月三日付け正則・長政宛広家起請文）が所収されている。①の十月二日付けの広家宛長政起請文には家康の毛利氏処分方針が示されており、その内容は輝元は豊臣奉行衆の一味として大坂城西の丸に入城し、諸大名に対する西軍参加要請書状に在判しているうえ、四国へ出兵しており許し難い、広家は律儀であるので中国地方において一、二ヶ国を与えるというものであった。この方針を聞いた広家は十月三日、正則・長政に対して改めて輝元は西軍の首謀者ではないことを弁明するとともに、広家自身が大名となることは本意ではないとして、あくまでも毛利家の存続を求めた（②、③）結果、前記のような防長二国への減封で決着したとされている。

しかしながら、これら三通の文書は『大日本古文書』に収録されていない。つまり、原本が吉川家に伝来していないのである。十月三日の広家起請文は正則・長政宛であるが、受領したはずの黒田家にも伝来していない。また、毛利本宗家が編纂した「毛利三代実録考証」にもこれらの文書は収録されていない。

このような史料の残存状況は、問題となる三通の文書が偽文書である可能性を示している。吉川家にとって、自らが大名となることを拒絶してまで毛利本宗家の危機を救ったとする内容を偽作する動機は十分にある。一方で、毛利氏に対する処分方針が十月初頭に一変したことは、一次史料から裏づけられる。つまり家康は、輝元が秀頼を奉じて大坂城に立て籠り、抵抗を続けることを恐れて、輝元の大坂城退去までは所領安堵を匂わせておいて、退去後には所領安堵という講和条件を反故にしたのであろう。反故にする理由とされたのは、「吉川家譜」や「吉川家什書」の記すとおり、西軍への積極的な参加、四国への出兵だった蓋然性が高い。

第二章や第三章で見たように、輝元は自らの意思で反徳川闘争を主導し、隣国への侵略を行っている。そのような負い目のある輝元が、大坂城という絶好の抵抗拠点を放棄した後、家康に対して強硬な態度を取り続けることは困難であり、もはや防長二ヶ国への減封という処分を受け入れるしかなかったのだ。

一方家康は、輝元を大坂城から退去させるための毛利氏所領安堵の起請文を提出する際、井伊直政・本多忠勝や黒田長政・福島正則に署名させており、彼自身は署名していない。このことは、当初から家康が所領を安堵するつもりのなかったことを窺わせる。結局、老獪な家康の外交交渉に翻弄された輝元は、祖父元就以来の領国の多くを失うこととなったのである。

上杉景勝、米沢減封

景勝や兼続はいつ関ヶ原合戦の結果を知ったのであろうか。『上杉家御年譜』には九月二十九日に一報が入ったとするが、一次史料で確認することはできない。同日の岩井信能宛兼続書状（『覚』）には「上方の儀丈夫に御座候由申し来り候」とあり、少なくとも兼続は敗報を得ていない。伊達政宗の場合、九月晦日の亥の刻（午後十時頃）に家康から情報を得ており（「留守家文書」）、敗軍方である上杉氏が政宗以前に情報を得ることは困難ではなかろうか。

その後の十月二日付け水原親憲書状（「櫛田文書」）に「昨日の引足の儀なかなか申し尽きず候」とあり、十月一日に撤退を開始したことがわかる。また、十月一日付け留守政景宛最上義光書状（『山形県史』所収「留守家文書」）には「今宵終夜、白岩・寒河江・左沢より敵の者ども悉く討ち候て、（中略）谷地に今少し庄内の者ども罷り籠り候由申し候」とあり、庄内勢が攻略した諸城を最上氏が奪回していったことがわかる。これらのことから、政宗とほぼ同時期に兼続も敗報を得て、撤退に取り掛かったものと考えられる。景勝が敗報に接した時期は明らかではないが、十月四日付け清野長範宛兼続書状（「本間真子氏所蔵文書」）に「今度の仕合せ無く、なかなか迷惑仕り候、（中略）今度不慮出来仕り候様子、具に安田（能元）申し上げ候」とある。「不慮出来」とは関ヶ原における西軍の敗戦を指すものと考えられ、兼続は十月四日、西軍の敗戦を景勝に知らせている。

また、同書状には「昨日、荒戸まで打ち入り申し候」とあり、兼続の率いる軍が上杉氏領国の荒砥まで退却したのは十月三日であったことがわかる。一方、兼続の退却によって庄内勢は孤立し、谷地城に籠って抵抗したが、庄内の国人領主だった下吉忠は十三日頃、城を明け渡し最上氏に降伏した。吉忠はその後、最上氏による庄内攻めの先鋒を務め、翌慶長六年四月、酒田東禅寺城に籠っていた志駄義秀が城を明け渡して、庄内方面の戦闘は終結した。

一方、伊達政宗は関ヶ原合戦の報を得た後、再度上杉氏領国への進攻を開始する。十月六日から梁川・福島方面で戦闘が展開されたが、最上から撤退した兼続が出陣して伊達軍の進攻を食い止めたため、戦線は膠着状態に陥る。そこで、家康は十月二十四日、政宗に書状（『伊』）を発し、「来春は早速景勝成敗申し付くべく候」との決意を示した。また、十一月十三日付け片倉景綱宛書状（「片倉代々記」所収）には「とかく①三州殿（結城秀康）より、かたく御控え候間、上よりの一そうこれ無く候て、②これよりの働きはいかがにて候」とあり、宇都宮の結城秀康らが全く進攻する動きを見せなかったため（①）、政宗も伊達軍単独での進攻を断念している（②）。

これに対して、上杉氏は伊達軍の進攻を防ぎ、白河口や仙道筋の守備体制を整えるとともに、家臣団から人質を徴して、敵方への内通者が出ることを警戒している。また、年末には本庄繁長を上洛させ、講和交渉に入った。繁長の上洛は上方に留守居として残っていた千坂景親を通して、本多正信・本多忠勝・榊原康政の内証を得て行われたものであり、家康も講和に傾いていた。上杉軍の強さ、兼続の知略を恐れるとともに、南の島津氏との講和もまだ調っていなかったことを考慮したのであろう。

慶長六年に入ってからも、丸森や川俣・福島・信夫などにおいて伊達軍あるいは伊達氏の支援を受けた「悪党」（郷村指導者層と考えられる）との小競り合いが起こったが、大きな戦闘には至らず、その間も景勝上洛の交渉が続けられた。そして、六月には景勝の上洛が決定し、七月初め、景勝は兼続とともに会津を出立し、同月二十四日上洛した。

景勝・兼続上洛時の模様を島津氏家臣鎌田政近が次のように記している（「旧記雑録」後編）。

一　去二十四日に長尾殿（上杉景勝）御自身上洛なされ候、勿論直江山城守（直江兼続）御供いたされ候、その時分我等の使も合わせあり候て、委（くわ）しく見申し候、①景勝御手廻は馬十騎ばかりにて候つる由候、直江山城守手廻は馬三十騎余にて候つる由申し候、これをもはや京童の取沙汰善悪に風聞候事

一　②内府様（徳川家康）へ景勝御礼の事、いつとなき由候、まず大坂へ差し越され秀頼様へ御礼あるべき由相聞こえ候、③これ内府様よりの儀とも申し、又、景勝その身の御好とも申し候、とりどりの沙汰にて候

一　景勝の御進物の儀伝説候は、鷹八十もとすえ上せられ候、その内十二もと・銀子千枚・さらし布たる由候、これは内府様への御進物ばかりの事にて候事

実質的には降伏であったが、景勝・兼続は馬廻（うままわり）を連れて堂々と上洛した（①）。また、家康に会う前に秀頼の下へ挨拶（あいさつ）に向かっている（②）。もちろん、この行動を家康も認めていたものと考えられるが（③）、家康への降伏ではなく、豊臣政権の処分に従うという形式にすることが講和の条件だったものと推測され、上杉家の誇りを示したものと言えよう。

とは言うものの、上杉氏への処分は軽いとは言えなかった。家康から下った命令は、米沢三十万石への減封である。八月二十日、兼続は会津の岩井信能・水原親憲・安田能元へ米沢への移転に関する指示を出した。兼続の心はすでに、減封により混乱する家中をいかにしてまとめ、領国を安定させていくかに向かっていたのである。

宇喜多秀家、八丈島配流

関ヶ原合戦直後の九月十八日付け福島正則・黒田長政宛徳川家康書状（「普済寺文書」）に「中納言殿(小早川秀秋)は備前の牢人衆ども添え、備前へ遣わし候て御座よく候わんと存じ候」とあり、宇喜多氏領国の接収は小早川秀秋と「備前牢人(ろうにん)衆」に命じられている。岡山城の接収について、『備前軍記』は戸川達安・宇喜多詮家・花房職之・花房秀成の四名、『戸川記』は戸川達安・宇喜多詮家の二名、「中島本政覚書」は戸川達安・宇喜多詮家・花房職之・岡越前守の四名としている。これらの真偽は確定できないが、「牢人衆」という表現は明確に宇喜多氏家中から離脱した者を指すものと考えられるから、戸川達安・宇喜多詮家・花房職之の三名であろう。

岡越前守と楢村監物が慶長七年、花房秀成と角南如慶が慶長九年になってから幕府から知行を与えられて復権したのに対して、達安・詮家・職之の三名は関ヶ原合戦後すぐに家康から知行を与えられている。慶長六年三月二十六日付けの角南如慶書状（「来住(きしゅう)家文書」）に、「戸肥州(戸川達安)の御手前は一両日に相済むべく候（中略）戸肥(戸川達安)・花助(花房職之)は昨日罷り上られ候」とあり、達安の知行が確定間近であり、また、達安と職之が上洛し、家康の下に参上した一方、岡や花房秀成、角南は「岡越(岡越前守)・花志(花房秀成)は御上りの儀もこれなく候、我ら儀(角南如慶)も四五日間に罷り上り候」と、達安、職之とは異なる状況に置かれていたことが窺える。この両者の相違は、岡・楢村・花房秀成・角南が関ヶ原合戦時に東軍として参戦しなかったのみならず、合戦後もすぐには東軍として行動しなかったことを示唆している。例えば、鍋島直茂は西軍方であったが、合戦後の立花宗茂領の接収に参加したことによって所領を安堵されており、岡らは岡山城接収に参加しなかったものと推測される。

関ヶ原合戦後の秀家について触れる前に、徳川氏に服属した宇喜多氏家臣のその後を見ておこう。

戸川達安は宇喜多氏旧領のうち、備中国都宇(つう)郡・賀陽(かよう)郡において三万石弱を与えられ、庭瀬を居城とした。江戸期の戸川氏家臣団には多くの宇喜多氏旧臣が含まれている。

宇喜多詮家は坂崎直盛(さかざきなおもり)と改名し、石見国鹿足(かのあし)郡・美濃郡において三万石を与えられ、津和野を居城とした。しかし、元和二年(一六一六)九月、直盛は乱心して自殺し、坂崎家は断絶した。直盛の自殺は徳川秀忠の娘で豊臣秀頼の正室であった千姫の処遇に関する不満が原因とされる。一次史料が確認できないため、記録類などの記述からその経過を追ってみよう。

元和元年(一六一五)の大坂夏の陣において、千姫は秀頼らの助命嘆願のため落城前に大坂城を脱出したが、その際、同行した堀内氏久が直盛と知音であったため、大坂城を包囲していた直盛の陣に千姫を連れて行き、直盛は千姫を護衛して家康本陣まで送り届けた（『寛政重修諸家譜』）。軍記類によると、その際寵愛する孫娘の無事な姿に感激した家康が千姫を直盛に与えることを約束したとする。ところが、家康は約束を破り、千姫を本多忠刻（家康の外曾孫、本多忠勝の孫）の下へ再嫁させることになったため、直盛は怒って輿入れする千姫を途中で奪おうと計画したが、この計画は露見し、家康は直盛に切腹を命じた。直盛は抵抗の姿勢を示したが、追討軍に江戸の屋敷を包囲されたため自害した（あるいは家臣により殺害された）。

以上の記述は、当時江戸に滞在していたイギリスの商人リチャルド・コックスの日記（『イギリス商館長日記』）にも記されており、完全な創作とは言えないだろう。しかしながら、千姫と直盛の婚姻は家格的にありえないと思われるから、千姫再嫁が直盛乱心の直接の原因とは考え難い。むしろ、千姫救出の際に約束された（千姫再嫁以外の）恩賞が実現しないことに立腹した直盛が、千姫を奪うと広言し、それを耳にした幕府が武骨であるため処遇に苦慮していた直盛を改易することとし、それに抵抗しようとした直盛が屋敷を包囲され、自害したというのが真相ではなかろうか。

花房職之は宇喜多氏旧領のうち、備中国都宇郡・賀陽郡において八千石余を与えられ、高松城を居城とした。

岡越前守は備中国において六千石を与えられたが、大坂の陣の際、嫡子平内が舅の明石掃部頭に従い、大坂城に入城した責任を取って、大坂落城後、京の妙顕寺において自害し、岡家は断絶した。越前守・平内ともに豊臣期にはキリスト教徒であり、少なくとも平内は大坂の陣の時点においても敬虔なキリスト教徒だったため、同じキリスト教徒の明石に応じたものと考えられる。

花房秀成は備中国のうち、毛利氏領国であった小田郡・後月郡において五千石を与えられ、猿掛に知行所を置いた。後述するが、八丈島遠島後の秀家とも交流を続けた。楢村監物は備中国のうち、小田郡・後月郡において二千石を与えられたが、のちに断絶した。角南如慶は千石を与えられたが、具体的な知行地は不明である。

次に、関ヶ原合戦後の秀家の足取りを追ってみよう。島津氏の下へ下向するまでの足取りを示す一次史料は確認できない。堺から薩摩まで同行した難波秀経の回顧談を孫の経之が記録した「難波経行旧記」によると、秀家は戦場から伊吹山へ逃れたが、付き添う家臣はわずか七名だったという。七名のうち、難波が記憶していたのは芦田作内・進藤正次・森田小伝次の三名であるが、進藤は織田信包の旧臣で信包改易後に秀家に仕えたことが確認される。進藤は秀家が遠島になった後にも交流が続いており、難波の回想はある程度正確であるものと考えられる。その後、秀家は家臣と別れ、美濃山中の百姓の家に身を隠したという。

『備前軍記』においては、秀家と別れた進藤は本多忠勝の下へ出頭し、秀家は自害したと報告したとされ、さらに、その後秀家の存命が明らかになったが、主君を庇った忠誠心を賞賛され、旗本に取り立てられたとされる。実際に進藤は、慶長七年十月に家康から伊勢国において五百石の給地を与えられている。しかし、なぜ進藤が取り立てられたのかを示す一次史料は確認できない。

難波の回想によると、その後、秀家は京に居住していた秀家母と連絡を取り、秀家母から知らされた難波がその当時居住していた堺から迎えに赴き、島津氏の下まで同行したという。難波が迎えに赴いた後の点については、年未詳五月一日付け難波秀経宛秀家書状（「難波文書」）に「今度我ら身上儀に付いて、一命顧みず、山中へ罷り越され、それ以後、方々堪え難きところ、付き添い奉公の儀、誠に以て満足の至浅からず候、我等身上成り立ち候わば、其方事、一廉（ひとかど）の身躰に相計るべく候」とあることから真実であることがわかる。

この書状が記された時点において、秀家は島津氏領国内に潜伏していたものと考えられる。秀家が島津氏の下へ下向した時期を特定できる一次史料も確認できないが、記録類によると慶長六年五月とされる。

年未詳であるが、秀家（休復（きゅうふく）と改名）から島津忠恒に宛てた六月二十九日付け書状（「旧記雑録」後編）には「今度は身上の儀頼み奉り罷り下り候処、別儀無く御許訟、誠に以ては忝き次第申し謝り候、殊に重畳御懇ろの段、更に申し伸べ難く候（中略）猶々我等名の事、先度は成元と申し候えども、さしあい御座候間、休復と変え申し候」とある。この書状が慶長六年であるとすると、上杉氏が家康への臣従のため上洛の途に就いた頃であり、家康に対して唯一臣従していない大名である島津氏の下へ身を隠すほか秀家に残された道はなかったのだろう。とは言うものの、前記五月一日付け難波秀経宛書状の傍線部にあるように、秀家は家康の恩赦による大名への復帰を期待しており、島津氏とともに再度打倒家康に立つつもりはない。

一方の島津氏はすでに家康と講和交渉に入っており、そんな時期に秀家を受け入れた意図は不明である。島津義久は秀家を匿い、家康とも一戦を交える覚悟であったが、義弘は秀家を差し出して家康に臣従することを主張したとされる。しかし実際には、家康への臣従後も暫くの間は秀家を匿い続けている。このことから、秀家を受け入れたのは反徳川勢力を糾合する、あるいは講和交渉における取引材料に使うという政治的意図もあったであろうが、落魄れて単身下向してきた秀家を、見捨てることはできないという義侠心もあったものと考えられる。

島津忠恒は慶長七年（一六〇二）八月に上洛し、翌八年の正月に帰国した。この間に秀家の処遇が話題となった証左はないが、慶長八年の半ば頃には徳川氏と島津氏の間で秀家処遇問題の交渉が行われている。この年の七月頃に下向してきた徳川氏家臣山口直友の与力和久甚兵衛は「この一儀の首尾遅々申し候について、和久殿腹立ちの由尤もに存じ候」（七月晦日付け島津忠恒宛島津義弘書状、「旧記雑録」後編）と、下向目的中の何らかの事案がなかなか進まないことに立腹しており、この書状の前半部分において秀家の上洛の件が話題になっていることから、和久の下向の目的は秀家上洛を促すためであると推測される。

七月二十六日付け島津義弘宛島津義久書状（「旧記雑録」後編）にも「かの休復事、上洛候は然るべく存じ候通り我々こそ申し候つれども、とてもこの節は上洛あるまじきと出合い候処に、心実においてはこの上の儀あるまじく候、右の段和久甚兵衛へ早々談合尤も候」とある。和久の下向が秀家処遇問題であることを窺わせるとともに、島津氏が内心秀家を上洛させたいと思っていたが、それを強制しようとは考えていなかったこと、秀家が島津氏の予想に反して上洛を決意したことがわかる。

結局、秀家は八月六日に隠れ住んでいた大隅国牛根（うしね）を出立し、上洛の途に就いた。関ヶ原合戦においてともに奮闘した島津義弘は「誠にこの年月休復御逗留（とうりゅう）候と雖も、仕合せ無き故、終に面談あたわず候事、かの心中も如何かと存じ、罷り越し候事に候」（八月五日付け忠恒宛義弘書状、「旧記雑録」後編）と、暇乞（いとまご）いのためにわざわざ秀家の下を訪れている。

秀家を上洛させる際の島津氏側の条件は、秀家の身命の保証であった。九月二日付け義久宛山口直友書状（「旧記雑録」後編）に「御身命の儀、別条御座無く候て貴老様御満足恐れながら察し存じ奉り候、御外聞御面目の至り、拙者式において大慶これ過ぎず存じ候」とあり、徳川氏も島津氏の体面を重んじて秀家の身命を保証している。

この時点においては、秀家の処分は駿河国久能山への追放で済むと認識されていたが、最終的には慶長十一年（一六〇六）、八丈島へ配流され、正室豪姫の帰った前田氏や花房・難波・進藤氏など旧臣の援助を受けながら、南海の孤島においてその一生を終えたのである。

島津氏、安堵

九月二十八日、庄内の乱の際に家康による調停の使者だった寺沢正成・山口直友は島津義久・忠恒に対して「今度維新(島津義弘)御逆意の段、是非無き次第候、龍伯(義久・忠恒)御父子御同意候哉、又、おのおの別の御存分候哉、様子具に御報に預かり承るべく候、その趣を以て内府へ申し上ぐべく候」との書状（「旧記雑録」後編、以下この項の典拠は同じ）を送った。この書状から、関ヶ原合戦直後の段階で、家康は直接戦闘に参加した義弘と、戦闘に参加しなかった義久・忠恒を区別して処遇しようとしていたことがわかる。つまり、義久・忠恒が家康への服属を受け入れるならば、攻撃する意思はなかったのだ。その理由として、北の上杉氏の抵抗が続いており、南北に敵を抱えることは危険であったこと、関ヶ原に至る一連の戦闘で疲弊した東軍方の諸軍勢を九州まで遠征させることは困難であったこと、朝鮮侵略時や関ヶ原での島津軍の勇猛さに恐れを感じていたことがあげられよう。

一方、義久・忠恒は十月二十二日、正成に対して弁明の書状を送った。そこには「維新(島津義弘)事、最前御談合の御企て、かつて仰せ聞かされず由候」とあり、義弘は反徳川闘争の首謀者ではないと弁明している。この弁明を受けた家康は島津攻めの翌年への延期を命じた（「立花召し連れ、薩摩表に至り、加主計(加藤清正)・鍋島加賀守(直茂)相談じ、相働からるるの由、寒気に及び候の間、まず年内は其元在り付かれ候様尤も候」、十一月十二日黒田如水宛家康書状、『黒』）。義弘と同道して帰国し、その後、如水に降伏した立花宗茂は十月二十七日、「江戸中納言(徳川秀忠)様、薩州御改めのため近日御出馬の由候」と認識していたが、実は家康の戦意は乏しかったのだ。

島津氏側も正成や直友・井伊直政らを通じて講和の道を探り、十二月末には直政・直友の使者が下向して、島津氏赦免の条件を伝えた。その条件とは義久の上洛に加え、義弘については遠島後時期を見て赦免するという寛大な内容であった。

しかしながら、義久の上洛は容易に実現しなかった。当初は忠恒も家康は信用できないとして、義久の上洛に反対であった（「親類中なりとも、おとな中なりとも差し上すべき由申し候処、龍伯(義久)自身の上りをこの使急ぎの由候、心元なく候、隣国の様をよく見極め候わでは成り難く候、世上風聞候は、確かなる証文どもにて罷り出でられ候人も違変これある由候」、〈慶長六年〉一月十六日付け鎌田政近宛忠恒書状）。

そこで、慶長六年七月、鎌田政近を上洛させて、家康の真意を探らせることとした。

これに対して、家康は義久の上洛を実現すべく、八月二十四日、本多正信・山口直友から義久・忠恒に宛てて、①義久・忠恒の身命を保証する、②領国は安堵する、③義弘も義久・忠恒が徳川氏に服属するのであれば処罰しない、との起請文を与えたが、これでも義久は上洛せず、翌慶長七年三月頃、老中の島津忠長を代わりに上洛させた。

このような島津氏の延引に対しても家康は寛容であり、慶長七年四月十一日には「薩摩・大隅・諸県の儀、この間相抱えられ候分、相違あるまじく候、少将(忠恒)事その跡相譲らる事候間、別儀あるべからず候、兵庫頭(義弘)儀は龍伯(義久)に等閑無く候間、異儀あるまじく候」との起請文を自ら署名して義久に与えた。家康の島津氏に対する寛容さは、島津氏への恐れの表れであろう。

家康にここまで譲歩させながら、義久はなおも上洛しない。その理由は、自らの身命を気にしたのではなく、これこそが一揆的構造の島津氏領国の当主の枠から脱することのできない義久の限界だったのである。六月十日付け忠長宛忠恒書状に「龍伯(義久)様来月は早々上洛たるべきの由候、毎事の国形儀に候えば、諸篇成り難き故、延引の様に候、(中略)下々の者ども気任せの様に承付け候」とある。この忠恒の嘆きは、合議によって過半の同意が得られてから行動するという意思決定方法(「毎事の国形」)、家臣団の自律性の容認(「下々の者ども気任せ」)の上に成り立ってきた義久体制の限界を端的に示している。

義久の上洛延引は、島津氏の家督を忠恒ではなく、外孫(義久娘と島津以久嫡子彰久の子)の忠仍に譲る動きとの関連性が疑われる。この年のものと推測される年月日未詳の義弘起請文に「今度、①龍伯(義久)様、又四郎(忠仍)殿を少将(忠恒)殿に替え思し食され、京都より御朱印を御申し下すの由②承付けながら言上致さず、③疑心構え申し候由聞こし食さる通りの旨仰せ知られ、驚き存じ候」とある。すなわち、忠仍を家督後継者にしようとする動きがある（①）という噂を、義弘が聞きながら義久に報告せず（②）、噂は義久の真意であると疑っている（③）のではないかとされたものであるが、義久自身は忠仍擁立を否定している。

ところが、同年六月二十二日の忠仍宛義久書状に「①拙者上洛の儀、京都より御急ぎの条、来月は必ず罷り立つ覚悟候、②透きあるにおいては近々越着の儀待ち入るべく候」とある。これによると、義久は七月に上洛を計画し（①）、時間があれば義久の所へ来て欲しい（②）と、上洛の前に忠仍との面談を熱望していた。単に寵愛する外孫と会いたいだけだったのかもしれないが、家中にはこのような義久の言動を、家督後継者の交替に結び付けて考える者もあったに違いない。このような家督を巡る混乱が、義久の上洛を思いとどまらせたとも考えられる。

では、忠仍擁立の噂はどこから出たのか。七月十一日付け忠恒宛義弘書状に「御上洛延引の儀まず以て珍重存じ候、はたまた、有り方上洛の儀御談合最中に候、然ればかの子細洩らし候ては笑止たるべきの条、この談合承けられ候人衆、三原諸右衛門尉などへ口外申すまじく旨、神文をさせられ候て然るべく候わん哉、又、上洛の途中供致すべき者退出無きよう覚悟専一に存じ候、よくよく御談合候て、然るべく存じ候」とある。

難解な書状であるが、忠恒の上洛が一旦（いったん）決定したのはこの月の下旬であるから、「御上洛延引」とは義久の上洛延期を指す。それを「珍重」と評価しているから、義弘は義久の上洛を阻止しようとしていたことが窺える。続く部分の「上洛」に関する「談合」

とは、忠恒の上洛に関する協議を指すものと考えられ、その談合において話題となる「かの子細」は絶対に漏らしてはならないとしているから、忠恒上洛に関係する何らかの重大な情報の存在が窺える。

すなわち、義弘が忠仍擁立の情報を流して義久の動きを止めたうえで、忠恒が義久の代わりに上洛し、家督後継者としての地位を不動のものとするという策略だった可能性があるのではなかろうか。義久が忠恒の上洛に反対すれば、忠仍擁立の噂は真実であるとの誤解を受けるため、反対できないことを見越した作戦である。

結局、八月十一日付け義久宛忠恒書状に「①今度我等上洛の儀、富隈衆中頻りに相留められ候と雖も、当家の忠節、龍伯様（義久）御奉公、深々に存じ候故、罷り留まらず候、重々以て神載申し上げ候如く、②龍伯様（義久）背き奉り、身持ちを存ず事にて毛頭御座無く候、この段は重ねて申し上げるに及ばず候、③昨日誓紙の草案御目に懸け候刻、何事も御意に任せず、罷り上り候事忠孝相欠けたる由仰せ蒙り、驚き存じ嘆息仕り候」とあるように、義久家臣団の反対（①）や義久の消極的反対を押し切って（③）、忠恒は上洛を決行した。また、この書状の②から、忠恒の上洛を義久や富隈の家臣団は自己の家督後継者としての地位を固めるためのものと見ていたことが窺える。

最後に、忠恒が、上洛に同道していた伊集院忠真を八月十八日に殺害した件について触れておきたい。忠真とともにその弟や母も各地において殺害されており、忠真一族の計画的な抹殺であった。その理由について、義久が義弘の成敗を企（たくら）んでいると義弘に告げるなど、義久と義弘の離間を図ったこと等が挙げられているが、真実か否かはわからない。庄内の乱の際には忠真を庇った義弘も、西軍参加の責任によって発言権が低下しており、また、今となっては家中を忠恒の下に結束させるためには伊集院一族を犠牲にするほかないと考えていたのであろうか、特段の反対をした形跡はない。このようにして、忠恒は実質上の島津氏当主の道へと踏み出したのであるが、義久との権力争いはこの後も義久の死まで続くのである。

おわりに

豊臣政権の限界

豊臣政権は、戦国期に複数の地域国家に分裂した日本列島を再統一した政権であると評価されてきた。戦国期における地域国家間の領土紛争は自力救済によって解決されてきたが、秀吉は諸大名の上位権力者として、「惣無事」の論理に基づき、大名間の紛争に対して裁判権を行使するようになった。秀吉の裁定に従わず、戦国期同様の武力行使による紛争の解決を図った者は、「惣無事」令違反とされ、秀吉の命によって武力制裁を受けることとなった。九州における島津氏、関東における北条氏、奥羽における伊達氏はこの論理に基づいて処分され、その領国は統一政権に包摂されていく。

一方、毛利氏との「中国国分」は領土紛争当事者間の合意による解決であり、秀吉が上位権力者だったわけではない。上杉氏の場合は秀吉との領土紛争は存在しなかったが、秀吉と柴田勝家との領土紛争の解決時に、秀吉の同盟者として「北国国分」によって領土の画定を見ており、秀吉は上位に位置していない。

本書では主な考察対象としなかったが、徳川氏の場合は、小牧・長久手の戦いで軍事的に劣勢だった秀吉が外交手段によって講和に持ち込み、その後、妹や生母を事実上の人質として送ることにより、ようやく家康を上洛・臣従させたという経緯から、意識レベルでは対等と言える関係にあった。

このように、秀吉の全国制覇は大名の領国支配権を前提としたものであったから、豊臣政権は豊臣氏と有力大名との連立政権的な性格も帯びていた。そこで、秀吉が徳川家康や毛利輝元・上杉景勝らに自己の優位を認めさせるために利用したのが天皇であり、朝廷から授与された官位だった。

つまり、秀吉が関白・太政大臣となる一方、他の大名たちを秀吉の推挙に基づき、秀吉より下位の官位に叙位任官させることによって、官位に基づく身分編成を構築したのである。また、秀吉と大名の間には擬制的な主従関係が形成され、また、諸大名も授与された官位によって序列化された。軍事的優越のみによってすべての有力大名を服属させることに失敗した秀吉は、官位秩序に基づき統一政権を創出せざるをえなかった。このような政権構造は、秀吉の死後、武家官位の最高位に位置することとなった徳川家康(正二位・内大臣、豊臣秀頼は従二位・権中納言)が政権を引き継ぐことに正統性を付与したのである。

秀吉が軍事的優越を明確に示せなかったことは、朝鮮侵略戦争にもつながっていく。秀吉は対外戦争に勝利し、中華帝国の皇帝となることにより、自己の権威を絶対化しようと試みた。この朝鮮侵略は「惣無事」令により封じ込められた有力大名の領土拡張欲望に応えるものでもあったが、侵略行為は失敗し、三成ら豊臣奉行人と最前線で苦闘した加藤清正・黒田長政らとの亀裂を引き起こし、豊臣政権の崩壊の要因を生じさせる結果となった。さらに、領土拡張欲望を満足させることのできなかった有力大名は、秀吉の死後、その欲望を国内の隣国に向けることとなったのである。

秀吉が朝鮮への侵略を優先した結果、国内統治機構の整備は後回しとなった。いわゆる五大老・五奉行制度とは、有力大名と豊臣氏との連合政権であることを示す五大老と、秀吉の信認に基づき選任され、秀吉の権威を背景に諸大名の「取次」や「指南」を行う五奉行という異質な職の合議体であり、明確な職掌は存在せず、体系化された法規範も制定されていなかった。

このような多くの問題点を内包しつつ、秀吉個人の稀有なカリスマによって政権に求心力を持たせていたのが豊臣政権であったから、秀吉の死によって政権が崩壊したのは必然だったのである。

大名領国の変質

豊臣政権の抱えていた問題点は、戦国期を潜り抜けてきた大名の多くにも共通していた。今回取り上げた四つの大名は、出自（毛利氏・宇喜多氏は国人、上杉氏は守護代〈景勝はその庶家の出身〉、島津氏は守護〈義久・義弘はその庶家の出身〉）や戦国大名への転化の過程、豊臣政権への服属時の経緯に違いがあるため、若干の濃淡はあるが、領国内の有力国人など家臣団の自律性を否定できず、大名当主を頂点とする一元的なヒエラルヒー体系が確立できていなかったこと、隣国との戦争に明け暮れ、領国内統治機構の整備が不十分だったことなどを共通した課題として抱えていた。

これらの課題を各大名がどのようにして克服しようとしたのかについては、各章において触れたところであるが、ここで総括しておこう。

まず、領国内の家臣団の自律性を否定するために実施された最大の政策が領国全体における検地である。戦国期にも検地は実施されているが、指出（さしだし）に基づく方式が中心であり、また、有力国人領においては国人独自の検地が行われるなど、大名が在地の実態を把握していたとは言えない状況にあった。それゆえに、家臣団の在地支配に対する大名の関与も限定的にならざるをえなかったが、豊臣期に実施された検地によって、在地の実態を把握することが可能となったのである。

検地によって、ある程度の統一した基準に基づく知行石高が確定され、その石高に従って統一的な軍役を課すことが可能となり、大名による家臣団に対する軍事指揮権の強化につながっていった。さらに、知行が統一的な石高という形で数値化されることによって、給地替えを断行しやすい状況が生まれ、国人領主と在地との密接な関係を遮断し、国人領主層の中間搾取を排除する一方、検地の結果生じた検出分を収公し、大名直轄地にすることを通じて、大名の経済的優越性が確立されていった。

これらの検地は朝鮮侵略戦争への軍事動員という豊臣政権からの強制を契機に実施され、上杉氏や島津氏領国のように豊臣奉行人が指揮者となって行われたケースもあったが、豊臣政権の把握した石高と在地実態は乖離（かいり）しており、統一政権の土地・人民支配政策としては有効とは言えなかったものと考えられる。また、従来言われていたような兵農分離を決定づけたものとも言えない。むしろ、検地については、領国支配の強化という観点から見直すべきではなかろうか。とりわけ、毛利氏や上杉氏のように秀吉の死去前後に大名が独自の再検地を実施した領国においては、在地掌握の進展に寄与したことが認められる。

第二に、領国内統治機構の整備については、本書で取り上げた四つの大名領国においてそれぞれ特徴的な傾向が見られた。毛利氏領国においては、佐世元嘉や二宮就辰といった伝統的な毛利家奉行人層とは異なる出頭人的奉行人を登用し、輝元を頂点とする一元的な支配体系を確立しようとしている。宇喜多氏領国の場合も似通っており、長船・岡・戸川の三家体制から浮田河内守・中村次郎兵衛ら出頭人的奉行人による官僚制機構に行政権が移行していった。上杉氏領国と島津氏領国の場合は、直江兼続と伊集院忠棟という豊臣政権との窓口となった人物に権力が集中していった点に特徴がある。上杉氏領国においては、景勝と兼続の強固な信頼関係に基づき、兼続主導の領国支配体制の変革が進んだのに対し、島津氏領国においては、国元における当主義久と豊臣政権から指導者とみなされた義弘、義弘の実子で義久の養子となった家督後継者忠恒という三頭体制に起因する家中の混乱の中で忠棟が殺害され、変革は挫折した。

このように、それぞれの大名領国が内包する課題を克服しようとしていた矢先に起こったのが、関ヶ原合戦だったのである。

関ヶ原合戦の歴史的意義

関ヶ原合戦が、秀吉死後の日本という国家の政治運営をめぐる戦闘であったことは間違いない。しかしながら、最高指導者として徳川家康と豊臣秀頼のいずれを選択するのかという観点から争われたとは言えない。なぜならば、東軍に参加した豊臣系大名の中には、石田三成らに利用されている秀頼を救い出すという大義名分に従って家康に協力した者もあったと考えられるからである。

一方、西軍に参加した大名のうち、今回取り上げたような戦国期からの大名の場合、豊臣家による支配体制を守るという純粋な理念に基づき行動したとは言い難い者も多かった。宇喜多秀家は豊臣家を擁護するという気概が強かったものと考えられるが、毛利輝元や上杉景勝、島津義弘の場合は別の目的を持っていたと言わざるをえない。

五大老の一員である輝元と景勝は、秀頼に代わって自らが天下を掌握するという野望は持っていなかったようであるが、純粋に秀頼を擁護しようと考えたわけでもない。秀吉死後の合議制による政権運営において家康が担っていた事実上の最高指導者としての地位を、家康を打倒することによって自らが得ることに加え、西国(輝元)、あるいは北国(景勝)の東軍参加大名の領国を侵略し、自己の支配領域を拡大することによって、地域の覇者として、地域国家を再構築しようとする意図を有していたものと考えられる。

また、領国内に生じていた不満や領国経営上の課題を克服し、自らを頂点とする一元的

徳川家康（東京大学史料編纂所所蔵模本）

な支配体系を確立し、絶対主義的支配構造を持つ地域国家を作るために、領国外との戦争という状況を利用したとも言えよう。

島津義弘の場合は、領国支配の主導権を奪い返すという私的な動機に基づく西軍への参加であるが、規模は小さいものの、絶対主義的支配構造を持つ地域国家を作るという意図は共通している。

仮に西軍が勝利していた場合、秀吉が健在だった頃の豊臣家を唯一の武家頂点とする国家体制が復活していたとは考えられず、西の毛利、北の上杉に加え、宇喜多や島津、佐竹などが地域国家として分立し、形式上の最高指導者秀頼の下、石田三成ら豊臣奉行人と地域国家指導者との合議によって日本全体の国家を運営していくという複合国家体制が成立していたであろう。

このような体制は、近世ドイツのような領邦国家の結合体として継続しえた可能性もあるが、さらなる主導権争いや国境紛争を招き、内乱状態に陥った可能性もある。

関ヶ原合戦において東軍が勝利し、さらにその戦後処理において西軍参加の有力大名の力を削ぎ、内なる野望を挫折させたことによって、日本国家は本格的な統一政権による支配体制へと歩み出したのである。それが完成するまでには、秀頼の抹殺や豊臣系大名の改易という過程が必要であったが、関ヶ原合戦は将軍を頂点とする中央集権的な支配構造＝絶対主義的政治体制を確立する契機になったと言えよう。

徳川政権の誕生が、日本列島において生活していた民衆にとって有益だったのか、時を同じくして大きく変動していた世界システムや東アジア秩序の中で有効であったのかについては、識者によって意見の分かれるところであろう。ここでは、関ヶ原合戦という一つの戦闘が近世日本国家の有様を規定したという事実を指摘して、筆を擱きたい。

参考文献（複数の章に関係する文献も多いが、初出の章に掲載した。また、自治体史は割愛した。）

はじめに

笠谷和比古『関ヶ原合戦と近世の国制』（思文閣出版、二〇〇〇年）
同『関ヶ原合戦と大坂の陣』（吉川弘文館、二〇〇七年）
梶原正昭『室町・戦国軍記の展望』（和泉書院、二〇〇〇年）
田端泰子『北政所おね』（ミネルヴァ書房、二〇〇七年）
津野倫明「豊臣政権における「取次」の機能」（『日本歴史』五九一、一九九七年）
同「豊臣～徳川移行期における「取次」」（『日本歴史』六三四、二〇〇一年）
同「豊臣政権の「取次」蜂須賀家政」（『戦国史研究』四一、二〇〇一年）
同「蔚山の戦いと秀吉死後の政局」（『ヒストリア』一八〇、二〇〇二年）
徳富蘇峰『近世日本国民史・徳川時代上巻・関原役』（民友社、一九二二年）
福田千鶴『淀殿』（ミネルヴァ書房、二〇〇七年）
山本洋「『陰徳太平記』の成立事情と吉川家の家格宣伝活動」（『山口県地方史研究』九三、二〇〇五年）
山本博文『幕藩制の成立と近世の国制』（校倉書房、一九八九年）
同『島津義弘の賭け』（読売新聞社、一九九七年）
陸軍参謀本部編『日本戦史・関原役』（村田書店、一九七七年）
渡辺世祐監修『毛利輝元卿伝』

第一章

今井林太郎『石田三成』（吉川弘文館、一九八八年）
岩沢愿彦『前田利家』（吉川弘文館、一九八八年）
中村孝也編『徳川家康文書の研究』（学術振興会、一九五八〜一九七一年）

第二章

徳川義宣『新修徳川家康文書の研究』（徳川黎明會、一九八三年・二〇〇六年）
南方長「萩藩参勤交代の行程」（『山口県文書館研究紀要』二九、二〇〇二年）

第三章

川岡勉『中世の地域権力と西国社会』（清文堂出版、二〇〇六年）
桑名洋一「伊予における天正の陣についての考察」（『四国中世史研究』七、二〇〇三年）
中野等『秀吉の軍令と大陸侵攻』（吉川弘文館、二〇〇七年）
西尾和美『戦国期の権力と婚姻』（清文堂出版、二〇〇六年）
藤田達生『日本近世国家成立史の研究』（校倉書房、二〇〇一年）

第四章

會田康範「石田・上田共謀説について」（『戦国史研究』二三、一九九二年）
池上裕子「武士や被官のいる戦国の村」（『千葉史学』四六、二〇〇六年）
片桐昭彦『戦国期発給文書の研究』（高志書院、二〇〇五年）
木村德衛『直江兼続伝』（一九四四年）

戸谷穂高「天正・文禄期の豊臣政権における浅野長吉」(『遥かなる中世』二一、二〇〇六年)
橋本澄郎・千田孝明編『知られざる下野の中世』(随想舎、二〇〇五年)
藤木久志『豊臣平和令と戦国社会』(東京大学出版会、一九八五年)
堀新「豊臣政権と上杉氏」(『早稲田大学大学院文学研究科紀要』別冊一八、一九九一年)
矢部健太郎「東国「惣無事」政策の展開と家康・景勝」(『日本史研究』五〇九、二〇〇五年)
渡辺世祐「関原役前における上杉氏の態度」(『國學院雜誌』十七-七、一九一一年)

第五章

大西泰正「宇喜多氏の家中騒動」(『岡山地方史研究』一〇九、二〇〇六年)
同「秀吉死後の宇喜多氏」(『日本歴史』七二七、二〇〇八年)
久保健一郎「「境目」の領主と「公儀」」(岡山藩研究会編『藩世界の意識と関係』岩田書院、二〇〇〇年)
柴田一「戦国土豪層と太閤検地」(『歴史教育』八-八、一九六〇年)
しらが康義「戦国豊臣期大名宇喜多氏の成立と崩壊」(『岡山県史研究』六、一九八四年)
谷口澄夫『岡山藩政史の総合研究』(塙書房、一九六四年)

第六章

北島万次『豊臣政権の対外認識と朝鮮侵略』(校倉書房、一九九〇年)
小宮木代良「慶長期島津氏の動向」(丸山雍成編『幕藩制下の政治と社会』文献出版、一九八三年)
重永卓爾「日向庄内合戦の再検討(一)」(『南九州文化』八〇、一九九九年)
中野等『豊臣政権の対外侵略と太閤検地』(校倉書房、一九九九年)
福島金治『戦国大名島津氏の領国形成』(吉川弘文館、一九八八年)

西本誠司「島津義弘の本宗家家督相続について」(『鹿児島県中世史研究会報』四三、一九八六年)
同「関ヶ原合戦前の島津氏と家康」(『戦国史研究』三四、一九九七年)
米澤英昭「庄内の乱に見る島津家内部における島津義久の立場」(『都城地域史研究』七、一九九九年)

おわりに

池享『戦国・織豊期の武家と天皇』(校倉書房、二〇〇三年)
光成準治『中・近世移行期大名領国の研究』(校倉書房、二〇〇七年)

追記参考文献（複数の章に関係する文献は、初出の章に掲載した。）

第一章

跡部信『豊臣政権の権力構造と天皇』(戎光祥出版、二〇一六年)
笠谷和比古『徳川家康—われ一人腹を切て、万民を助くべし』(ミネルヴァ書房、二〇一六年)
石畑匡基「秀吉死後の政局と大谷吉継の豊臣政権復帰」(『日本歴史』七七二、二〇一二年)
石畑匡基「増田長盛と豊臣の「公儀」—秀吉死後の権力闘争—」(谷口央編『関ヶ原合戦の深層』高志書院、二〇一四年)
清水亮「秀吉の遺言と「五大老」・「五奉行」」(山本博文・堀新・曽根勇二編『消された秀吉の真実—徳川史観を越えて』(柏書房、二〇一一年)
谷徹也「秀吉死後の豊臣政権」(『日本史研究』六一七、二〇一四年)
徳川家康没後四〇〇年記念特別展『大関ヶ原展』(二〇一五年)
外岡慎一郎「大谷吉継年譜と若干の考察　付・関係文書目録（稿）」(『敦賀市立博物館研究紀要』三〇、二

〇一六年)
中野等『石田三成伝』(吉川弘文館、二〇一七年)
布谷陽子「関ヶ原合戦と二大老・四奉行」(『史叢』)七七、二〇〇七年)
堀越祐一「豊臣五大老の実像」(山本博文・堀新・曽根勇二編『豊臣政権の正体』柏書房、二〇一四年)
堀越祐一『豊臣政権の権力構造』(吉川弘文館、二〇一六年)
堀越祐一「國學院大学図書館所蔵の毛利氏関係文書」(『國學院大學校史・学術資産研究』五、二〇一三年)
本多隆成『定本徳川家康』(吉川弘文館、二〇一〇年)
水野伍貴『秀吉死後の権力闘争と関ヶ原前夜』(日本史史料研究会、二〇一六年)
矢部健太郎『関ヶ原合戦と石田三成』(吉川弘文館、二〇一四年)

第二章

井上泰至「関ヶ原の戦いから大坂の陣へ」(堀新・井上泰至編『秀吉の虚像と実像』笠間書院、二〇一六年)
菊池庸介「黒田長政―説得役、交渉役として」(井上泰至編『関ヶ原はいかに語られたか―いくさをめぐる記憶と言説』勉誠出版、二〇一七年)
下村信博「松平忠吉と関ヶ原の戦い」(名古屋市博物館『研究紀要』三四、二〇一一年)
下村信博「関ヶ原の戦いにおける東海道方面東軍諸将の動向」(名古屋市博物館『研究紀要』三六、二〇一三年)
白峰旬『新「関ヶ原合戦」論―定説を覆す史上最大の戦いの真実』(新人物往来社、二〇一一年)
白峰旬「フィクションとしての小山評定―家康神話創出の一事例―」(『別府大学大学院紀要』一四、二〇一二年)
白峰旬『関ヶ原合戦の真実―脚色された天下分け目の戦い』(宮帯出版社、二〇一四年)

白峰旬「関ヶ原の戦いにおける吉川広家による「御和平」成立捏造のロジック」『吉川家文書之二』〈大日本古文書〉913号～918号文書、及び、「(慶長5年)9月20日付近衛信尹宛近衛前久書状」の内容検討―」(『愛城研報告』一九、二〇一五年)
髙橋明「奥羽越の関ヶ原支戦」(公益財団法人福島県文化振興財団編『直江兼続と関ヶ原』戎光祥出版、二〇一四年)
髙橋明「小山の「評定」の真実」(『福島史学研究』九一、二〇一三年)
高橋陽介「慶長五年九月十七日付吉川広家自筆書状案の別解釈―関ヶ原合戦への一視点―」(『十六世紀史論叢』七、二〇一六年)
津野倫明『長宗我部氏の研究』(吉川弘文館、二〇一二年)
西尾和美「毛利元就継室たちと関ヶ原」(『ノートルダム清心女子大学紀要』四〇―一文化学編、二〇一六年)
布谷陽子「関ヶ原合戦の再検討―慶長五年七月十七日前後―」(『史叢』七三、二〇〇五年)
長谷川泰志「安国寺恵瓊―吉川広家覚書と『関ヶ原軍記大成』を中心に」(井上泰至編『関ヶ原はいかに語られたか―いくさをめぐる記憶と言説』勉誠出版、二〇一七年)
本多隆成「小山評定の再検討」(『織豊期研究』一四、二〇一二年)
本多隆成「「小山評定」再論―白峰旬氏のご批判に応える―」(『織豊期研究』一七、二〇一五年)
山本浩樹「関ヶ原合戦と尾張・美濃」(谷口央編『関ヶ原合戦の深層』高志書院、二〇一四年)
山本洋「『関ヶ原軍記大成』所蔵の吉川家史料をめぐって」(『軍記物語の窓　第四集』和泉書院、二〇一二年)
山本洋「吉川広家―「律儀」な広家像の形成と展開」(井上泰至編『関ヶ原はいかに語られたか―いくさをめぐる記憶と言説』勉誠出版、二〇一七年)

松浦由起「福島正則―尾張衆から見た関ヶ原の戦い」（井上泰至編『関ヶ原はいかに語られたか―いくさをめぐる記憶と言説』勉誠出版、二〇一七年）
渡邊大門『謎とき　東北の関ヶ原―上杉景勝と伊達政宗』（光文社、二〇一四年）

第三章

天野忠幸「蜂須賀家政の徳島城築城をめぐって」（『戦国史研究』六一、二〇一一年）
今福匡『真田より活躍した男　毛利勝永』（宮帯出版社、二〇一六年）
小和田哲男『黒田如水―臣下百姓の罰恐るべし』（ミネルヴァ書房、二〇一二年）
白峰旬「慶長5年の九州における黒田如水・加藤清正の軍事行動（攻城戦と城受け取り）について―関ヶ原の戦いに関する私戦復活の事例研究（その2）―」（別府大学史学研究会『史学論叢』四一、二〇一一年）
白峰旬「黒田官兵衛と関ヶ原合戦」（小和田哲男監修『豊臣秀吉の天下取りを支えた軍師　黒田官兵衛』宮帯出版社、二〇一四年）
土居聡朋「関ヶ原合戦における四国侵攻と武井宗意」（『地方史研究』三二八、二〇〇七年）
徳島城博物館『「唐入り」の時代―秀吉の大陸出兵と大名たち―』（二〇一二年）
徳島城博物館『中国国分／四国国分―秀吉の天下取りと智将・蜂須賀正勝―』（二〇一五年）
西尾和美「高野参詣と上洛」（川岡勉編『高野山上蔵院文書の研究』愛媛大学教育学部、二〇〇九年）
西岡和美「伊予河野氏文書の近江伝来をめぐる一考察」（『四国中世史研究』一〇、二〇〇九年）
林千寿「慶長五年の戦争と戦後領国体制の創出―九州地域を素材として―」（『日本歴史』七四二、二〇一〇年）
平井上総『長宗我部元親・盛親―四国一篇に切随へ、恣に威勢を振ふ』（ミネルヴァ書房、二〇一六年）
堀智博「毛利輝元と大坂の陣」（山本博文・堀新・曽根勇二編『偽りの秀吉像を打ち壊す』柏書房、二〇一

三年）
三重野勝人「石垣原合戦の実像を探る」（『大分縣地方史』二二一、二〇一四年）
三宅正浩『近世大名家の政治秩序』（校倉書房、二〇一四年）（初出二〇〇八年）
守友隆「石垣原合戦記 九州の関ヶ原、石垣原合戦を題材とした軍記・伝記史料（上）（下）」（『比較社会文化研究』二六・二七、二〇〇九年・二〇一〇年）
守友隆「九州大学所蔵の慶長五年石垣原合戦関係軍記史料について―寛文三年成立「黒田如水記」を中心に―」（『九州文化史研究所紀要』五三、二〇一〇年）
山内譲「天正期以降の村上吉継・吉郷とその子孫たち」（『伊豫史談』三六六、二〇一二年）
山内譲『瀬戸内の海賊―村上武吉の戦い【増補改訂版】』（新潮社、二〇一五年）
渡邊大門『黒田官兵衛・長政の野望―もう一つの関ヶ原』（角川学芸出版、二〇一三年）

第四章

阿部哲人「慶長五年の戦局における上杉景勝」（『歴史』一一七、二〇一一年）
阿部哲人「関ヶ原合戦と奥羽の諸大名」（高橋充編『東北近世の胎動』吉川弘文館、二〇一六年）
阿部哲人「慶長五年の戦局と最上義光」（『山形史学研究』四五、二〇一六年）
新井敦史「慶長五年下野黒羽城主大関資増の情報収集活動」（『日本歴史』八一五、二〇一六年）
荒川善夫「渡り歩いた戦国・近世初期の武将藤田信吉」（『栃木県立文書館研究紀要』二一、二〇一七年）
石田明夫「神指城と幻の白河決戦」（花ヶ前盛明監修『直江兼続の新研究』宮帯出版社、二〇〇九年）
泉正人「近世初期の喜連川家と徳川氏―関ヶ原の戦いを中心に―」（『早実研究紀要』四四、二〇一〇年）
伊藤清郎『最上義光』（吉川弘文館、二〇一六年）
今福匡「関ヶ原合戦前後の上杉氏と情報伝達―情報伝達経路と「上方散々」の解釈―」（『十六世紀史論叢』

創刊号、二〇一三年）
太田浩司「直江兼続と石田三成」（花ヶ前盛明監修『直江兼続の新研究』宮帯出版社、二〇〇九年）
笠谷和比古『関ヶ原合戦と直江兼続』（日本放送出版協会、二〇〇九年）
片桐昭彦「上杉景勝の勘気と越後一揆」（谷口央編『関ヶ原合戦の深層』高志書院、二〇一四年）
片桐繁雄「慶長出羽合戦」（花ヶ前盛明監修『直江兼続の新研究』宮帯出版社、二〇〇九年）
金子拓「「北の関ヶ原合戦」をめぐる史料について」（井上泰至編『関ヶ原はいかに語られたか―いくさをめぐる記憶と言説』勉誠出版、二〇一七年）
木村康裕「兼続と「直江状」」（矢田俊文編『直江兼続』高志書院、二〇〇九年）
黒田基樹『戦国大名と外様国衆　増補改訂』（戎光祥出版、二〇一五年）（初出一九九七年）
志村平治『藤田能登守信吉』（総合出版社歴研、二〇一四年）
白峰旬「慶長5年の上杉景勝VS徳川家康・伊達政宗・最上義光攻防戦について―関ヶ原の戦いに関する私戦復活の事例研究（その1）―」（別府大学史学研究会『史学論叢』四〇、二〇一〇年）
高橋明「会津若松城主上杉景勝の戦い・乾、同坤―奥羽越における関ヶ原支戦の顛末」（『福大史学』八〇・八一、二〇〇九年・二〇一〇年）
高橋充「直江兼続と関ヶ原合戦」（矢田俊文編『直江兼続』高志書院、二〇〇九年）
中田正光・三池純正『北の関ヶ原合戦―北関東・東北地方で戦われた「天下分け目」の前哨戦』（洋泉社、二〇一一年）
福原圭一「「直江状」と上杉景勝政権のインフラ整備」（藤原良章編『中世人の軌跡を歩く』高志書院、二〇一四年）
本間宏「直江兼続と関ヶ原―慶長五年を読み解く―」（公益財団法人福島県振興財団編『直江兼続と関ヶ原』戎光祥出版、二〇一四年）

松尾剛次『家康に天下を獲らせた男　最上義光』（柏書房、二〇一六年）
三浦一朗「伊達政宗―近世軍書に描かれたその姿の多様性」（井上泰至編『関ヶ原はいかに語られたか―いくさをめぐる記憶と言説』勉誠出版、二〇一七年）
宮本義己「直江状」（花ヶ前盛明監修『直江兼続の新研究』宮帯出版社、二〇〇九年）
宮本義己「直江状研究諸説の修正と新知見」（『大日光』八二、二〇一二年）
森木悠介「佐竹氏と関ヶ原合戦」（谷口央編『関ヶ原合戦の深層』高志書院、二〇一四年）

第五章

大西泰正『豊臣期の宇喜多氏と宇喜多秀家』（岩田書院、二〇一〇年）
大西泰正『「大老」宇喜多秀家とその家臣団―続豊臣期の宇喜多氏と宇喜多秀家』（岩田書院、二〇一二年）
大西泰正「総論　備前宇喜多氏をめぐって」（『論集戦国大名と国衆11備前宇喜多氏』（岩田書院、二〇一二年）
大西泰正『宇喜多秀家と明石掃部』（岩田書院、二〇一五年）
大西泰正『宇喜多秀家』（戎光祥出版、二〇一七年）
大西泰正「秀吉死去前後の前田利長と宇喜多秀家」（『戦国史研究』七四、二〇一七年）
小川雄「徳川権力と戸川達安―慶長年間を中心として―」（『十六世紀史論叢』三、二〇一四年）
石畑匡基「宇喜多騒動の再検討―『鹿苑日録』慶長五年正月八日条の解釈をめぐって―」（『織豊期研究』一四、二〇一二年）
寺尾克成「文禄・慶長期における宇喜多氏家臣団の構造―分限帳の分析から見る重臣層の負担―」（『國學院雑誌』一一六―三、二〇一五年）
寺尾克成「宇喜多氏分限帳編成の意図―秀家の新権力基盤の形成―」（『國學院雑誌』一一七―四、二〇一六

年）
畑和良「宇喜多秀家と「鷹」―「千原家家記」所収宇喜多秀家判物写について」（『岡山地方史研究』一一六、二〇〇九年）
光成準治「新刊紹介　大西泰正著『豊臣期の宇喜多氏と宇喜多秀家』」（史学雑誌一二〇―二、二〇一一年）
森俊弘「岡山城とその城下町の形成過程―地誌「吉備前鑑」の検討を中心に―」（『岡山地方史研究』一一八、二〇〇九年）
森脇崇文「豊臣期宇喜多氏における文禄四年寺社領寄進の基礎的考察」（『年報赤松氏研究』二、二〇〇九年）
森脇崇文「豊臣期大名権力の変革過程―備前宇喜多氏の事例から―」（『ヒストリア』二二五、二〇一一年）
森脇崇文「宇喜多氏分限帳の分析試論―諸写本の比較検討から―」（『史敏』九、二〇一一年）
森脇崇文「豊臣期宇喜多氏の構造的特質」（『待兼山論叢』四六 史学篇、二〇一二年）
森脇崇文「豊臣期大名権力の寺社編成―備前宇喜多氏の事例から―」（『史敏』一四、二〇一六年）
渡邊大門『宇喜多直家・秀家―西国進発の魁とならん』（ミネルヴァ書房、二〇一一年）
渡邊大門『戦国期浦上氏・宇喜多氏と地域権力』（岩田書院、二〇一一年）

第六章

桐野作人『関ヶ原島津退き口―敵中突破三〇〇里』（学研パブリッシング、二〇一三年）
桐山浩一「島津氏の財政構造と豊臣政権」（『市大日本史』一七、二〇一四年）
久下沼譲「「御名代」島津義弘の権限と政治的位置」（『戦国史研究』七四、二〇一七年）
黒島敏「島津義久〈服属〉の内実」（谷口央編『関ヶ原合戦の深層』高志書院、二〇一四年）
畑山周平「細川幽斎島津領「仕置」の再検討」（『日本歴史』八一五、二〇一六年）

林匡「近世前期の島津氏系譜と武家相続・女子名跡」（『九州史学』一五二、二〇〇九年）
松迫知広「戦国末期における島津義弘の政治的位置」（『九州史学』一六六、二〇一四年）
目黒将史「島津義弘―島津退き口の歴史叙述をめぐって」（井上泰至編『関ヶ原はいかに語られたか―いくさをめぐる記憶と言説』勉誠出版、二〇一七年）

主な引用史料の所収刊本、所蔵者

『秋田県史』資料古代・中世編（「秋田家文書」）
岩国徴古館蔵（「吉川家中幷寺社文書」）
愛媛県教育委員会『しまなみ水軍浪漫のみち文化財調査報告書―古文書編―』（「村上小四郎蔵文書」）
大阪城天守閣『豊臣秀吉展』（「平岡氏所蔵文書」）
『岡山県史』第20巻　家わけ史料（「難波文書」）
『鹿児島県史料』（「旧記雑録」後編一・二、「旧記雑録」附録一・二、「旧記雑録」拾遺家わけ一〈「禰寝氏正統世録系譜」〉、「旧記雑録」拾遺家わけ四〈「種子島家譜」〉）
『久世町史』資料編第一巻　編年資料（「新出沼元家文書」、「普済寺文書」）
『下関市史』資料編Ⅳ（「長府毛利家文書」）
『信濃史料』第18巻（「森家先代実録」）
『上越市史』別編2　上杉氏文書集二（「須田文書」、「越佐史料稿本」）
『仙台市史』資料編11　伊達政宗文書2（「片倉代々記」、「留守家文書」、「引証記」、「越葵文庫所蔵文書」、「大阪歴史博物館蔵文書」、「東京大学史料編纂所所蔵文書」）
『大日本古文書　家分け第九　吉川家文書別集』（「祖式家旧蔵文書」）
『大日本史料』第十一編之八（「東京大学所蔵文書」）
田北学『増補訂正編年大友史料』二九（「賀来文書」、「大友氏文書録」）
徳川義宣『新修徳川家康文書の研究』（「徳川記念財団蔵文書」、「大阪青山短期大学所蔵文書」）
『栃木県史』史料編中世一（「大嶋文書」）

中村孝也『徳川家康文書の研究』中巻（「脇坂文書」、「書上古文書」、「福島文書」）
『新潟県史』資料編4　中世二（「越後文書宝翰集」）
『新潟県史』資料編5　中世三（「大石文書」、「秋田藩家蔵文書」、「奈良文書」、「瑞流院所蔵文書」、「樋口文書」、「鈴木文書」、「井上昇三氏所蔵文書」）
『新潟県史』資料編7　近世二（「三公外史」、「上杉氏白川軍記所収文書」）
『兵庫県史』史料編中世三（「岡本逸二氏所蔵文書」）
『広島県史』古代中世資料編Ⅱ（「厳島野坂文書」）
藤井駿、水野恭一郎『岡山縣古文書集』第2輯（「金山寺文書」）、同第3輯（「水原氏所蔵文書」）、同第4輯（「来住家文書」）
八代市立博物館未来の森ミュージアム『松井文庫所蔵古文書調査報告書』一～三（「松井文書」）
『山形縣史』巻一（「櫛田文書」）
『山形県史』資料篇15上　古代中世史料1（「目の幸所収文書」、「杉山悦郎氏所蔵文書」、「本間真子氏所蔵文書」）
『山口県史』史料編中世3（「厚狭毛利家文書」）
『山口県史』史料編中世4（「下家文書」）
山口県文書館蔵「毛利家文庫」（「譜録」）
米沢市上杉博物館図録『上杉景勝』（「米沢市上杉博物館蔵文書」）

あとがき

本年一月四日から、本書における主要な登場人物の一人である直江兼続を主人公とするNHK大河ドラマ「天地人」の放映が始まった。このあとがきを執筆している六月初頭の放映においては、上杉景勝や兼続が上洛(じょうらく)の途に就いたところである。今後は、関ヶ原合戦に向けて、毛利輝元や宇喜多秀家、島津義弘なども登場してくるであろう。本書とドラマには相違点もあるものと予想している。読者の方々は「事実は小説よりも奇なり」と感じられるであろうか。

大河ドラマは視聴率も高く、その影響力は大きい。歴史に興味を持つようになったきっかけを聞いたところ、男性の一位が小説であったのに対して、女性の一位は大河ドラマであったという。大河ドラマの中でも最も多くとりあげられている時代は戦国期から江戸期初頭であり、歴史好きの女性、いわゆる「歴女」たちは、草食系男性の増える現代社会において、戦国武将の決断力やリーダーシップに惹(ひ)かれているとの分析もある。

関ヶ原合戦は、戦国末期を生き抜いてきた武将たちが最終的な決断を迫られた戦闘であった。このためであろうか、大河ドラマにおいても格好の素材であり、二〇〇〇年以降の十本の放映作品のうち、本年の「天地人」のほか、「葵(あおい)徳川三代」「利家とまつ」「武蔵MUSASHI」「功名が辻(つじ)」の計五本の作品において、関ヶ原合戦が描かれている。

しかしながら、本書において論証したように、多くの武将たちは自己の利益・権益拡大を最優先に行動していたのであり、ドラマにおいて描かれる、ひたすらに家臣や民衆の幸福のために行動するという戦国武将像は必ずしも実像とは言えない。また、戦闘が民衆を搾取する社会構造の中でこそ可能だったことも忘れてはならない。その一方で、今、関ヶ原合戦を見直す意義がどこにあるかと問われれば、私は次のように答えたい。

筆者は豊臣期の日本国家を、有力大名による自律的な領国支配を基礎とする連合政権的な性格を有するものと考えている。これに対して、江戸期においては、大名権力の自律性が次第に限定されていき、徳川政権は絶対主義的性格を有するようになったものと考えている。つまり、関ヶ原合戦は日本の国制を転換させる契機となったものと位置づけることができよう。

現在、日本のみならず世界は大きな転換点を迎えようとしている。

一九八九年にベルリンの壁が崩壊、一九九一年にはソビエト連邦が解体され、東西冷戦はリベラル民主主義の勝利によって終結したとするフランシス・フクヤマの「歴史の終わり」論が台頭した。現実に、市場原理主義が急速に世界中に広まっていき、また、アメリカ合衆国を盟主とする（アントニオ・ネグリとマイケル・ハートの言うところの）「帝国」化が進んだかのように見えた。

しかし、「帝国」の下、グローバル化が進展し、これにあわせて、規制緩和や民営化などが進められた結果、貧富の格差は拡大し、強者による弱者の搾取を当然視する社会が到来した。まさに、イマニュエル・ウォーラースティンの言うように、冷戦の終結と同時に、「リベラリズムの崩壊」が始まったのである。

虐げられた弱者は、過激なナショナリズムに身を投じることによりアイデンティティを保とうとし、外からの「民主化」に対してテロリズムをもって対抗する。日本においても、嫌韓・嫌中の発言を繰り返すネット右翼の増加や、現在の社会構造を流動化させるために戦争の勃発を待ち望む言説の登場などが見られるようになった。

そして、「リベラリズムの崩壊」は、二〇〇八年、市場原理主義の盟主アメリカ合衆国におけるサブプライムローン問題を発端とする世界金融危機により新たな段階に突入した。新自由主義的資本主義社会も崩壊の危機に直面することとなったのである。この危機に対して、市場に決定権を委ねることによって責任を放棄していた政府は、有効な解決策を示すことができずにいる。グローバル化された市場（「超帝国」）が民主主義・政府・国家を破壊するとしたジャック・アタリの予言が早くも的中したのである。アタリによると、次に到来するのは全世界を破局へと誘う「超紛争」である。

そのような破局を避けるために、我々は何をなしうるのか。革命的手段を取らない限り、最終的には、投票によって選ばれた政治的指導者に具体的な対策を委ねることになる。そこで重要なことは、耳触りのよい甘言やマスメディアからの情報の洪水に流されることなく、優れた指導者を選ぶ眼力である。

歴史は繰り返す。よって、我々は現代社会に存在するさまざまな問題に類似する過去の事象の経緯や結果を学び、知ることを通じて現在の問題の解決策を見つけることができる。もちろん、完全に同じ歴史が繰り返すわけではなく、国家や世界の秩序が大きく転換する岐路にあったという点では、関ヶ原合戦当時と現在は類似しているが、当時の社会構造と現在の社会構造を同一視することはできない。しかしながら、政治的指導者が歴史を動かすアクターであることは変わらない。歴史の転換点において、政治的指導者たちがどのような決断を下し、どのような結果を招いたかを知ることは、今を生きる我々のよき指針となるであろう。

本書の主人公たちは、結果的には敗者であるが、常に、勝者の決断が正しく、敗者の決断が誤っていたとは言えない。彼らの敗因から学ぶことも多いが、敗れたとはいえ、国家指導者としては正しい決断を下したと評価できる場合もあろう。本書が現在の危機的状況に適した政治指導者像を考える際の一助となれば幸いである。

本書の第一章から第三章は、拙稿「豊臣政権下毛利氏領国支配と毛利秀元処遇・小早川隆景遺領問題」（『史学研究』二四二号、二〇〇三年）及び「関ヶ原前夜における権力闘争」（『日本歴史』七〇七号、二〇〇七年）をもとにしており、これらの拙稿を読まれた日本放送出版協会の石浜哲士氏から執筆のお誘いを受けたのが、本書刊行の契機となった。石浜氏には、本書の編集をご担当いただき、校正作業など多大なご尽力をいただいた。この場をお借りして感謝の意を表したい。

文庫版のためのあとがき

本書は、二〇〇九年に日本放送出版協会（NHK出版）からNHKブックス〔一一三八〕として刊行された『関ヶ原前夜―西軍大名たちの戦い』（以下、「単行本」）を文庫化したものである。

二〇一四年に刊行された『関ヶ原合戦の深層』（高志書院）において、編者である谷口央氏は、単行本に先立って発表されていた笠谷和比古氏の研究について「これまでの関ヶ原合戦像、いわゆる「定説」は大きく見直されることとなった」と高く評価したうえで、単行本について次のように記している。

光成準治氏は、これまでの研究では手薄であった関ヶ原合戦に至るまでの状況と、西軍諸将の追及という二点を検討された。

これらの成果により、関ヶ原合戦と豊臣政権の連動した分析手法が示されることになり、秀吉死後の抗争のみならず、豊臣政権の政策自体への不満・矛盾が関ヶ原合戦へと向かう一つの要因となっていることも、具体的に指摘されることになった。

ここで光成氏が注目し、実際に分析する内容は、大枠としては秀吉の後継体制と、政権の主要政策であった太閤検地等の矛盾を明らかにしたものであり、前述の笠谷氏が注目する視点とも通じる内容であって、その具体的把握への大きな一歩であるといえる。

過分な論評であったが、関ヶ原合戦前後の研究に一石を投じた点を評価していただいたものと理解している。とはいうものの、単行本には課題も多く、諸氏からのご批判も賜った。また、単行本の刊行時から八年を経過し、関ヶ原合戦に関する研究は大きく深化している。

文庫化に際して、それらのご批判や研究の深化を踏まえて、全面的に改稿することも考えたが、歴史家として、一度世に問うたものについては責任を負うべく、明らかな誤記や誤読、誤解を与える表現を訂正したほかは、語句の統一を図るにとどめ、内容については手を加えないこととした。一方で、章ごとに「追記」を付して、ご批判に対する見解を示すとともに、単行本刊行後に発表された本書と密接に関連する著書・論稿を紹介することとした。なお、ご批判についてはいまだ明確な私見をまとめるに至らないところもある点をご海容いただきたい。あわせて、追記脱稿後に発表された著書・論稿を紹介することができなかった点についてもお詫び申し上げる。

単行本刊行当時の社会状況を、著者は「国家や世界の秩序が大きく転換する岐路」にあるとした（「あとがき」）。さらにその後の日本社会は、二〇一一年三月十一日に未曾有の災害に見舞われ、第二次世界大戦後に形成されてきた成長路線への警鐘が鳴らされたかにみえた。と同時に、社会に蔓延した不安感は、強い者への憧れ、強い日本の復活への渇望にもつながっていった。そのような混迷した状況の中、現段階において、過半の日本国民は「強さ」を選択したようである。

このような「強さ」、自国優先主義への指向性は日本にとどまらない。アメリカ合衆国におけるトランプ大統領の選出、イギリスのEU離脱も同一の思潮に基づくものと考えられ、朝鮮民主主義人民共和国の軍事力増強・示威行為さえも、類似した思潮に基づいているのではなかろうか。

過去の社会において、外や内に敵を設定して、構成員の危機感を煽ることによって、集団を統合した例は数多い。本書でとりあげた関ヶ原合戦前後においても同様の傾向がみられる。現代社会を生きる我々は、そのような歴史、とりわけ失敗に学ぶ必要がある。関ヶ原合戦における敗者に焦点を当てた本書によって、現代社会に僅かでも示唆を与えることができれば望外の喜びである。

最後に、文庫化にあたってご尽力いただき、編集にあたってもお世話いただいたKADOKAWA編集部の竹内祐子さんに謝意を申し上げたい。

二〇一八年二月

光成準治

本書は二〇〇九年七月に、日本放送出版協会から刊行された『関ヶ原前夜　西軍大名たちの戦い』に加筆・修正して文庫化したものです。

図版作成　村松明夫

関ヶ原前夜
西軍大名たちの戦い
光成準治

平成30年 3月25日　初版発行
令和6年 12月5日　3版発行

発行者●山下直久

発行●株式会社KADOKAWA
〒102-8177　東京都千代田区富士見2-13-3
電話　0570-002-301(ナビダイヤル)

角川文庫 20850

印刷所●株式会社KADOKAWA
製本所●株式会社KADOKAWA

表紙画●和田三造

●お問い合わせ
https://www.kadokawa.co.jp/（「お問い合わせ」へお進みください）
※内容によっては、お答えできない場合があります。
※サポートは日本国内のみとさせていただきます。
※Japanese text only

ISBN978-4-04-400248-0　C0121

角川文庫発刊に際して

角川源義

第二次世界大戦の敗北は、軍事力の敗北であった以上に、私たちの若い文化力の敗退であった。私たちの文化が戦争に対して如何に無力であり、単なるあだ花に過ぎなかったかを、私たちは身を以て体験し痛感した。西洋近代文化の摂取にとって、明治以後八十年の歳月は決して短かすぎたとは言えない。にもかかわらず、近代文化の伝統を確立し、自由な批判と柔軟な良識に富む文化層として自らを形成することに私たちは失敗して来た。そしてこれは、各層への文化の普及滲透を任務とする出版人の責任でもあった。

一九四五年以来、私たちは再び振出しに戻り、第一歩から踏み出すことを余儀なくされた。これは大きな不幸ではあるが、反面、これまでの混沌・未熟・歪曲の中にあった我が国の文化に秩序と確たる基礎を齎らすためには絶好の機会でもある。角川書店は、このような祖国の文化的危機にあたり、微力をも顧みず再建の礎石たるべき抱負と決意とをもって出発したが、ここに創立以来の念願を果すべく角川文庫を発刊する。これまで刊行されたあらゆる全集叢書文庫類の長所と短所とを検討し、古今東西の不朽の典籍を、良心的編集のもとに、廉価に、そして書架にふさわしい美本として、多くのひとびとに提供しようとする。しかし私たちは徒らに百科全書的な知識のジレッタントを作ることを目的とせず、あくまで祖国の文化に秩序と再建への道を示し、この文庫を角川書店の栄ある事業として、今後永久に継続発展せしめ、学芸と教養との殿堂として大成せんことを期したい。多くの読書子の愛情ある忠言と支持とによって、この希望と抱負とを完遂せしめられんことを願う。

一九四九年五月三日